KLARTEXT

Ralf Blank / Mirjam Kötter / Sebastian Magnus Sonntag

[Hagener Fundstücke]

111 ARCHÄOLOGISCHE FUNDE AUS HAGEN UND DEM MUSEUM WASSERSCHLOSS WERDRINGEN

Hagener Beiträge zur Kultur und Geschichte **Band 2**

Herausgegeben von Tayfun Belgin und Ralf Blank
im Auftrag des Stadtarchivs und des Stadtmuseums Hagen
in Verbindung mit dem Museums- und Archivverein „Geschichtsfreunde Hagen"

Bibliografische Information der Deutschen Nationalbibliothek

Die Deutsche Nationalbibliothek verzeichnet diese Publikation in der Deutschen Nationalbibliografie;

detaillierte bibliografische Daten sind im Internet über http://dnb.dnb.de abrufbar.

Impressum

1. Auflage November 2020

Umschlagfotos: Vorderseite, von links: Drei Langschwerter, vgl. S. 130; obere Reihe von links: Drei Pfeilspitzen, vgl. S. 100; Flintdolch, vgl. S. 106; Dolchklinge, vgl. S. 220; rechts oben: Bandkeramischer Kumpf, vgl. S. 66; Mitte v. links: Federmesser, vgl. S. 32, Rückenspitze, vgl. S. 38, Stielspitze, vgl. S. 34; Mitte rechts: Eisenzeitliche Schale, vgl. S. 142; unten, von links: Keilmesser vgl. 26; Donauländische Axt, vgl. S. 15; Beilklinge aus Eklogit, vgl. S. 92; Urnengefäß, vgl. S. 172; untere Reihe, von links: Keltische Münze, vgl. S. 154; Spätrömischer Solidus, vgl. S. 174; Höhlenbären-Schädel, vgl. S. 20; Reitersporn, vgl. S. 206; Siegburger Henkelkrug, vgl. S. 200; Handfeuerlöscher, vgl. 248; Bronzeente, vgl. S. 136. Rückseite, von links: „Germanisches" Gefäß, vgl. S. 168; Kleindolch aus Radiolarit, vgl. 82; Ortband einer Schwertscheide, vgl. S. 190; Sichelmesser aus Flint, vgl. S. 108; Kreuzanhänger, vgl. S. 222.

Umschlaggestaltung: Ina Zimmermann

Satz und Gestaltung: Ina Zimmermann

Druck und Bindung: Multiprint GmbH, Kostinbrod 2230, Slavianska Str. 10 A, Bulgarien

ISBN 978-3-8375-2137-5

© Klartext Verlag, Essen 2020

KLARTEXT

Jakob Funke Medien Beteiligungs GmbH & Co. KG
Jakob-Funke-Platz 1, 45127 Essen
info@klartext-verlag.de, www.klartext-verlag.de

Inhalt

Römische Kaiserzeit 162

Mittelalter 176

Grußwort

2021 feiert die Stadt Hagen ihr 275-jähriges Jubiläum. Doch was sind 275 Jahre im Vergleich zur Jahrtausende zählenden Geschichte unter unseren Füßen? Der vorliegende Band „Hagener Fundstücke" nimmt uns mit auf eine Reise in die Vergangenheit unserer Region. Das Buch entführt uns in die Eiszeit, als Neandertaler und Rentierjäger die Täler von Ruhr, Lenne und Volme durchstreiften. Nach der vorerst letzten großen Eiszeit kam es zu einem umfassenden Klimawandel, den die Jäger und Sammler der Mittelsteinzeit vor rund 10.000 Jahren bewältigen mussten. Darüber sind wir mittlerweile recht gut informiert, da sich die Blätterhöhle in Hagen nicht nur als eine international bedeutende Fundstätte, sondern auch als ein regelrechtes Klimaarchiv erwiesen hat.

Klimatische Veränderungen bewirkten auch Migration: Ab dem 7. vorchristlichen Jahrtausend wanderten aus dem Nahen Osten und südlichen Mittelmeerraum kommende Gesellschaften, die Ackerbau und Viehzucht betrieben, über den Balkan nach Mitteleuropa ein. Diese Lebensweise setzte sich durch, doch im heutigen Raum Hagen – das wissen wir durch Funde aus der Hagener Blätterhöhle – lebten noch 2.000 Jahre nach Beginn der „Neolithischen Revolution" Nachkommen der europäischen Urbevölkerung aus Jägern und Sammlern. Das bedeutet jedoch nicht, dass die jungsteinzeitlichen Menschen in unserer Gegend rückständig waren. Bodenfunde, die in dem vorliegenden Buch vorgestellt werden, beweisen vielmehr, dass sie bereits an Kommunikations- und Transportnetzen angeschlossen waren, die sich hunderte Kilometer weit über den europäischen Kontinent erstreckten. Lange bevor Hagen zur Stadt wurde, war das Gebiet offenbar verkehrsgünstig gelegen; der Verlauf mancher Fernstraßen, die wir heute benutzen, hatte seinen Ursprung wohl in vorgeschichtlicher Zeit.

Die Reise geht weiter über die Bronze- und Eisenzeit, die mit beeindruckenden Fundstücken im Buch vertreten sind. Auch dort stammen viele Objekte – etwa in Höhlen entdecktes Trachtzubehör und Schmuck – aus weit entfernt liegenden Gegenden, wie aus dem Alpenraum. In Hagen lag zwar kein römisches Militärlager, und auch die Legende, dass hier 9. n. Chr. die Varusschlacht stattgefunden habe, erweist sich als Märchen. Doch immer wieder finden sich in der Region römische Münzen, kleine Statuetten und Keramik. Sie gelangten bis in das 4. nachchristliche Jahrhundert in „germanische" Siedlungen, wie sie erst 2010 auf der Lenneterrasse bei Hagen-Herbeck durch die LWL-Archäologie für Westfalen untersucht werden konnten. 775 eroberte der fränkische Herrscher Karl – der spätere Kaiser Karl der Große – die oberhalb der Ruhr liegende, mit sächsischen Truppen besetzte Wallanlage Sigiburg. Mit der Erwähnung dieses militärischen Ereignisses an der heute nördlichen Stadtgrenze von Hagen auf Dortmunder Gebiet verorteten Hohensyburg in den karolingischen Reichsannalen trat Westfalen in die Geschichtsschreibung ein.

Die weitere Geschichte unserer Region während des Mittelalters lässt sich anhand von Burgen, Adelssitzen, Klöstern, Höfen und Städten historisch und archäologisch gut nachvollziehen. Doch die Archäologie widmet sich seit einigen Jahren auch der jüngeren Vergangenheit. Dazu zählen die Untersuchung von frühneuzeitlichen Gruften und Schlachtfeldern, von Überresten historischer Industrie- und Verkehrsanlagen sowie von abgestürzten Kampfflugzeugen, Panzerwracks, Flakstellungen, Bunkern und Kampfständen aus dem Zweiten Weltkrieg. Seit Juni 2019 verfügt Hagen über eine eigene Stadtarchäologie, die gemeinsam mit dem Museum Wasserschloss Werdringen und in Kooperation mit der LWL-Archäologie für die Untersuchung, den Erhalt und die Aufbewahrung von Bodendenkmälern sorgt.

Der vorliegende Band ist die Fortsetzung des Buches „Hagener Stücke – 111 Objekte aus dem Stadtmuseum", das 2017 einen auch überregional aufgenommenen Akzent gesetzt hatte. Ich bedanke mich bei unserem Museums- und Archivleiter Dr. Ralf Blank, bei unserer Stadtarchäologin Mirjam Kötter M.A. und beim Wissenschaftlichen Volontär Sebastian Magnus Sonntag M.A. für die Herausgeberschaft sowie bei den Autorinnen und Autoren für die spannenden und profunden Beiträge über die Hagener Fundstücke.

ERIK O. SCHULZ
Oberbürgermeister

Vorwort

Seit über 200 Jahren werden archäologische Funde in Hagen beschrieben und gesammelt. Mit dem Museum Wasserschloss Werdringen verfügt die Stadt Hagen über eine überregional bedeutende Sammlung sowie über ein wichtiges Archäologiemuseum in Westfalen. Das Museum in der bereits im 13. Jahrhundert erwähnten Wasserburg liegt in einem erstrangigen Naherholungsgebiet im landschaftlich reizvollen mittleren Ruhrtal sowie am Rand des Harkortsees.

Am Fuße des von Mythen und Sagen umwobenen Kaisbergs und in Sichtweite von Herdecke mit dem mittelalterlichen Kloster, der Freiheit und Burg Wetter – einst Sitz der 1819 von Friedrich Harkort gegründeten Mechanischen Werkstätten – sowie der bereits im frühen 12. Jahrhundert als eine der ersten Höhenburgen im Rheinland und in Westfalen erwähnten Burg Volmarstein ist das Wasserschloss Werdringen selbst ein Teil der reichen Geschichte dieser Landschaft.

Die über 111 in dem neuen Band der Schriftenreihe „Hagener Beiträge zur Kultur und Geschichte" präsentierten Fundstücke sind nur ein kleiner Teil der archäologischen Kulturgüter, die seit dem ausgehenden 18. Jahrhundert in Hagen und in der Umgebung der Stadt entdeckt wurden. Die Herausgeber haben es verstanden, eine Art Choreographie der Funde und ihrer Geschichten zu inszenieren. Von den Autoren werden die einzelnen Funde in den kulturellen, zeitlichen und funktionalen Zusammenhang eingeordnet. So gewinnen die Steingeräte, Schmuckgegenstände, Waffenprojektile, Keramikgefäße und anderes mehr zusätzlich an Bedeutung – und dass sie allein schon von ihrer Anmutung und Gestalt außergewöhnlich sind, zeigen die großformatigen und detailreichen Fotografien.

Für das Entstehen und die Betreuung des wunderbaren und in dieser Form auch erstmalig für das Thema Archäologie in Hagen veröffentlichten Band bedanke ich mich bei meinen Kollegen Dr. Ralf Blank, Mirjam Kötter M.A. und Sebastian Magnus Sonntag M.A. herzlich. Mein Dank gilt auch den beteiligten Autoren, die es in ihren Beiträgen verstanden haben, auch komplexe Zusammenhänge allgemeinverständlich zu vermitteln. In der Verwaltung des Fachbereichs Kultur haben sich Anja Spiecker-Kondritz, Andrea Paul und Michael Fuchs für das Gelingen des Bandes engagiert. Das Lektorat besorgte Hubertus Wolzenburg M.A. vom Stadtarchiv Hagen.

Im kommenden Jahr feiert die Stadt Hagen ihr 275-jähriges Jubiläum. Am 3. September 1746 hatte der preußische König Friedrich II. mit der Genehmigung eines Reskripts – ein unspektakulärer Verwaltungsakt ohne eine repräsentative Urkunde und ein feierliches Begleitprogramm – an den damaligen Flecken Hagen preußische Stadtrechte vergeben. Das Jubiläumsjahr 2021 wird mehrere Veranstaltungen, interessante Ausstellungen und neue Veröffentlichungen sehen. Darüber freue ich mich, vor allem auch deshalb, weil unser Fachbereich Kultur mit dem Osthaus Museum Hagen, dem Stadtmuseum, dem Wasserschloss Werdringen und dem Stadtarchiv an der Realisierung maßgeblich beteiligt ist.

DR. TAYFUN BELGIN
Fachbereichsleiter Kultur

Einleitung

RALF BLANK, MIRJAM KÖTTER, SEBASTIAN MAGNUS SONNTAG

Das Hagener Stadtgebiet liegt in einer aus geologischer, archäologischer und historischer Sicht besonders interessanten Region. Das an der mittleren Ruhr und unteren Lenne sowie an den Unterläufen von Volme und Ennepe verortete Gebiet befindet sich naturräumlich auf der Schwelle vom Süderbergland bzw. Sauerland zur Westfälischen Bucht. Hagen gehört sowohl zur Region Südwestfalen als auch zum Ruhrgebiet, das den Regionalverband Ruhr (RVR) umfasst. Diese Ambivalenz in der Zugehörigkeit zu modernen Verwaltungsstrukturen hat ihren Hintergrund auch in der seit prähistorischer Zeit bis in die Gegenwart besonders verkehrsgünstigen Lage des heutigen Stadtgebiets.

Neben den vier erwähnten Flussläufen durchquerten seit alter Zeit auch zwei bedeutende und interregionale Fernwege den Raum Hagen. Die erste Strecke führte aus dem Rheinland – die Kölner Straße – und folgte aus dem Bergischen der Ennepe – auf der Enneperstraße zwischen Gevelsberg und Wehringhausen – und dann bei Altenhagen der Volme zur Ruhr, von dort ging es bei Herdecke über den Fluss und weiter zum Hellweg bei Dortmund. Der zweite wichtige Fernweg verlief von Hagen nach Süden über Eilpe entlang der Volme und über dem sich anschließenden Bergland ins Siegerland und weiter in das Rhein-Main-Gebiet. Von diesen beiden Hauptstraßen zweigten in Hagen einige weitere Strecken ab, darunter die über die Lennebrücke in (Hohen-)Limburg nach Iserlohn und weiter nach Hessen führende Straße; sie ist weitgehend mit dem Verlauf der heutigen Bundesstraße 7 identisch. Von Letmathe folgte unterhalb des Burgbergs bei Oestrich eine weitere Fernstraße dem Lauf der Lenne – im Tal der heutigen Bundesstraße 236 folgend – nach Altena und weiter ins Sauerland.

Östlich der während des 19. Jahrhunderts vor allem wegen ihrer verkehrsgünstigen, seit dem Anschluss an die Eisenbahn

1848 auch zentralen Lage zur größten und bevölkerungsreichsten Kommune südlich der Ruhr aufgestiegenen Stadt Hagen, lag das Territorium der 1808 aufgelösten Grafschaft Limburg. Sie blickt auf eine bis ins frühe 13. Jahrhundert reichende Geschichte zurück. Von ihr zeugen heute noch das aus einer 1242 urkundlich genannten Höhenburg entstandene Schloss Hohenlimburg und die um 1220 als Mittelpunkt eines Klosters erbaute Stiftskirche in Elsey. In Sichtweite der beiden Zentralorte verlief bis in das 14. Jahrhundert die Grenze zur kölnischen Herrschaft Volmarstein. Neben der im Ruhrtal gelegenen Burg Volmarstein, besaßen die Kölner Erzbischöfe spätestens seit Mitte des 13. Jahrhunderts eine weitere Höhenburg im unteren Lennetal: Die Raffenburg. Die vielen Adelssitze und Burgen an Ruhr, Lenne, Ennepe und Volme bilden heute eine kleine Burgenlandschaft mit einer vielfältigen Geschichte.

Blick auf das Wasserschloss Werdringen in Hagen-Vorhalle, Luftaufnahme von Baoquan Song, 26.6.2008.

Blick auf Hagen und ins Volmetal, Gouache nach einer Vorlage von Johann Heinrich Bleuler in Feuerthalen, Schweiz, um 1810, Stadtmuseum Hagen.

Die um 1810 entstandene Ansicht des Schweizer Landschafts-malers Johann Heinrich Bleuler von Hagen und dem Volmetal vermittelt einen Eindruck der geografischen Lage der Stadt, die erstmalig 1814 in einem Beitrag des Kirchenrats Wilhelm Aschenberg (1769–1819) in der Zeitschrift „Hermann" als das „Tor zum Süderland" bezeichnet wurde. Doch Hagen ist nicht nur das Tor zum Sauerland – ein „Titel", der auch von anderen Kommunen in Südwestfalen beansprucht wird, aber nur für Hagen historisch verbrieft ist –, sondern auch die Pforte in eine reiche Vergangenheit, die viele Jahrzehntausende zurückreicht. Graben wir tiefer in der Geschichte und lassen das Mittelalter hinter uns, erreichen wir Zeiten, über die keine Urkunden, Kunstwerke und schriftliche Aufzeichnungen berichten. Hier müssen archäologische Erkenntnisse und naturwissenschaftliche Methoden herangezogen werden, um die zahlreichen Funde aus dem Archiv unter unseren Füßen zum Sprechen zu bringen.

Die ersten Nachrichten über Bodenfunde im Raum Hagen wurden im ausgehenden 18. Jahrhundert veröffentlicht. Zunächst waren es Knochen und Zähne von eiszeitlichen Tieren, die in Höhlen und bei Bauarbeiten zutage kamen – sie wurden besonders wegen ihrer Größe bestaunt. 1792 stellte der Elseyer Stiftsprediger Johann Friedrich Möller (1750–1807) vier Zähne und mehrere Knochen, die bei Bauarbeiten in Limburg gefunden worden waren, sicher. Diese Funde überließ er dem Erbgrafen Moritz Casimir zu Bentheim-Tecklenburg (1764–1806). Der Graf gab an, die auffällig großen Zähne – „vier Zoll lang, anderthalb Zoll breit, etwas gekrümmt und oben stumpf" – in seinem Naturalien-Kabinett aufzubewahren. Zwei der Zähne tauchten allerdings

später im Kunst- und Naturalien-Kabinett von Jean Guillaume Adolphe Fiacre Honvlez alias „Baron Adolf von Hüpsch" (1730–1805) in Köln wieder auf. Eine Besichtigung der rund 15.000 Objekte umfassenden Sammlung des exzentrischen Gelehrten und Sammlers mit falschem Adelstitel gehörte um 1800 zu den Attraktionen des frühen Rheintourismus in der Domstadt.

Johann Friedrich Möller, Öl auf Holz, um 1800, unbek. Künstler; aus dem Besitz des früheren Stiftamtmanns Moritz Holtschmitt, Elsey, Stadtmuseum Hagen.

Möller forderte im Jahr 1800 nicht nur eine wissenschaftliche Untersuchung der „Alterthümer", sondern auch ihre Verwahrung und Präsentation in einem zu gründenden Museum. Der Elseyer Stiftsprediger gilt – neben dem Archivar Nikolaus Kindlinger (1749–1819) sowie dem Pfarrer und Chronisten Johann Dietrich von Steinen (1699–1759) – als Wegbereiter einer systematischen Landesgeschichtsforschung.[1] 1803 gab Möller den Lesern eines Aufsatzes über den Fund von Grabhügeln in der Nähe von Elsey folgenden Rat, wenn sie „deutsche Grabhügel" öffnen oder Äcker und Wiesen umpflügen sollten: „Bey dieser Gelegenheit müßte nach jenen Alterthümern aufmerksam gesucht werden; es könnte immer seyn, daß deren entdeckt würden".[2] Möllers Empfehlung aus dem Jahre 1803 mutet rückblickend beinahe schon wie ein früher Aufruf zur archäologischen Bodendenkmalpflege an. Wegen der Berichte und seines Engagements für den Schutz von Bodenfunden war Möller auch ein Wegbereiter der Archäologie in Westfalen, zweifellos aber ebenfalls für die Einrichtung von Museen.

Der Ausbau von Fernwegen zu befestigten Chausseen im ausgehenden 18. und frühen 19. Jahrhundert, die Urbanisierung im Verlauf der verstärkten Industrialisierung und der Eisenbahnbau in der Region seit 1845 ließen die Zahl der archäologischen Funde ansteigen. Der seit Mitte des 19. Jahrhunderts im großen Stil betriebene Abbau des als Baumaterial sowie als Zugabe bei der Stahlerzeugung in Hochöfen verwendeten Massenkalk und Dolomit ließ ganze Täler in riesigen Steinbrüchen verschwinden. Heute zeigen nur noch wenige Talabschnitte an Volme, Lenne und Hönne ihre natürliche Gestalt. Im Hagener Stadtgebiet vermittelt das untere Lennetal zwischen Herbeck und Hohenlimburg einen ursprünglichen Eindruck von der sich durch Felsgruppen und zerklüfteten Kalksteinklippen auszeichnenden Karstlandschaft im devonischen Massenkalk, wie sie von Landschaftsmalern im frühen 19. Jahrhundert festgehalten wurde.

Im 19. Jahrhundert mehrten sich die Nachrichten über Bodenfunde. Eine in Elsey gefundene Beilklinge aus westalpinem

„Donauländische Axt", Mittelneolithikum, um 4.500 v. Chr.; Mühlenberg bei Elsey, 1820, Museum Wasserschloss Werdringen

Jadeit (S. 92) wurde um 1825 von dem in Limburg wohnhaften Lehrer Heinrich Wilhelm Thiel (1781–1851) sichergestellt. Gemeinsam mit dem aus Xanten gebürtigen Johann Engelbert Ueberhorst (1780–1847) – ein über zwanzig Jahre bis zur Pensionierung 1843 am fürstlichen Stadt- und Landgericht in Limburg tätiger Justizkommissar, Notar und Oberkammerrat – hatte Thiel 1830 Ausgrabungen auf dem Gelände des römischen Militärlagers Vetera I und der Colonia in Xanten unternommen. Wie das in Elsey gefundene Jadeitbeil gelangten auch die von Thiel und Ueberhorst in Xanten gemachten Funde von römischen Gefäßen, Münzen, Gläser und anderes mehr in das Kabinett des Fürstenhauses Bentheim-Tecklenburg. 1937, zwei Jahre nach der Eröffnung des Heimatmuseums in Hohenlimburg, übergab das Fürstenhaus die im Stadtgebiet entdeckten Bodenfunde dem Museum.

Bei Bauarbeiten für den Ausbau des alten Fernweges zwischen Hohenlimburg und Iserlohn zu einer Chaussee entdeckte der Oberwegebau-Inspektor Peter Dietrich Mitze (1784–1852) um 1820 am Hang des Mühlenbergs bei Elsey eine durchbohrte Axt aus Amphibolit. Der in Limburg wohnhafte Regierungsbeamte mit Dienstsitz in Hagen beaufsichtigte den Bau und die Unterhaltung von Chausseen und Straßen in den früheren Wegebaukreisen Hagen, Bochum, Dortmund, Iserlohn, Schwelm

---

[1] Wilfried Reininghaus: Die historischen Arbeiten des Elseyer Pfarrers Johann Friedrich Möller. Ein Beitrag zur westfälischen Landesgeschichtsforschung um 1800. In: Westfälische Zeitschrift 144 (1994), S. 135–165.

[2] Deutsche Grabhügel, in; Arnold Mallinckrodt (Hg.): Der Pfarrer von Elsey. Das Interessanteste aus dem Nachlaße Johann Friedrich Möllers, Bde. 1–2, Dortmund 1810, Bd. 2, S. 134–137.

„Sauerländisches Museum für Vor- und Frühgeschichte – Haus der Vorzeit" in der Villa Altenloh, Elberfelder Straße 79, aufgenommen 1938, Stadtarchiv Hagen.

und Unna. Bei seiner Arbeit wurde er immer wieder mit archäologischen Funden konfrontiert, die er in einer eigenen Sammlung aufbewahrte oder – wie im Fall der bereits erwähnten „donauländischen Axt" vom Mühlenberg bei Elsey – dem Fürstenhaus Bentheim-Tecklenburg übergab. Mitze führte auch eigene Ausgrabungen durch, wie in der Oeger Höhle und in der Grürmannshöhle am Fuße der Felsgruppe „Pater und Nonne" am Burgberg bei Letmathe-Oestrich.[3] Die „reichhaltige, mit verschiedenen Pracht-Exemplaren ausgestattete Sammlung fossiler Funde aus den Diluvialgebilden des Lennethales", so Carl Fuhlrott 1869 in seinem Buch über Höhlen und Grotten, wurde nach Tod des Oberwegebau-Inspektors von seinem Sohn Alexander Mitze, einem an der Universität zu Heidelberg studierten Rechtsanwalt in Hohenlimburg, übernommen; in der zweiten Hälfte des 19. Jahrhunderts verlieren sich ihre Spuren.

Für die prähistorischen Menschen waren die Höhlen im devonischen Massenkalk interessant, boten sie doch Raum für vielfältige Aktivitäten und Nutzungen. Auf ihren Vorplätzen lagerten alt- und mittelsteinzeitliche Jägergruppen, in den tief in die Felsen führenden Gängen und Spalten der oft bis zu ihren Deckengewölben mit meterhohen Sedimenten aufgefüllten Höhlen wurden bis in die vorrömische Eisenzeit menschliche Überreste deponiert und bestattet. Aber auch kultische Handlungen fanden bei den Portalen zu einer finsteren und geheimnisvollen Unterwelt statt. Die herausragende Bedeutung, die Höhlen in der Mythologie und religiösen Vorstellungswelt in nahezu allen Kulturen bis heute haben, muss nicht betont werden. Es handelt sich um Fundplätze, die schon von ihrer Lage, Ausprägung und Überlieferung her eine außergewöhnliche Stellung besitzen.

Ferdinand Freiligrath (1810–1876) umschrieb den Mythos Höhle 1841 in dem von ihm gemeinsam mit Levin Schücking (1814–1883) herausgegebenen Band „Das malerische und romantische Westphalen" wie folgt: „[…] es sind schauerlich grandiose Hallen, in welchen das stille unbelauschte Leben des Gesteins über Nacht seine Tempel sich gewölbt hat: es sind schweigende verödete Cathedralen, von denen die Sage, dass um Mitternacht die Todten darin zur Messe gehen und ihre blauen Lichter entzünden […]".[4] Der an der Berliner Akademie ausgebildete Hagener Maler Carl Schlickum (1808–1869) illustrierte den Band unter anderem mit einer Vorlage für den Stahlstich der „Höhle bei Sundwich".

Der Raum Hagen wird von einer vielfältig gegliederten Landschaft geprägt. Weiträumige Flussterrassen an der mittleren Ruhr und unteren Lenne sowie stellenweise auch an Ennepe und Volme wechseln sich mit Hochflächen – wie die aus dem Tertiär stammenden alten Flussterrassen bei Hagen-Emst – und gebirgigen Bereichen bis hin zu den sich zu Canyons verengenden Talabschnitten ab. Diese Landschaft bot den Menschen seit der Altsteinzeit günstige Bedingungen, um zu jagen und zu sammeln, in den Flüssen zu fischen oder landwirtschaftlich tätig zu sein. Auffällige Felsen und Höhlen sowie hervorstechende Orte – wie das Felsentor der „Hünenpforte", der „Oeger Stein" bei Hohenlimburg oder die Felsgruppe „Pater und Nonne" bei

[3] Karsten, C. J. B. / Dechen, Heinrich von (Hg.): Archiv für Mineralogie, Geognosie, Bergbau und Hüttenkunde, Bd. 16 (1841), S. 179–180; Fuhlrott, Carl: Die Höhlen und Grotten in Rheinland-Westfalen, Iserlohn 1869, S. 154–159.
[4] Freiligrath, Ferdinand / Schücking, Levin: Das malerische und romantische Westphalen, Barmen 1841, S. 201.

Das Felsentor der Hünenpforte in Hagen-Holthausen im Herbst 1977,
Foto: Wilhelm Bleicher, Stadtarchiv Hagen.

Letmathe – sind in der Region ebenfalls vorhanden. Die Erwartung, dass in einer solchen Gegend auch zahlreiche archäologische Siedlungsspuren und Funde zutage treten, wird nicht enttäuscht.

Auf der anderen Seite sind die Erhaltungsbedingungen für archäologische Bodenspuren in einer topografisch abwechslungsreich gegliederten Landschaft wie dem Raum Hagen wegen der starken Erosion und den Bodenbewegungen weniger günstig als beispielsweise im westfälischen Flachland nördlich der Ruhr. Nahezu alle Massenkalkhöhlen in der Region wurden im 19. und 20. Jahrhundert ausgeräumt, ohne dass eine wissenschaftliche Dokumentation und Untersuchung erfolgte. Daher ist eine ungestörte Höhlenfundstelle wie die Blätterhöhle in Hagen nicht nur für die Archäologie und Bodendenkmalpflege in Westfalen eine große Ausnahme, sondern auch überregional und international ein echter Glücksfall. Bei der Blätterhöhle handelt es sich um einen „Jahrhundertfundplatz", der nur mit wenigen Höhlen in Europa vergleichbar ist. Die Einblicke, die dieser Fundplatz in die Lebensweise und Kultur steinzeitlicher Menschen erlaubt, werden wohl auch noch in den kommenden Jahren die archäologische Forschung bereichern.

Das im November 2004 im Wasserschloss Werdringen – ein im 13. Jahrhundert erstmalig erwähnter Adelssitz – eröffnete Museum, präsentiert neben der Geologie – zukünftig auch als Informationszentrum des GeoParks Ruhrgebiet – die Archäologie des nordwestlichen Sauerlands. Vorgänger des Museums Wasserschloss Werdringen war das im Juli 1938 eröffnete und am Abend des 15. März 1945 im Bombenhagel untergegangene „Sauerländische Museum für Vor- und Frühgeschichte" in Hagen. Auf die wechselvolle Museumsgeschichte und die Sammlung wird in den Beiträgen dieses Bandes immer wieder eingegangen.

Das Museum Wasserschloss Werdringen ist mit der im Juni 2019 eingerichteten Stadtarchäologie Hagen eng verbunden. Die derzeit noch im Aufbau befindliche kommunale Bodendenkmalpflege ist eine Konsequenz aus der herausragenden Fundlandschaft im Raum Hagen. Gleichzeitig ist sie eine Entlastung und Unterstützung für die LWL-Archäologie für Westfalen, mit der Außenstelle in Olpe besteht eine enge Kooperation und kollegiale Zusammenarbeit. Organisatorisch gut aufgestellt und eine über 200-jährige Forschungs- und Sammlungsgeschichte im Rücken, blicken die Stadtarchäologie Hagen und das Museum Wasserschloss Werdringen in die Zukunft. Allein schon die neuen Forschungsergebnisse der Grabungen an der Blätterhöhle, die Untersuchungen des Siedlungs- und Befestigungsareals der mittelalterlichen Raffenburg, die Fortsetzung der Untersuchungen in der eisenzeitlichen Siedlungskammer im unteren Lennetal sowie die kürzlich eingegangenen Hinweise auf eine möglicherweise sogar eisenzeitliche Wallanlage im Volmetal bei Ambrock, lassen auf spannende Funde und Erkenntnisse hoffen.

Die vorliegende Publikation stellt mehr als 111 archäologische Fundstücke aus dem Raum Hagen und aus der Sammlung des Museums Wasserschloss Werdringen vor. Die Herausgeber bedanken sich für die kollegiale Unterstützung der beteiligten Autorinnen und Autoren sowie für die von zahlreichen Kolleginnen und Kollegen geleistete Hilfestellung. Prof Dr. Michael Baales, Leiter der Außenstelle Olpe der LWL-Archäologie für Westfalen, sei für seinen stets abrufbereiten fachkundigen Rat und sein profundes Wissen, das er uns zur Verfügung gestellt hat, gedankt.

Altsteinzeit im Raum Hagen

Europa wird erst mit Verspätung von Menschen betreten. Nachdem sich unsere Gattung Homo (und mit ihr erste Steinwerkzeuge) vor über 2,5 Mio. Jahren in Ost-Afrika entwickelt hatte, expandierte der Früh-Mensch seinen Lebensraum zunächst nach Asien. Die frühesten Spuren im südlichen Europa sind mit etwa 1,5 Mio. Jahren deutlich jünger und in Mitteleuropa noch einmal knapp 1 Mio. Jahre jünger. Dies lag an dem ausgeprägten Jahreszeitenklima sowie den sich immer stärker auswirkenden Kaltzeiten des Eiszeitalters, das vor 2,6 Mio. Jahren begann und noch heute anhält.

Das älteste Menschenfossil in Mitteleuropa hat einer ganzen Menschengruppe – *Homo heidelbergensis* – ihren Namen gegeben: der etwa 600.000 Jahre alte Unterkiefer von Mauer bei Heidelberg. Erst zu dieser Zeit sind auch weitere sichere Spuren des Menschen in Mitteleuropa nachweisbar. Aufgrund seiner Bearbeitungsmerkmale wird ein Faustkeil aus Bad Salzuflen als das älteste derzeit bekannte Steinartefakt in Westfalen diskutiert – er könnte älter als 300.000 Jahre sein.

Aus dem *Homo heidelbergensis* entwickelte sich in Europa der Neandertaler. Bei ihm handelt es sich sicherlich um den bekanntesten Urmenschen, dessen erster Fund 1856 unweit von Düsseldorf, im Neanderthal bei Mettmann, zu Tage kam. Von ihm haben sich in Westfalen zahlreiche Spuren erhalten, die zumeist an den Anfang der letzten Kaltzeit vor rund 100.000 Jahren gehören. Zur den Fundorten zählen auch einige Karsthöhlen im sauerländischen Massenkalkzug, besonders die Balver Höhle (vgl. S. 22, 26), wo schon im 19. Jahrhundert zahlreiche Steinwerkzeuge und Tierknochen freigelegt wurden. Der Neandertaler nutzte jedoch nicht nur Höhlen, sondern lebte vor allem im Freiland. Das belegen mehrere Funde in der Münsterländer Bucht, wo sich die Hinterlassenschaften von Jagdlagern und Rastplätzen bei Baumaßnahmen für Kanäle oder bei Entsandungen in alten Flussablagerungen beispielsweise der Emscher und Lippe fanden.

Unsere direkten eiszeitlichen Vorfahren entwickelten sich parallel mit dem Neandertaler nicht in Europa, sondern in Afrika. Derzeit werden Fossilien aus Marokko mit einem Alter von etwa 300.000 Jahren als frühester Beleg des anatomisch Modernen Menschen beschrieben. Genetische Untersuchungen der letzten Jahre haben jedoch gezeigt, dass wir mit dem Neandertaler eng verwandt sind und gemeinsame Nachkommen zeugen konnten. Alle heutigen Menschen – bis auf Afrikaner – tragen demnach einen kleinen Anteil von Neandertaler-DNA in sich. Denn der Moderne Mensch besiedelte letztlich jeden Kontinent (außer der Antarktis), selbst Australien, das immer eine große „Insel" war, und erschien vor über 40.000 Jahren auch in Europa, wo er auf die Neandertaler traf.

Funde in Form von Steingeräten des Neandertalers und des frühen Modernen Menschen sind im Raum Hagen selten. Auf den Flussterrassen der unteren Lenne und mittleren Ruhr sowie auf den Vorplätzen von einigen Höhlen fanden sich Steingeräte der Federmesser-Gruppen der Allerød-Warmphase vor rund 13.000 Jahren sowie der Ahrensburger Kultur am Ende der letzten Kaltzeit vor etwa 12.500 Jahren. Zu dieser Zeit war, wie auch Knochenfunde vom Vorplatz der Hagener Blätterhöhle belegen, der Hund bereits seit einigen Jahrtausenden Begleiter des Menschen, der in kleinen, hochmobilen Gruppen in einer sehr dünn besiedelten, sich immer wieder wandelnden Landschaft dennoch rege Kontakte mit seinen Nachbarn pflegte.

Obwohl die Spuren der ältesten Bewohner Westfalens bei uns relativ selten sind, lassen sich doch auch im Raum Hagen immer wieder ihre Steinwerkzeuge finden. Hierfür nutzten sowohl der Neandertaler als auch der Moderne Mensch spezielle Rohmaterialien. Diese stammten zunächst aus lokalen Quellen, welche in direkter Umgebung zur Verfügung standen. Oft ließen sich diese Materialien einfach auflesen, wie etwa in Fluss- und Bachläufen.

Der bereits erwähnte Faustkeil aus Bad Salzuflen beispielsweise ist aus Kieselschiefer gefertigt. Dieses Material kommt entlang des oberen Laufs der Ruhr relativ häufig vor und wurde in Westfalen über Jahrzehntausende immer wieder genutzt. Besonders in der Balver Höhle und anderen Höhlen in Westfalen sowie auf den Terrassen von Lenne und Ruhr finden sich vielfach Werkzeuge, die aus Kieselschiefer gefertigt wurden. Andere

Rohmaterialien, welche im Raum Hagen Verwendung fanden, sind Quarze und Quarzite. Da diese Gesteins-Varietäten in Westfalen aber seltener vorkommen, sind derartige Rohstoffe im Raum Hagen nicht häufig in Steininventaren vertreten.

Nach dem Abschmelzen der eiszeitlichen Gletscher machte sich der Mensch sehr häufig Baltischen oder Nordischen Feuerstein (Flint) zunutze. Ursprünglich stammte der Feuerstein aus kreidezeitlichen Ablagerungen im südlichen Skandinavien und dem Baltikum. Während des Drenthe-Stadiums der Saale-Eiszeit vor rund 160.000 Jahren waren die Gletscher am weitesten nach Süden und bis zur Ruhr vorgedrungen. In den zurückgebliebenen Ablagerungen fand sich neben nordischen Geröllen auch Feuerstein, der vor allem in der Alt- und Mittelsteinzeit zu Artefakten verarbeitet wurde.

MICHAEL BAALES / DANIEL RIEMENSCHNEIDER

Die Volkringhauser Höhle im Hönnetal bei Balve, eine Fundstelle von Steinwerkzeugen aus der Zeit des Neandertalers.

1 Schädelteil und Eckzahn eines Höhlenbären

Oeger Höhle, Hagen-Hohenlimburg, Grabung Spiegel 1931
Weißenstein (?), Hagen-Holthausen
Vermutlich Frühe bis Späte Weichsel-Kaltzeit,
ca. 70.000–30.000 Jahre

Der Massenkalkzug im Bergischen Land und Sauerland ist reich an Karsthöhlen. Die meisten zugänglichen Höhlen wurden im 19. und 20. Jahrhundert systematisch ausgeräumt. In ihren Sedimenten fanden sich Skelettreste eiszeitlicher Großsäuger, teilweise zusammen mit steinzeitlichen Artefakten. Unter den in vielen westfälischen Museen überlieferten Altfunden sind Knochen, Schädel und Zähne des Höhlenbären (*Ursus spelaeus*) besonders zahlreich vertreten. 1794 beschrieb der Mediziner Johann Christian Rosenmüller (1771–1820) anhand von Skelettresten aus der Zoolithenhöhle in der Fränkischen Schweiz die Spezies. Die bis zu 3,50 m langen, an der Schulter bis zu 1,70 m hohen und zwischen 600 bis 1.200 kg schweren Höhlenbären starben vor Ende der letzten Eiszeit in Europa aus. Die Tiere überwinterten in den Höhlen, oft verendeten sie in ihren Quartieren, was mancherorts die zahlreichen Knochenfunde erklärt. Doch wurden sie auch von eiszeitlichen Menschen als Beutetiere bejagt. In vielen südwestfälischen Museen, so auch in Hagen, wurden in den 1930er Jahren aus Knochenfunden zusammengesetzte Skelette von Höhlenbären gezeigt.

Beim Abbau von Eisenstein in Sundwig bei Hemer fanden sich 1771 in einer neu entdeckten Höhle große Tierknochen und Schädel. Sie stießen auf großes Interesse, zumal derartige Funde auch aus anderen Höhlen bekannt waren. Im November 1800 berichtete der Elseyer Stiftsprediger Johann Friedrich Möller (1750–1807) im *Westphälischen Anzeiger* über einen weiteren Fund. 1792 waren im Lennetal bei Limburg „an dem Wege nach Hagen, an einem Berge, der aus Kalkstein besteht" – vermutlich handelte es sich um den Weißenstein – unter einem gesprengten Felsbrocken einige Knochen und vier „sehr gut erhaltene" Zähne ans Tageslicht gekommen. Möller regte an, die bei Limburg aufgefundenen Zähne und den in der Sundwiger Höhle entdeckten Schädel an den Naturforscher Georges Cuvier (1769–1832),

dem Begründer der modernen Paläontologie und Professor am *Muséum national d'Histoire naturelle* in Paris, zu senden. Doch erst im Februar 1805 nahm Johann Friedrich Benzenberg (1777–1846), Professor für Physik und Astronomie in Düsseldorf, Möllers Anregung zum Anlass, einige Knochen, einen großen Eckzahn sowie die Zeichnung des Schädels aus der Sundwiger Höhle zu Cuvier nach Paris zu senden. Der französische Naturforscher erkannte sogleich, dass es sich um Überreste des acht Jahre zuvor durch Rosenmüller beschriebenen Höhlenbären handelte. Damit hatte der Elseyer Stiftsprediger und Landeskundler mit seinem Vorschlag, die Fundstücke fachkundig untersuchen und bestimmen zu lassen, Recht behalten.

1937 übergab das Fürstenhaus Bentheim-Tecklenburg dem „Heimatmuseum" in Hohenlimburg aus seiner Sammlung mehrere archäologische Funde, Mineralien und Fossilien. Darunter war auch ein rund 10 cm langer und 3 cm breiter Eckzahn aus dem Kieferknochen eines Höhlenbären. Ob es einer der vier 1792 in Limburg entdeckten und 1794 von Johann Friedrich Möller dem damaligen Grafenhaus übergebenen Zähne ist, muss wegen fehlender Informationen am Objekt offenbleiben. Der abgebildete Oberschädel wurde 1931 bei einer Grabung durch Josef Spiegel in der Oeger Höhle bei Hohenlimburg gefunden.

RALF BLANK

2 Backenzähne eines Mammutkalbs und eines Jungtiers

Balver Höhle, Balve; Grabung 1939, Schicht III
Frühe Weichsel-Kaltzeit, ca. 70.000 Jahre
oben: L 3,0 cm B 2,0 cm, unten: L 9,5 cm B 7,0 cm

Die Balver Höhle im Flusstal der Hönne ist eine der bedeutendsten Fundstellen des Neandertalers in Westfalen. Umso bedauerlicher ist es, dass die viel zu früh begonnenen Ausräumungen und Ausgrabungen bis 1939 zwar letztlich zu einer großen Menge an Fundmaterial geführt haben, ihr Zusammenhang ist aber weitgehend verloren. Zudem sind die jüngeren Schichten fast vollständig unkontrolliert abgetragen worden, damit ist ein großes Klima- und Archäologiearchiv weitgehend undokumentiert zerstört worden. In der Rückschau ist das natürlich sehr bedauerlich, andererseits war das „die Zeit" und der Beginn von archäologischer Forschung im späten 19. und frühen 20. Jahrhundert. Wer weiß, wie kommende Generationen über unsere Ausgrabungen urteilen werden?

Die Bearbeitung des umfangreichen Fundmaterials, das der Rektor Bernhard Bahnschulte 1939 in einer Seitenspalte der Balver Höhle ausgegraben hatte, hat dennoch einiges zur Lebensgeschichte der späten Neandertaler in Westfalen beigetragen. So lassen z. B. bestimmte Steinwerkzeuge weiträumige Kontakte der damaligen kleinen Menschengruppen erahnen.

Vor über zehn Jahren hat sich Lutz Kindler in seiner Mainzer Dissertation der reichen Tierreste – immerhin etwa 20.000 Stücke! – angenommen, die 1939 geborgen wurden und seitdem weitgehend unbearbeitet blieben. So identifizierte er einige Knochenwerkzeuge – ein immer noch relativ seltener Beleg für den Neandertaler in Mitteleuropa. Seine Ergebnisse haben auch ein neues Licht auf dessen Ökonomie geworfen. So bejagte er neben Wildrindern, Pferden und Rentieren offenbar auch Höhlenbären, vielleicht während ihrer Winterruhe in der Höhle. Auch das Schienbein eines Höhlenlöwen weist Schnittspuren auf, vielleicht der „Beifang" eines lästigen Nahrungskonkurrenten.

Interessant war auch die Analyse der Mammutreste, denn es sind auffällig viele junge Tiere und Mammutkälber nachweisbar.

Das lässt sich besonders gut an den Zähnen zeigen, da sich diese am besten erhalten haben und eindeutig bestimmen lassen. Gelang es dem Neandertaler, unerfahrene Mammutkälber und -jungtiere von den gefährlichen erwachsenen Tieren aus den Herden zu isolieren und zu diese dann zu erlegen? Letztlich muss das nur Spekulation bleiben, doch ist der Befund schon auffällig. Denn warum sollten Menschen oder Tiere Zähne junger Mammute in der Landschaft, die dort auf andere Weise verendeten, einsammeln und in die Höhle bringen? Zudem scheint für den Neandertaler in Europa die Jagd auf Elefanten grundsätzlich nachgewiesen zu sein.

MICHAEL BAALES

Schulklasse am Eingang zur Balver Höhle um 1930.

3 Rengeweihe

Oeger Höhle, Hohenlimburg, Grabung Josef Spiegel 1931
Späte Weichsel-Kaltzeit
links: L 32,5 cm, rechts: L 18,5 cm

Höhlenablagerungen sind häufig sehr reich an eiszeitlichen Tierresten. In ihnen können sich Überbleibsel der Tierwelt aus den verschiedenen Klimaphasen gut erhalten. Das gilt auch für westfälische Höhlen, darunter auch die Oeger Höhle am Ufer der Lenne an der Mühlenbergstraße bei Hagen-Hohenlimburg. Die Höhle liegt am Oeger Stein unterhalb des Steltenbergs. Das nach Norden hin breite Flusstal wird im Bereich der Oeger Höhle nach Südosten dem Flussverlauf folgend deutlich erkennbar wie ein Canyon abgeriegelt. Der Oeger Stein mit der Höhle bildete vor den Zerstörungen durch Steinbrüche, Straßen- und Eisenbahnbau eine Art Landmarke, wie historische Ansichten aus dem 18. und frühen 19. Jahrhundert belegen (S. 134).

Eiszeitliche Tierreste aus Höhlen stammen zum einen von solchen Arten, die sich gerne in Höhlen zurückziehen (und dann hier starben), oder sie reicherten sich über Räuber an, die in Höhlen ihre Beute fraßen, Knochen aufbissen und diese zurückließen. Hyänen sind zuvorderst solche „Knochensammler" gewesen, aber auch Höhlenlöwen, Wölfe oder Füchse. Das Vorkommen der zahlreichen Tierknochen lässt sich also gut erklären. Doch wie steht es mit den zahlreichen Geweihresten aus der Oeger Höhle, die von Rentieren stammen? An ihnen ist ja „nichts dran", und zudem sind es vor allem Reste von abgeworfenen Geweihen, die in der Landschaft „herumlagen", bevor sie in die Höhle gelangten. Welche Erklärung bietet sich hier an?

Eine systematische Grabung und Dokumentation der Geweihfunde hat leider nicht stattgefunden. Bereits Anfang des 19. Jahrhundert untersuchte der in Elsey wohnhafte Oberwegebau-Inspektor Peter Dietrich Mitze die Oeger Höhle, nach der Teilzerstörung durch den Straßenbau gab es um 1840 weitere Ausgrabungen. 1928 schürfte u. a. Karl Brandt in den Sedimenten im damaligen Rest des Eingangs und im Innenraum der Höhle, um dort viele eiszeitliche Tierreste aufzusammeln. 1931 entdeckte Josef Spiegel bei einer Grabungskampagne zahlreiche Rengeweihe. Sie vermehrten sich im Laufe der Zeit durch unsystematische „Bergungen" und

regelrechte Raubgrabungen, bis die Höhle 1974 aus Gründen der Straßensicherung schließlich verschlossen wurde.

Aus der Oeger Höhle sind mehrere Hundert Abwurfstangen durchweg weiblicher oder jugendlicher Rentiere bekannt. Rentiere (*Rangifer tarandus*) sind die einzigen Geweihträger, bei denen beide Geschlechter Geweihe ausbilden und diese zu unterschiedlichen Jahreszeiten abwerfen. Die deutlich größeren Geweihe der ausgewachsenen Bullen werden nach der Brunft im Herbst, die schwächeren Geweihe der weiblichen und sehr jungen Tiere im Frühjahr abgeworfen. Dies zeigt, dass sich in der Umgebung der Oeger Höhe zumindest im Frühjahr Rentierherden aufgehalten hatten. Zwei konventionelle ^{14}C-Datierungen ergaben ganz unterschiedliche Altersangaben: um 30.000 Jahre vor heute und um 13.000 v. Chr. Diese Daten belegen, dass sich die Geweihe in der Oeger Höhle über viele Tausend Jahren angesammelt haben.

Doch wer oder was war dafür verantwortlich? Bis auf eine kleine Widerhakenspitze aus Geweih (S. 36) sind Bearbeitungsspuren an den Geweihen nicht aufgefallen. Auch sind Zahneindrücke von Raubtieren vorhanden, aber an den Geweihen nicht häufig. Der Eintrag von Abwurfstangen z. B. durch Höhlenhyänen, die auch im Fundmaterial nachgewiesen sind, dürfte für die große Zahl der Geweihe in der Höhle wohl nicht verantwortlich gewesen sein.

Dagegen zeigen ethnologische Beispiele, dass rezente Jägergruppen die Geweihe und Knochen von Rentieren in Felsspalten und Höhlen „opferten". Die ursprüngliche Lage der Höhle am Fuße der Felsgruppe des Oeger Steins und auch die schwierige Zugänglichkeit machte sie für prähistorische Menschen interessant. Vielleicht dürfen wir uns eine Opferung für den Befund in der Oeger Höhle vorstellen? Doch vielleicht liefern zukünftige archäologische Untersuchungen in den noch vorhandenen Höhlensedimenten auch eine einfachere Erklärung.

MICHAEL BAALES

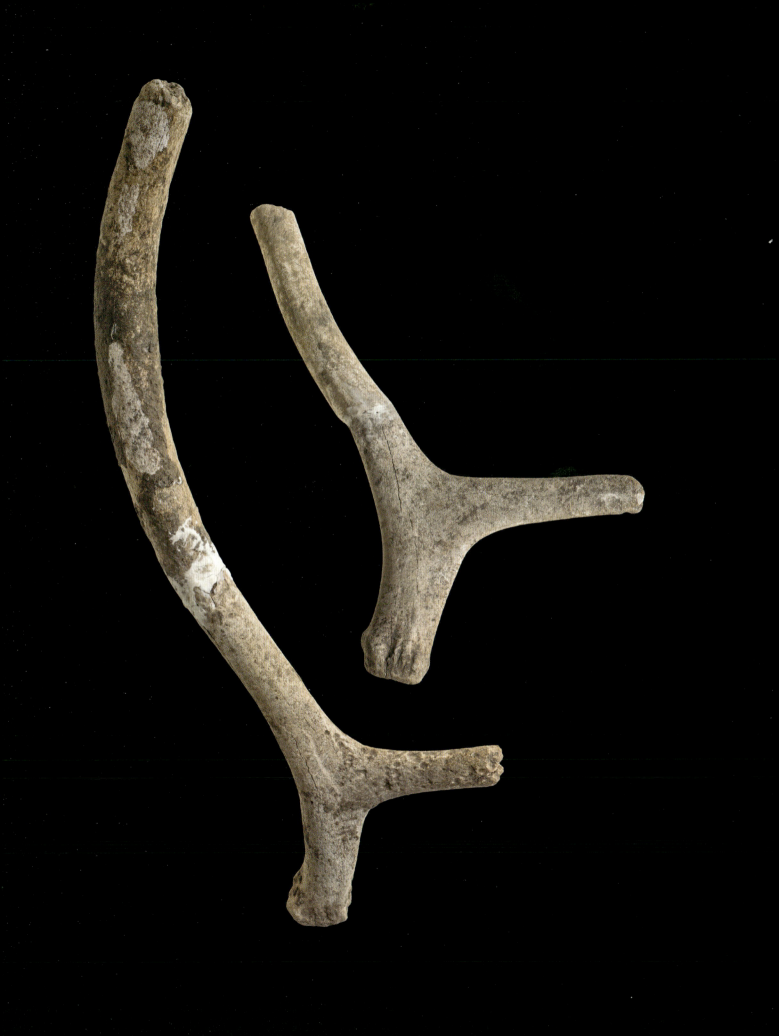

4 Keilmesser

Balver Höhle, Balve; Grabung 1939, Schicht III
Mittlere Altsteinzeit, Keilmessergruppen, ca. 70.000 Jahre
Quarzitgeröll, L 12,5 cm B 6,8 cm

Keilmesser sind besonders geformte Schneidegeräte, die vor allem für späte Neandertaler typisch sind. Der Neandertaler betrat vor etwa 300.000 Jahren die eurasische Bühne. Er erlebte mehrere Kalt- und Warmzeiten und ist vor allem für die letzte Eiszeit – die Weichsel-Kaltzeit – aus vielen Teilen Europas und des Nahen Ostens sowie vereinzelt auch für das südliche Sibirien belegt.

Während des mittleren Abschnitts der Weichsel-Kaltzeit – vor etwa 80.000 bis 50.000 Jahren – sind Keilmesser auf vielen Fundplätzen in Mittel- und Osteuropa und zeitweise auch im westlichen Europa (Frankreich) zu finden. Als Rohmaterial diente meist Feuerstein, in Südwestfalen sind die hier in Flußschottern und Aufschlüssen anstehenden, meist schwarzen Kieselschiefer häufig verwendet worden. Typisch und namensgebend ist für diese meist vollständig, beidflächig bearbeiteten Messer ihr auffälliger Querschnitt, der zumeist nur zum basalen Ende deutlich ausgeprägt ist: hier, am „Griffende" liegt eine dickere, oft unbearbeitet belassene Kante einer sorgfältig bearbeiteten, scharfen und damit schneidenden Kante gegenüber. Legt man hier einen Querschnitt durch, ergibt sich eine Keilform – der Ursprung des Fachbegriffes „Keilmesser".

Keilmesser wurden immer wieder nachgeschärft, sodass es auch kleine, abgearbeitete Exemplare gibt. Diese Werkzeuge besitzen zumeist bereits eine dickere Griffpartie, doch sind sie auch in Griffe aus Holz, Geweih oder Knochen eingesetzt worden. Dies belegen erhalten gebliebene Birkenpech-Reste aus Königsaue in Sachsen-Anhalt. An diesen seltenen organischen Funden sind die Abdrücke eines Keilmessers und die Maserung einer hölzernen Schäftung zu erkennen.

Die Schneide mancher Keilmesser wurde erst durch einen speziellen tangentialen Schlag von der Spitze her fertiggestellt oder auf diese Weise auch immer wieder nachgeschärft; dabei entstanden längliche, klingenförmige Abfallprodukte („Schneidenschläge"). Diese nach einem südpolnischen Flusslauf benannten Pradnikmesser waren spezielle Keilmesser, die in Mitteleuropa für die Zeit kurz vor 60.000 Jahren, dem ersten Kältehöhepunkt der Weichsel-Kaltzeit, prägend gewesen zu sein scheinen. Kurze Zeit später sind derartige Pradnikmesser auch in Frankreich zu finden, sodass spekuliert werden kann, dass aufgrund zunehmender Kälte aus Mitteleuropa abwandernde Gruppen von Neandertalern diese spezielle Bearbeitungsweise der Keilmesser weiter südlich einführten.

In Südwestfalen sind Keilmesser, auch die Variante der Pradnikmesser, in großer Zahl in der Balver Höhle gefunden worden. Auch aus anderen Höhlen im mittleren Talabschnitt der Hönne sind Keilmesser bekannt, ebenso weiter nördlich in der Münsterländer Bucht. In den weiten Steppengebieten, die die Neandertaler damals durchstreiften, waren Keilmesser sehr nützliche, leicht durch einige wenige gezielte Abschläge nachzuschärfende „Schlachtmesser".

MICHAEL BAALES

5 Groszaki

Volkringhauser Höhle, Balve-Volkringhausen
Mittlere Altsteinzeit, Keilmessergruppen, ca. 50.000 Jahre
Kieselschiefer, oben: Dm 3,5 cm D 0,6 cm

Die Höhlen im Hönnetal haben bereits gegen Mitte des 19. Jahrhunderts die Aufmerksamkeit der Forschung auf sich gezogen. Neben großen Höhlen – wie der Feldhof- oder Balver Höhle – gibt es in dem zwischen Volkringhausen und Oberrödinghausen entlang des Flusslaufes wie ein Canyon verengten mittleren Talabschnitt der Hönne auch zahlreiche kleine „Löcher". Bei ihnen handelt es sich eher um zurückspringende Felsüberhänge – sogenannte Abris – denn um richtige Höhlen.

Eine Karstbildung in Form eines Abris ist auch die Volkringhauser Höhle (Abb. S. 19). Sie liegt am südlichen Eingang des gleichnamigen Ortes am „Langeloh" relativ hoch am Steilhang des hier nördlichen Ufers der Hönne, die sich von dort aus zu einem Canyon verengt. Der heutige Eingangsbereich ist nur etwa 2,5 m hoch, der erhaltene Höhlenraum reicht nur rund 5 m tief in den Fels hinein, bei einer Breite um 4 m und schnell abnehmender Höhe. Es ist anzunehmen, dass der erhaltene kleine Vorplatz der Höhle in der Altsteinzeit viel größer war, doch durch die gegen Ende der Eiszeit verstärkt einsetzende Erosion viel an Substanz verloren hat.

In verschiedenen Sammlungen, darunter im Bestand des Museums Wasserschloss Werdringen in Hagen, aus der Sammlung des Rektors Robert Frese (1882–1976) in Menden, sind von der Volkringhauser Höhle rund 300 Steinartefakte und etwa 200 eiszeitliche Tierreste überliefert. Einige beidflächig bearbeitete Steinwerkzeuge aus der Volkringhauser Höhle verraten eine Nähe zu den ungleich zahlreicheren, ältesten Funden aus der im oberen Talabschnitt benachbarten Balver Höhle. Sie sind den Keilmessergruppen der späten Neandertaler zuzuweisen; daneben sind im Fundmaterial einflächig bearbeitete Schaber vorhanden – alle diese Geräte waren Schneidewerkzeuge. Die Artefakte bestehen wie in der Balver Höhle häufig aus dem lokal vorkommenden Kieselschiefer und auch aus Grauwacke, aber vor allem aus Baltischem Feuerstein, der mindestens 25 km weiter nördlich in eiszeitlichen Geschiebeablagerungen vorkommt. Bei den grö-

ßeren Stücken herrschen Artefakte aus Kieselschiefer vor, was zeigt, dass der Baltische Feuerstein dennoch intensiver ausgenutzt wurde, obwohl der Kieselschiefer leichter zu beschaffen war.

Unter den Werkzeugen sind zwei, vielleicht auch drei Stücke zu nennen, die wegen ihrer Größe und Form besonders auffallen. Es sind kleine rundliche Abschläge, die an den Kanten fast umlaufend, teilweise auch auf die Unterseite, relativ stumpf retuschiert sind. Würde man diese Stücke auf der Oberfläche finden, könnte man sie für kleine Kratzer halten, die an das Ende der Alt- oder sogar in die Mittelsteinzeit gehören. Tatsächlich hat aber der Neandertaler diese filigranen Werkzeuge hergestellt, die ohne eine Schäftung sicher nicht genutzt werden konnten. Derartige Steingeräte fielen erstmalig in den 1930er Jahren in polnischen Grabungen auf. Darauf bezieht sich auch die Bezeichnung als „groszak" – polnisch für „Groschen" bzw. „kleine Kupfermünze" – da die Werkzeuge kaum größer sind als diese kleinen Geldstücke.

„Groszaki" finden sich immer wieder in den mittel- und osteuropäischen Keilmesser-Inventaren der späten Neandertaler. Fast 70 derartige Geräte wurden bei den Nachgrabungen 1997 bis 2000 in den zur Mitte des 19. Jahrhunderts vor der Zerstörung der Höhle herausgeschaufelten Sedimenten der Kleinen Feldhofer Grotte im Neandertal bei Mettmann, dem namensgebenden Fundort des eiszeitlichen Menschentyps, gefunden. Sie repräsentieren eine der größten Sammlungen dieser eigenartigen Steinartefakte. Eine Untersuchung auf Gebrauchsspuren hat für die Stücke aus der Volkringhauser Höhle leider kein Ergebnis gebracht; wofür sie genau genutzt wurden, muss also offenbleiben: Diese „Groschen" bleiben ein Rätsel.

MICHAEL BAALES

6   Levallois-Spitze

Balver Höhle, Balve; Grabung 1939, Schicht IV
Mittlere Altsteinzeit, ca. 50.000 Jahre
Kieselschiefer, L 8,5 cm B 4,6 cm H 1,1 cm

Typisch für die Neandertaler war eine besonders ausgeklügelte Form der Abschlaggewinnung: das Konzept der sogenannten Levallois-Methode – benannt nach einem Fundort bei Paris. Hierbei handelt es sich um eine spezielle Art der Präparation des Kernsteins, bei der vorher festgelegt wird, welche Form der Zielabschlag haben soll. Diese Methode findet bereits zum Ende des Altpaläolithikums vor etwa 300.000 Jahren Verwendung und wird im darauffolgenden Mittelpaläolithikum maßgebend.

Anhand dieser Steinbearbeitung wird die Fähigkeit der Neandertaler deutlich, Dinge im Vorfeld zu planen und zielgerichtet zu arbeiten. Andere Methoden der Steinbearbeitung, wie sie im Alt- und Mittelpaläolithikum gebräuchlich waren, wurden jedoch weiterhin genutzt. Werkzeuge, die aus den oft relativ dünnen Zielabschlägen in Levallois-Methode bestehen, lassen sich auf unterschiedlichen Fundplätzen in Westfalen, wie etwa in den Fundhöhlen im Hönnetal – dort besonders in der Balver Höhle – und in der Münsterländer Bucht finden. Sie belegen die Anwesenheit von Neandertalern in den ganz unterschiedlichen naturräumlichen Gegebenheiten.

Wie funktionierte die Levaillois-Methode? Zunächst muss sorgfältig ein geeignetes Rohstück ausgesucht werden. Dieses wird dann so präpariert, dass die Oberseite leicht konvex aufgewölbt ist. Die Bearbeitung der Unterseite dient primär der Umrissformung des dann „Kern" genannten, präparierten Rohstücks. Als nächstes muss noch an geeigneter Stelle eine Schlagfläche präpariert werden, damit ein genauer Aufschlagpunkt für das Abheben des Zielabschlags entsteht.

Anschließend wird der Zielabschlag von der Oberseite des Kerns abgehoben. Eventuell können danach noch weitere Abschläge gefertigt werden. Wenn die Oberseite des Kerns schließlich komplett flach ist, ist der Kern erschöpft und eignet sich nicht zur weiteren Verwendung. Deshalb ist die Levallois-Methode sehr rohmaterialintensiv und letztlich auch verschwenderisch.

Die andere Methode, einen Levallois-Kern abzubauen, nutzt das Prinzip der umlaufenden Abtrennung der Zielabschläge zur Mitte der Abbaufläche, also eine zentripetale Abbautechnik. Dieses Verfahren erzeugt weniger Produktionsabfall als die übliche Methode und ist somit weniger verschwenderisch, allerdings sind die erzeugten Zielabschläge dann relativ klein.

Das hier abgebildete Fundstück besteht aus einem dreieckigen, in Levallois-Methode hergestellten Zielabschlag. Gefunden wurde die sogenannte Levallois-Spitze 1939 bei den Grabungen in der Balver Höhle, und zwar in der Fundschicht IV, die der Kulturstufe des Moustérien zugeordnet wird. Die Spitze besteht aus Kieselschiefer, der in Flußschottern der Hönne vorkommt sowie auch bergfrisch in Aufschlüssen im Sauerland ansteht. Das Fundstück zeigt, dass die Dreieckform auf der Kernoberseite nach der beschriebenen Methode vorpräpariert und dann abgetrennt worden war. Wahrscheinlich wurde die Levallois-Spitze an einer Lanze oder einem Speer geschäftet und zur Jagd verwendet.

DANIEL RIEMENSCHNEIDER

7 Federmesser

„Barmer Baum", Hagen-Herbeck
Allerød-Warmphase, ca. 12.000–10.700 v. Chr.
Baltischer Feuerstein, rechts: L 4,5 cm B 1,3 cm H 0,4 cm

Die Steinzeitforschung kennt eine Reihe merkwürdiger Begriffe – das „Keilmesser" ist hier bereits vorgestellt worden. Dazu zählt auch das „Federmesser", das nicht der Neandertaler, sondern Jahrzehntausende später, schon gegen Ende der Altsteinzeit, der anatomisch Moderne Mensch herstellte.

Als Federmesser werden dünne Stahlklingen bezeichnet, mit denen die Kiele von Schreibfedern zugeschnitten sowie Bleistifte angespitzt werden, aber auch kleine Klingen von Taschenmessern. Typisch für sie ist eine der scharfen, abgewinkelten Schneide gegenüberliegende stumpfe Kante, der sogenannte Rücken. Im späten 19. Jahrhundert wurden kleine Steinklingen mit einem zugerichteten (retuschierten) stumpfen, oft gebogenen Rücken und gegenüberliegender scharfer Klingenkante gefunden. Daraufhin bürgerte sich im deutschsprachigen Raum der Begriff des Federmessers für solche Steinartefakte ein.

Als Oberbegriff für Federmesser und verwandte Formen entstand die Bezeichnung „Rückenspitze", denn dies waren tatsächlich frühe Pfeilspitzen, die gegen Ende der Altsteinzeit vor etwa 14.500 bis 11.650 Jahren in Mitteleuropa in Gebrauch waren. Als Federmesser besonders *en vogue* waren, herrschte am Ende der Weichsel-Kaltzeit für etwa 1.200 Jahre eine milde Klimaphase, die nach einem dänischen Fundort als Allerød-Warmphase (ca. 12.000 bis 10.700 v. Chr.) bekannt ist. Birken- und Kiefernwälder prägten die Landschaft im nördlichen Mitteleuropa. In den Wäldern lebten unter anderem Elche, Reh- und Rotwild, Wildschweine, Auerochsen und an den Gewässern auch Biber. Das Pferd als „Überbleibsel" der vorangegangenen Steppenlandschaften fand in den lichten Wäldern ebenfalls noch Platz.

Der bereits in der mittleren Altsteinzeit verwendete Allzweckklebstoff wurde aus der Verbrennung und Kondensation von Birkenrinde gewonnen. Die teerartige Substanz erhärtete, über einem Feuer wieder erwärmtes Birkenpech erhält eine formbare Konsistenz. Dadurch ließen sich beispielsweise Pfeilspitzen in hölzerne Schäfte einkleben und zusätzlich mit Pflanzenfasern oder Tiersehnen befestigen.

Auf den Flussterrassen an Ruhr und Lenne sind mehrere Federmesser auf Ackeroberflächen aufgelesen worden. Sie fanden sich bei Garenfeld, Hengstey oder – wie die hier vorgestellten abgebildeten Fundstücke – am „Barmer Baum" auf der mittleren Flussterrasse der Lenne in Herbeck. Auch in der vor über 100 Jahren durch Steinbrucharbeiten bereits zerstörten Martinshöhle am Oestricher Burgberg bei Iserlohn-Letmathe wurden diese typischen Pfeilspitzen ausgegraben. Auf den südwestfälischen Fundstellen bestehen sie zumeist aus Baltischem Feuerstein, aber auch in der Region anstehender schwarzer und grauer Kieselschiefer wurde verwendet.

Mehrere kleine Fundkonzentrationen auf den Flussterrassen an der unteren Lenne sowie oberen und mittleren Ruhr legen nahe, dass dort von den Menschen nur kurzzeitig genutzte Lageplätze bestanden. Die Jägergruppen waren hochmobil und durchstreiften ein weites Gebiet. Am Mittelrhein oder auch in Polen lässt sich nachweisen, dass Rohstoffe an Fundplätzen der Federmesser-Gruppen aus 150, 200 oder gar 400 km Entfernung herstammten. Die sich dahinter verbergenden weiten Wanderungen waren für den Zusammenhalt der kleinen Gruppen sicherlich auch essentiell wichtig – *social networking* in der Steinzeit.

MICHAEL BAALES

8   Stielspitze

„Auf der Halle", Hagen-Haspe
Ahrensburger Kultur, Jüngere Dryas-Kaltphase, um 10.800–9.600 v. Chr.
Baltischer Feuerstein, L 3,7 cm B 2,0 cm H 0,4 cm

Nach der milden Waldphase des Allerøds wurde die Nord-Halbkugel von einer letzten, gut 1.000-jährigen Kaltphase getroffen. Vor den Inland-Gletschern Nordamerikas hatte sich ein riesiger Schmelzwassersee gebildet, der sich vor ca. 13.000 Jahren sturzflutartig in den Atlantik ergoss, wodurch sich der Golfstrom derart abschwächte, dass sich im nördlichen Mittel- und Nordeuropa wieder eine Kältesteppe ausbreiten konnte. Die sich zuvor in der „Allerød"-Erwärmung entwickelten Wälder hielten sich nur noch im südlichen Mitteleuropa.

Nördlich breitete sich bis in die südlich angrenzende Mittelgebirgszone wieder eine kälteangepasste Tierwelt, wie Rentier, Schneehuhn und Lemming aus. Die Menschen spezialisierten sich erneut auf die saisonale Rentierjagd. Hierzu änderten sie ab etwa 10.800 v. Chr. die Art ihrer Bewaffnung, da die Pfeile zumeist mit kleinen gestielten Spitzen, sogenannten Stielspitzen, bewehrt wurden. Vielleicht half der Stiel, die steinerne Pfeilspitze besser im Schaft zu befestigen.

Benannt ist diese letzte Rentierjäger-Kultur in Mitteleuropa nach ihrer bekanntesten Fundstelle: Stellmoor im Ahrensburger Tunneltal, nur wenige Kilometer nördlich von Hamburg gelegen. Hier sind in den 1930er Jahren neben Steinwerkzeugen auch erstmals Knochen- und Geweihwerkzeuge sowie zahlreiche Rentierreste in einem verlandeten späteiszeitlichen Tümpel ausgegraben worden. Im Fundgut befanden sich auch die bisher ältesten Holzpfeile aus Kiefernholz; leider verbrannten sie alle bei Luftangriffen im Zweiten Weltkrieg bis auf kleine Reste.

Auf den Flussterrassen von Ruhr, Lenne, Volme und Ennepe sowie in den sauerländischen Karsthöhlen werden immer wieder Fundplätze und einzelne Ahrensburger Pfeilspitzen – wie das hier abgebildete Einzelstück von der Höhenterrasse „Auf der Halle" bei Hagen-Haspe – entdeckt. Ein im Karbonhügelland zwischen der Iserlohner Grürmannsheide und Reingsen bei

Schwerte in rund 220 m NN gelegener Fundplatz (S. 60), der tausende Artefakte aus Baltischem Feuerstein und Kieselschiefer – darunter über 15 Stielspitzen – erbrachte, ist der an Artefakten bislang größte spätpaläolithische Freilandfundplatz in Südwestfalen.

Bei Stellmoor wurden im Herbst wandernde Rentierherden bejagt. Die südwestfälischen Fundplätze der Stielspitzen-Gruppen dürften hingegen auf die Jagd im Frühjahr zurückzuführen sein. Die Rentiere zogen in die Sommereinstände des westfälischen Berglandes hinauf. Dort wurden sie von den Ahrensburger Jägergruppen an den Talaufgängen von Ruhr und Lenne sowie entlang ihrer Zuflüsse bejagt.

Für diese Annahme spricht der wichtigste westfälische Fundplatz der Ahrensburger Kultur: der „Hohle Stein" bei Rüthen-Kallenhardt. Dort wurden zur selben Zeit wie in Stellmoor zahlreiche Rentierreste und Steingeräte ausgegraben. Mehrere Indizien, wie die Abwurfstangen weiblicher Rentiere – wie wir sie in großer Zahl auch aus der Oeger Höhle in Hagen kennen – verweisen auf das Frühjahr als Tötungszeit der Jagdbeute hin.

Gegen Ende der letzten Weichsel-Eiszeit kamen die Rentierherden vermutlich aus dem nordwestlich gelegenen Tiefland. Dort hatten sie den Winter verbracht, um in den Mittelgebirgen den sich jetzt ausbreitenden Mückenschwärmen zu entfliehen – ein Verhalten, das auch von rezenten Rentieren bekannt ist. Gerade auch die neugeborenen Kälber waren so vor den Plagegeistern besser geschützt. Doch genau in diesen Rückzugsgebieten erwarteten sie die mobilen Ahrensburger Jäger bereits!

MICHAEL BAALES

9 Widerhakenspitze

Oeger Höhle, Hohenlimburg, Grabung J. Spiegel 1931
Jung- oder Spätpaläolithikum
Rengeweih, L 5,9 cm B 1,2 cm

Aus der Oeger Höhle stammen zahlreiche Geweihstangen weiblicher Rentiere, die auf einen längeren Zeitraum von etwa 30.000–13.000 v. Chr. datiert werden konnten. An ihnen sind keine Bearbeitungsspuren aufgefallen, doch fand sich unter ihnen vor einigen Jahren jedoch ein eindeutiges Artefakt. Es handelt sich um eine sogenannte Widerhakenspitze, eine Geschossspitze also, die mit Widerhaken versehen ist. Es muss sich dabei nicht unbedingt um die Spitze einer Harpune handeln, die sich nach dem Treffer von dem nur locker mit ihr verbundenen Schaft löste, sondern es könnte auch das Fragment einer (Fisch-)Speerspitze sein, die fest mit dem Holzschaft verbunden war. Da die Basis (wie auch die Spitze) unseres Stückes abgebrochen ist, lässt sich die Art der Schäftung nicht rekonstruieren, jedoch sind beide Varianten bereits für die jüngere Altsteinzeit – im Jung- und Spätpaläolithikum – belegt.

Erhalten ist das Stück auf knapp 6 cm Länge, bei einer maximalen Breite von 1,2 cm. Zwei breite, etwa 4 cm auseinanderliegende Widerhaken sind noch vorhanden. Die Kanten wirken „weich" verschliffen. Offenbar ist das Stück im Sediment in der Höhle durch natürliche Prozesse stärker bewegt worden. Die Innenseite zeigt deutlich, dass das Stück aus einem Geweih gefertigt wurde, denn es ist noch die typische, weiche Spongiosa sichtbar. Die Erhaltung entspricht den zahlreichen Geweihstangen aus der Oeger Höhle, sodass es keinen Zweifel gibt, dass diese Spitze aus Rengeweih besteht. Der gebogene Querschnitt legt nahe, dass sie aus einer vergleichbar kleinen Stange gefertigt wurde, wie sie aus der Oeger Höhle stammen. Da die harte äußere Schicht des Geweihs (Kompakta) weiblicher Rentiere im Gegensatz zu derjenigen großer Geweihe der Bullen, die zuallermeist für die Geschossspitzen-Herstellung genutzt wurde, recht dünn ist, ist für die Widerhakenspitze ein vergleichsweise breiter Span verwendet worden, der zuvor aus einer Geweihstange herausgetrennt worden war.

Leider ist der Versuch einer ^{14}C-Datierung fehlgeschlagen; es war zu wenig Kollagen enthalten. Widerhakenspitzen sind bei uns jedoch erst für das jüngere Jungpaläolithikum belegt. Aus den westfälischen Karsthöhlen liegt nur aus der heute zerstörten Martinshöhle am Burgberg bei Letmathe-Oestrich ein weiteres Fragment einer ebenfalls einreihigen Widerhakenspitze mit jedoch weit hervorstehenden Widerhaken vor. Sie kann ebenfalls nur grob in das Spätpaläolithikum eingeordnet werden, weil auch hier eine ^{14}C-Datierung nicht möglich war.

Die Widerhakenspitze zeigt, dass die bis zum Straßenbau im 19. Jahrhundert schwer zugängliche Oeger Höhle während der jüngeren Altsteinzeit vom Menschen genutzt wurde. Weitere eindeutige Funde dieser Zeit sind aus der Höhle nicht bekannt. Die wenigen Feuersteinartefakte gehören vielleicht eher in die mittelneolithische Nutzungsphase der Oeger Höhle (S. 76), zumal sich darunter auch das Bruchstück eines Klingenkratzers aus niederländischem Rijckholt-Flint befindet.

MICHAEL BAALES

10 Rückenspitze

Blätterhöhle, Vorplatz, Hagen-Holthausen
Spätpaläolithikum, ca. 10.000 v. Chr.
Nordischer Feuerstein, patiniert, L 4,5 cm B 0,9 cm

Bis noch vor wenigen Jahren wussten wir sehr wenig über die kulturelle Entwicklung der Jäger- und Sammlerinnengruppen am Übergang von der letzten Eiszeit zur Nacheiszeit, dem sogenannten Holozän. Eisbohrkerne und die Untersuchungen von Sedimenten beispielsweise in Mooren und Höhlen zeigen, dass sich um 9.650 v. Chr. die Verhältnisse deutlich veränderten – ein Klimawandel größeren Ausmaßes war die Folge. So stieg die Jahresmitteltemperatur zu diesem Zeitpunkt sehr schnell und in kurzer Zeit gleich um mehrere Grad an. Die klimatischen Verhältnisse verbesserten sich also sprunghaft, und das sogar innerhalb der damaligen Lebensspanne eines Menschen von etwa 40 Jahren.

Die Grabungen auf dem Vorplatz der Blätterhöhle in Hagen-Holthausen haben seit 2006 zunächst eine für unseren Raum einmalige Abfolge von Hinterlassenschaften mesolithischer Jäger- und Sammlerinnengruppen ergeben. Unterhalb dieses Fundniveaus sowie in durch Tiergänge nach oben beförderten Sedimentresten kamen immer wieder vereinzelt in das Spätpaläolithikum einzuordnende Steingeräte ans Licht, darunter auch charakteristisch geformte Pfeilspitzen. Diese einzelnen Streufunde gaben zumindest Hinweise darauf, dass im Bereich der Blätterhöhle mit älteren Funden aus der Eiszeit zu rechnen war.

Im Verlauf der weiteren Grabungen auf dem Vorplatz erschien erstmalig 2017 unter der mittelsteinzeitlichen Stratigraphie eine deutlich grau gefärbte Schicht; die Graufärbung dürfte von der Feuerstellennutzung im Umfeld herrühren. Sie lieferte zahlreiche Artefakte, vor allem Kleinabfall der Steingeräteproduktion, steinerne Werkzeuge und auch Tierknochen. Die von Größe und Form völlig anders gestalteten Pfeilspitzen aus den beiden Schichten unterhalb der frühmesolithischen Funde datieren in die ausgehende letzte Eiszeit, stammen folglich aus der späten Altsteinzeit.

Die Pfeilspitzen erinnern von ihrer Form sehr an die „Federmesser", die rund 2.000 Jahre vor dieser Zeit typisch waren. Doch sind sie von ihrer Gestalt nun sehr viel variantenreicher und wirken oft deutlich graziler. Es gibt Stücke mit einem geknickten, einem geraden oder nur partiell gearbeiteten Rücken; manche dieser „Rückenspitzen" sind sehr dünn und schlank, andere wirken derber. Einige sind in gebrauchstypischer Weise beschädigt, waren also als Pfeilspitzen tatsächlich genutzt worden. Auf dem Lagerplatz vor der Blätterhöhle wurden sie nach der Jagd in den Pfeilschäften durch hier hergestellte neue Stücke ersetzt. Die Zusammensetzung und Bearbeitungstechnik könnte dafür sprechen, dass der günstig gelegene Vorplatz der Blätterhöhle über einen gewissen Zeitraum immer wieder von späteiszeitlichen Jägern auf ihren Expeditionen für eine Rast aufgesucht wurde. Die Jäger waren hochmobil und durchquerten weite Entfernungen.

Derartige Fundhorizonte mit „Rückenspitzen" aus der späten Altsteinzeit kurz vor Beginn des nacheiszeitlichen Holozäns waren für unsere Region und weit darüber hinaus bislang unbekannt. Es gibt kein wirklich mit den Befunden an der Blätterhöhle vergleichbares Inventar mit solches Steinartefakten – außer, es wird weit nach Westen, nach Frankreich geschaut. Hier haben sich die Federmesser-Gruppen der warmen Waldphase des Allerød-Interstadials auch im sogenannten Laborien in der folgenden Kaltphase der Jüngeren Dryaszeit weiterentwickelt.

In Frankreich finden sich an Fundstellen des „Épi-Laborien" bis an den Beginn des Holozäns unter anderem variantenreiche „Rückenspitzen" und auch degeneriert wirkende kleine „Stielspitzen", die als ein Einfluss aus dem Norden gewertet werden. Eine schlanke, untypische „Stielspitze" ist auch unter den Artefakten in dem spätpaläolithischen Inventar auf dem Vorplatz der Blätterhöhle. Dies alles lässt vermuten, dass es bei uns am Ende der letzten Eiszeit vor rund 12.000 Jahren einen vielleicht nur kurzzeitigen, aber markanten Einfluss aus dem Westen gab. Damals hatten die Jägergruppen offenbar sehr weite, überraschend weite Kontakte.

MICHAEL BAALES

11 Röhre aus Gestein

Blätterhöhle, Vorplatz, Hagen-Holthausen
Spätpaläolithikum, ca. 10.000 v. Chr.
Quarzhaltiges Sedimentgestein, Dm (Außen) 3,4 cm Dm (Innen) 2,1 cm L 17,1 cm

Im Zuge der archäologischen Ausgrabung auf dem Vorplatz der Blätterhöhle wurde im Sommer 2018 eine Schicht vom Ende der letzten Eiszeit untersucht. Die aufgefundenen Steinwerkzeuge – darunter u.a. Kratzer, Bohrer, vor allem Pfeilspitzen – aber auch Holzkohlen, Geröllplatten als Arbeitsunterlagen, sowie Tierknochen zeugen von den unterschiedlichen Aktivitäten der Menschen am Ende der letzten Eiszeit. Neben diesen Funden konnte innerhalb des spätpaläolithischen Fundhorizontes ein außergewöhnliches 171 mm langes röhrenförmiges Objekt mit einer Wandstärke von ca. 6 mm entdeckt werden.

Auffallend ist die sehr regelmäßige Form, sowie der fast kreisrunde Querschnitt des Objekts mit Durchmessern von ca. 34 mm an den beiden Enden. Aufgrund dieser Merkmale wurde es vor der Bergung zunächst arbeitshypothetisch als Knochen, bzw. Geweih angesprochen. Nach der Reinigung des Fundes wurde schnell klar, dass aus der Fundschicht vom Ende der letzten Eiszeit kein Objekt aus organischem Material, sondern ein ungewöhnliches geologisches Phänomen geborgen wurde.

Erste mikroskopische Untersuchungen zeigten, dass der Fund überwiegend aus gut gerundeten Körnern in der Größe zwischen 0,15–0,6 mm besteht. Nach einer ersten vorläufigen Bestimmung handelt es sich dabei vermutlich ausschließlich um Quarzkörner. Ob das Bindemittel aus Sinter oder, wie u.a. die Struktur des Gesteines und die rostbraune Farbe des Fundes nach der Reinigung vermuten lässt, eher aus eisenhaltigen Mineralien besteht, wird derzeit noch diskutiert.

Außergewöhnliche Dinge und Kuriositäten erwecken nicht nur heute unsere Aufmerksamkeit. Schon in der Altsteinzeit wurden solche auffälligen Objekte wie z. B. Fossilien u. ä. auf den Wanderungen aufgelesen und viele Kilometer mitgenommen, wie z. B. Funde vom späteiszeitlichen Fundplatz Gönnersdorf (Rheinland-Pfalz) zeigen. Über die Frage, ob das außergewöhnliche Objekt von der Blätterhöhle von den späteiszeitlichen Jägern und Sammlern als reine Kuriosität mitgenommen wurde oder eine bislang unbekannte Funktion, wie etwa die einer Dose oder ähnlichem innehatte, kann beim derzeitigen Stand der Untersuchungen jedoch nur spekuliert werden. Auf der grobkörnigen und leicht verwitterten Oberfläche lassen sich keine eindeutigen Bearbeitungsspuren feststellen.

Auch trotz der zahlreichen noch offenen Fragen bleibt festzuhalten, dass das rätselhafte, röhrenförmige Objekt, zu dem es in der näheren Umgebung bislang keine Parallelen gibt, nicht vom Fundplatz selber stammt, sondern durch die Menschen am Ende der letzten Eiszeit von einem bislang unbekannten Ort zur Blätterhöhle gebracht wurde.

WOLFGANG HEUSCHEN

Mittelsteinzeit im Rheinland und in Westfalen

Das Mesolithikum – die Mittelsteinzeit – umfasst eine rund 4.000 Jahre andauernde Phase von nacheiszeitlichen, sich durch die Jagd, dem Fischfang und dem Sammeln ernährenden Gemeinschaften in Europa. Das Gebiet des heutigen Bundeslandes Nordrhein-Westfalen lag während der Mittelsteinzeit im Schnittbereich von kulturellen Einflüssen aus allen umgebenden Räumen. Die vielfältige, von Gebirgslagen, durch Flusstäler bis zu Flachlandzonen gegliederte Landschaft ist für die Erforschung des Mesolithikums besonders interessant. Aufgrund der archäologischen Befunde gehen wir von einem Neben- und Miteinander verschiedener Traditionsgruppen aus. Bislang liegen nur wenige gut gegrabene und sicher datierte Fundstellen vor. Kulturelle Zusammenhänge zeigen sich daher vor allem anhand der oft sehr charakteristischen, meist geometrischen Formgebung der als steinerne Waffenprojektile verwendeten Mikrolithen. Nicht nur wegen der bedeutenden Befunde in der Blätterhöhle und auf ihrem Vorplatz, sondern auch aufgrund von zahlreichen Oberflächenfundplätzen auf den Flussterrassen und Höhenlagen ist Hagen und die umliegende Region ein wichtiges Gebiet für Forschungen zur Mittelsteinzeit (Tafeln S. 44 u. 45).

Der Beginn des Mesolithikums wird mit dem Anfang des Erdzeitalters Holozäns vor etwa 11.600 Jahren gleichgesetzt. Dies ist eine vom heutigen Menschen gezogene Grenze, die nach neueren Erkenntnissen der kulturellen Entwicklung allerdings nicht gerecht wird. Am Ende der Jüngeren Dryaszeit (rund 10.700 – 9.600 v. Chr.) sind verschiedene Kulturströmungen erkennbar, die sich bis in das früheste Holozän bzw. Präboreal (rund 9.600 – 8.600 v. Chr.) hin fortsetzen. Die Inventare vom Übergang zwischen Eiszeit und Nacheiszeit können anhand der Bewehrungen und der Klingenmethoden den Long Blades-Industries und dem Epi-Laborien zugewiesen werden. Plätze der Long Blades-Industries können von England und Dänemark bis nach Westfrankreich und Nordrhein-Westfalen belegt werden. Fundstellen des Epi-Laborien sind dagegen hauptsächlich aus Nordwest-Frankreich überliefert und finden sich bisher nur vereinzelt in Belgien und in Westfalen, hier besonders auf dem Vorplatz der Hagener Blätterhöhle.

Die Phase des folgenden Initialen Mesolithikums ist besonders durch Mikrospitzen ohne Basisretusche und individuell gestaltete Formen der Mikrolithen gekennzeichnet. Erst nach der Präborealen Oszillation vor etwa 11.300 Jahren beginnt im mittleren Präboreal das „klassische" Frühmesolithikum, für das auch Dreiecke und basisretuschierte Mikrospitzen charakteristisch sind. Zu den sehr wenigen datierten Befunden aus dieser Zeit im Rheinland und in Westfalen gehört die bei Bauarbeiten angeschnittene Fundschicht „Riegerbusch" im Hagener Stadtteil Eilpe (S. 46).

Auf das vom Klima noch kühle Präboreal folgt ab 10.600 Jahren das deutlich wärmere Boreal. Im Laufe des Boreals und während des folgenden älteren Atlantikums bis vor etwa 8.300 Jahren ist eine Regionalisierung und Ausweitung der Formen von Mikrolithen zu erkennen. In Nordrhein-Westfalen gibt es zwar zahlreiche Oberflächenfundstellen aus dieser Zeit, aber nur wenige archäologische Ausgrabungen. Ab dem jüngeren Boreal beginnt in den Gebieten des heutigen Belgiens, Nordost-Frankreichs, Luxemburgs, den Niederlanden und des Rheinlandes ein deutlicher Wandel bei der Gestaltung von Mikrolithen-Formen. Neben kleinen Rückenmesserchen wurden nun auch flächenretuschierte Mikrolithen verschiedener Formen hergestellt. Fundinventare einer solchen Zusammensetzung werden der Phase A der sogenannten Rhein-Maas-Schelde-Gruppe (RMS) zugewiesen. Obwohl derartige Mikrolithen-Formen auch in Westfalen von einigen Freilandfundplätzen bekannt sind, konnten sie bislang nur auf dem Vorplatz der Hagener Blätterhöhle sicher datiert werden. Das Ende der älteren Phase A der RMS-Gruppe lässt sich auf etwa 8.300 Jahren vor unserer Zeit einordnen.

Gleichzeitig mit der RMS-Gruppe sind Inventare mit anderen Mikrolithformen, die kulturell mit dem Mesolithikum in Südwest-Deutschland (basisretuschierte Mikrospitzen und ungleichschenklige Dreiecke) oder Norddeutschland (vor allem langschmale Mikrolithformen) verknüpft sind. Ob diese unterschiedlichen, auf einigen Fundplätzen, wie im Karbonhügelland nördlich von Hohenlimburg und Iserlohn sowie im Märkischen Sauerland im Raum Lüdenscheid, sogar gemeinsam mit

RMS-Mikrolithen auftretende Inventare auf kulturelle Kontakte oder Bewegungen der Jäger- und Sammler-Gesellschaften zurückzuführen waren, muss derzeit noch offenbleiben.

Seit etwa 8.400 Jahren verbreitete sich im westlichen Mitteleuropa die Methode von indirekt vom Kernstein geschlagenen, regelmäßig geformten Klingen. Auch kommen neuartige Pfeilbewehrungen in Form von viereckigen Mikrolithen auf, die für das nun angebrochene Spätmesolithikum besonders charakteristisch sind. Im Verbreitungsgebiet der Rhein-Maas-Schelde-Gruppe wird das Spätmesolithikum als Phase B bezeichnet. Neben Rückenmesserchen wurden nun asymmetrische Trapeze verwendet, aber weiterhin auch flächenretuschierte Spitzen in verschiedenen Formen hergestellt. Es scheint, als würde die Tradition der flächenretuschierten Mikrolithen auf dem Gebiet des heutigen Nordrhein-Westfalens während des älteren Spätmesolithikums hauptsächlich im Rheinland fortgeführt. Zwar sind jetzt auch aus Westfalen mehr Fundensembles mit solchen Formen bekannt, hierzu zählen wohl auch zwei kleine Inventare auf den Flussterrassen im unteren Lennetal, aber es dominieren dort, ebenso wie in Norddeutschland, Inventare ohne solche Typen. Häufig sind in Westfalen Fundkomplexe mit meist symmetrischen Trapezen und langschmalen Mikrolithformen, die denen des späten Mittelmesolithikums ähnlich sind.

Im Gebiet des RMS-Mesolithikums werden die flächenretuschierten Mikrolithen ab ca. 7.500 Jahren von Dreiecken und Trapezen abgelöst, die häufig eine ventrale flache Retusche zeigen. Ähnliche Formen finden sich auch in der folgenden La Hoguette-Gruppe und der Linearbandkeramischen Kultur zu Beginn des Neolithikums.

Lange Zeit wurde der Beginn des Neolithikums, die Zeit der ältesten bäuerlichen Kulturen in Europa, mit dem ersten Auftreten der ältesten Bandkeramischen Kultur vor etwa 7.400 Jahren gleichgesetzt. Nach der bislang tradierten Auffassung seien die einheimischen Jäger-Kulturen des Mesolithikums in Mitteleuropa unter dem Druck der bäuerlichen Bevölkerungen und der neuen Wirtschaftsweise sowie Landnutzung relativ schnell verschwun-

den. In den vergangenen Jahren zeigen genetische Untersuchungen von sterblichen Überresten der mittelsteinzeitlichen Wildbeutergruppen und der jungsteinzeitlichen Bauern, dass Nachfahren der mesolithischen Urbevölkerung Mitteleuropas bis weit in das Jungneolithikum überlebt hatten. Derartige Untersuchungen wurden erstmalig an jungneolithischen Bestattungen aus der Blätterhöhle durchgeführt. Die Ergebnisse fanden in der Folge an zahlreichen weiteren mesolithischen und neolithischen Funden in Mitteleuropa eine Bestätigung. Erste Hinweise auf die Interaktion zwischen den Nachfahren der mittelsteinzeitlichen Urbevölkerung und denen der ersten eingewanderten bäuerlichen Gruppen geben die Inventare aus Westfalen, die rund 7.000 Jahren und später datieren. Typisch sind symmetrisch bearbeitete und kleine rechtwinklige Trapeze sowie regelmäßig geformte Klingen. Sowohl diese Mikrolithen als auch typische Geweihgeräte, wie die „T-Äxte", zeigen kulturelle Bezüge zur sogenannten Swifterbant-Kultur, die zu dieser Zeit vor allem in den küstennahen Regionen der Niederlande und Belgiens verbreitet war.

BIRGIT GEHLEN

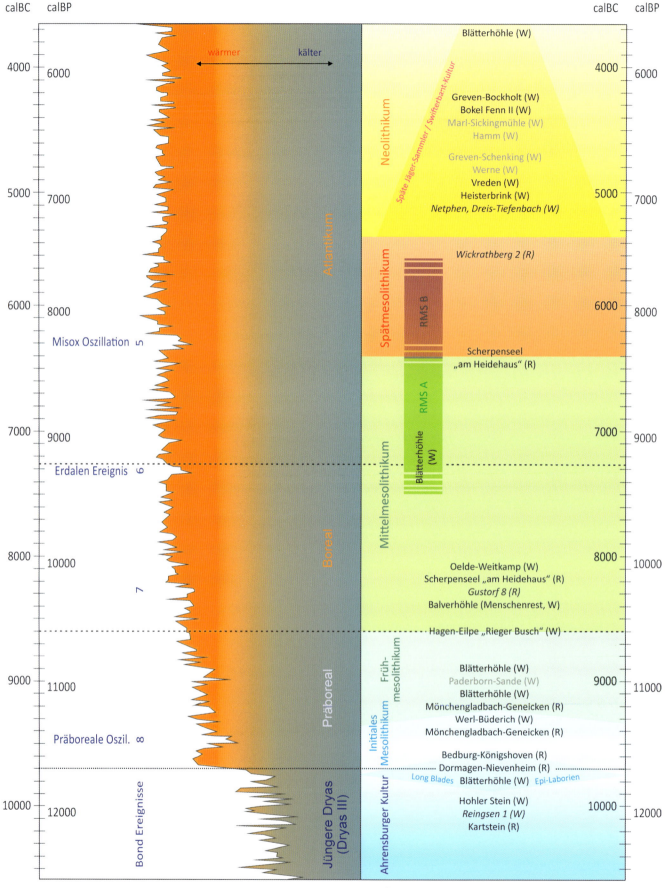

Klimadiagramm und Einordnung von Fundstellen im Rheinland und in Westfalen. Die Übersicht reicht von der ausgehenden Altsteinzeit über die Mittelsteinzeit bis zur späten Jungsteinzeit, Stand April 2020.

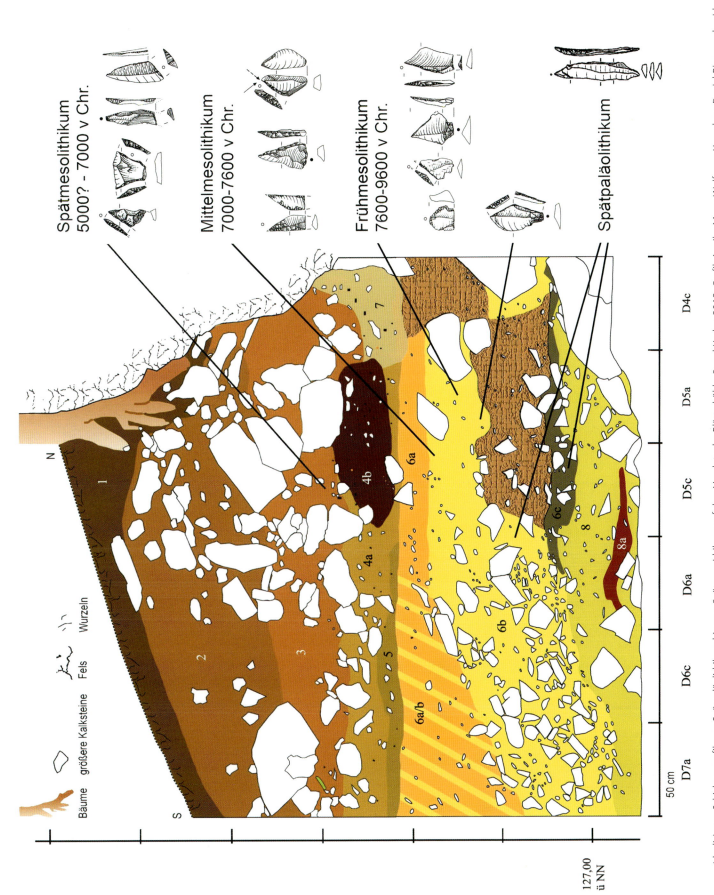

Spätmesolithikum
5000? - 7000 v Chr.

Mittelmesolithikum
7000-7600 v Chr.

Frühmesolithikum
7600-9600 v Chr.

Spätpaläolithikum

Bäume   größere Kalksteine   Fels.   Wurzeln

Idealisiertes Schichtenprofil vom Spätpaläolithikum bis zum Spätmesolithikum auf dem Vorplatz der Blätterhöhle, Stand Herbst 2018, Grafik Annika Manz, Wolfgang Heuschen, Daniel Riemenschneider, Birgit Gehlen.

50 cm

127,00 ü NN

D7a   D6c   D6a   D5c   D5a   D4c

N

S

1   2   3   5   4a   4b   6a   6a/b   6b   6c   7   8   8a

12 Nussknacker

„Riegerbusch", Hagen-Eilpe
Mittelsteinzeit, ca. 8.600 v. Chr.
Quarzit, L 8,6 cm B 7,4 cm D 4,4 cm, 420 gr

Die Mittelsteinzeit ist eigentlich die Domäne der ehrenamtlichen Mitarbeiter*innen der archäologischen Bodendenkmalpflege. Auch in Südwestfalen kennen wir einen Großteil der Fundstellen dieser letzten nacheiszeitlichen Jäger- und Sammlerinnen nur als Aufsammlungen von Ackeroberflächen. Im August 1982 war es zufällig auch in Hagen soweit. Bei Aushubarbeiten im damaligen Neubaugebiet „Riegerbusch" im Süden des Stadtteils Eilpe wurde in einer Baugrube eine deutlich erkennbare Fundschicht entdeckt, in der sich zahlreiche Steinartefakte befanden. Vor der Baggerschaufel wurden über 1.100 Steinartefakte aus vor allem Baltischem Feuerstein sowie weiteres Fundmaterial sichergestellt. Einige Stücke sind verbrannt, also gab es mindestens eine Feuerstelle.

Sicherlich war der Lagerplatz an dieser exponierten Stelle mit Bedacht und auch nicht ohne Grund gewählt worden. Der Fundplatz befand sich auf einer alten, hochgelegenen Flussterrasse der Volme. Von der rund 175 m NN gelegenen Stelle war ein weiter Blick ins Volmetal möglich. Dort verengt sich das Flusstal zu einem von hohen Bergen flankierten Portal, aus dem die Volme weiter nach Süden hin in das Sauerland führt. Für die zeitliche Einordnung der durch den Bagger angeschnittenen Fundschicht sind zunächst die kleinen geometrischen Pfeilspitzen – die Mikrolithen – wichtig. Die Archäologin Nele Schneid konnte in ihrer Kölner Magisterarbeit anhand der Typologie dieser Projektile zeigen, dass sich in dem frühmesolithischen Inventar sowohl Einflüsse aus nördlichen als auch südlichen Regionen vermischt hatten. Die Menschen, die während der Mittelsteinzeit am „Riegerbusch" gelagert haben, verfügten also über weitreichende Kontakte.

Neben Steinartefakten sind bei der vorausschauenden Notgrabung am Rande der Baggerschaufel auch Pflanzenreste in Form von Holzkohlen geborgen worden, die 2010 in Köln analysiert wurden. Funde unter anderem von Eiche und Buche verdeutlichen jüngere Einmischungen in den Fundkontext, was auch ein spätmesolithischer Mikrolith im Fundmaterial belegt. Reste von Hasel und Weide ließen dagegen ein frühmesolithisches Alter erwarten. Zwei im Zusammenhang mit der erwähnten Magistra-Arbeit durchgeführte ^{14}C-Datierungen in Mannheim zeigten schließlich, dass die Weide um 8.600 v. Chr. verbrannte – exakt in dem Zeitraum, auf den auch die Mikrolithen verweisen – die Hasel jedoch rezent ist.

Allerdings wuchs die Hasel hier durchaus schon, als die Menschen am Übergang vom Präboreal zum folgenden Boreal – den beiden ältesten Klimaphasen der Nacheiszeit, des Holozäns – hier siedelten. Vor allem im Boreal breitete sich die Hasel so stark aus, dass die Menschen die Nüsse massenhaft ernten konnten. Auf besser erhaltenen Fundstellen wie vor allem in norddeutschen Mooren haben sich regelrechte Haselnussröststellen erhalten, die auch von der Haltbarmachung der proteinreichen Pflanzennahrung zeugen.

Im Fundmaterial aus der mittelsteinzeitlichen Schicht in Eilpe verweisen lediglich einige Gerölle mit eingepickten Vertiefungen darauf, dass hier Haselnüsse verarbeitet wurden – sie dienten offenbar als „Nussknacker". Am besten erhalten ist ein handliches Quarzitgeröll mit einem Gewicht von 420 Gramm. Auf den breiten Flächen ist jeweils eine Vertiefung eingepickt, die beim Öffnen der Haselnüsse hilfreich gewesen sein dürfte. Ganz ähnliche Steine finden sich auch auf den erwähnten Röststellen. Zudem ist das Stück fast rundherum bestoßen und zeigt Schlagmarken. Offenbar diente es auch als Schlagstein, mit dem pflanzliche Nahrung zu- oder auch Steinartefakte bearbeitet werden konnten. Es war also vermutlich ein multifunktionales Gerät.

Trotz all der erfreulichen Erkenntnisse vom „Riegerbusch": Aus Sicht eines Steinzeitarchäologen ist es bedauerlich, dass damals die Chance nicht ergriffen werden konnte, diesen wichtigen Fundplatz intensiver zu untersuchen.

MICHAEL BAALES

13 Menschliches Schädeldach

Blätterhöhle, Hagen-Holthausen
Frühe Mittelsteinzeit, 8.740–8.550 v. Chr.
Männlich, 30 bis 35 Jahre alt

Das Schädeldach aus der Mittelsteinzeit zählt zu den wichtigsten Funden aus dem Innenraum der Blätterhöhle. Es wurde aus mehreren Fragmenten wiederhergestellt, die zum Teil bereits 2004 bei der Ausräumung eines Kriechganges in die Blätterhöhle vom Arbeitskreis Kluterthöhle e.V. entdeckt wurden. Das in mehrere Einzelteile zerbrochene Schädelfragment wurde 2005 bei der ersten Sichtung des im Jahr zuvor geborgenen Fundmaterials zusammengesetzt. In den folgenden Jahren wurden bei den Grabungen immer wieder weitere Fragmente entdeckt, die sich an den Schädel ansetzen ließen. Vor allem der größte Teil des Stirnbeines, das 2007 in der Nähe eines der Wildschweinschädel entdeckt wurde (S. 50), ließ das heutige Erscheinungsbild entstehen.

Das Schädelfragment wurde intensiv untersucht, dabei wurden verschiedene Proben der Knochensubstanz für naturwissenschaftliche Untersuchungen entnommen. Bereits 2004 wurde auf Initiative des Arbeitskreises Kluterthöhle e.V. eine [14]C Probe entnommen und an das Leibniz Labor der Universität Kiel gesandt. Die Datierung auf 8740 bis 8550 v. Chr. und damit in die frühe Mittelsteinzeit war eine große Überraschung, da ein wesentlich jüngeres Alter erwartet worden war.

Dieses Datum und weitere später gemessene Datierungen ordnen die mittelsteinzeitlichen Menschenreste aus der Blätterhöhle in das Präboreal ein: die früheste Klimaphase der Mittelsteinzeit, die unmittelbar an das Ende der letzten Eiszeit anschließt. Um sicherzustellen, dass diese Datierung korrekt ist, wurde 2005 zu Beginn der wissenschaftlichen Untersuchung der Funde eine weitere Probe entnommen und diesmal an das renommierte Datierungslabor der Universität Oxford gesandt. Beide Ergebnisse waren – wie auch in anderen Fällen – beinahe völlig identisch.

In den Jahren 2009 und 2012 wurden Proben zur Untersuchung der alten DNA für eine Studie zur Populationsgenetik und zur Untersuchung der leichten stabilen Isotope Kohlenstoff und Stickstoff zur Rekonstruktion der Ernährung entnommen. Die Ergebnisse zeigten, dass das Schädeldach der 30 bis 35 Jahre alten und vermutlich männlichen Person zu den typischen Jäger-Sammlern gehört, die seit dem Spätglazial überwiegend in der Haplogruppe U5 verortet waren. Zudem konnte festgestellt werden, dass seine Ernährung zumindest hinsichtlich der Aufnahme von Proteinen hauptsächlich auf dem Konsum von Fleisch landlebender Pflanzenfresser beruhte. Dieses Ergebnis deckte sich mit den übrigen an anderen mittelsteinzeitlichen Menschenresten aus der Blätterhöhle, darunter von Kindern und Jugendlichen, die damit als typische Vertreter von Menschen der frühen Mittelsteinzeit anzusehen sind.

JÖRG ORSCHIEDT

Der Fundpunkt des mittelsteinzeitlichen Schädels in der Blätterhöhle wird am 5.3.2007 während einer Grabungskampagne sorgfältig nach weiteren Funden untersucht.

14 Wildschweinschädel

Blätterhöhle, Hagen-Holthausen
Frühe Mittelsteinzeit, 8.500–8.200 v. Chr.
oben: L ca. 40 cm, mitte: L ca. 33 cm, unten: L ca. 30 cm

Aus der Blätterhöhle sind bislang drei Wildschweinschädel bekannt. Der erste Schädel wurde bereits 2004 bei der ersten Begehung der Höhle beim Ausräumen der Gangsedimente durch den Arbeitskreis Kluterhöhle entdeckt. Seine genaue Fundposition in der Höhle wurde leider nicht dokumentiert, allerdings kann seine ungefähre Lage rekonstruiert werden. Die beiden anderen Schädel kamen bei den Ausgrabungen in der Höhle im Jahre 2007 in der unmittelbaren Nachbarschaft des ersten Schädelfundes zutage. Die drei Schädel liegen im unmittelbaren Zusammenhang mit den menschlichen Überresten der Mittelsteinzeit bzw. leicht darüber.

Aufgrund der räumlichen Nähe der Schädel war bereits während der Ausgrabung vermutet worden, dass sie ebenfalls in die Zeit der menschlichen Überreste datieren. Dies wurde durch die ^{14}C-Datierung in allen Fällen bestätigt. Sie können ebenfalls in den frühen Abschnitt der Mittelsteinzeit zwischen 8.500 bis 8.200 v. Chr. eingeordnet werden. Damit sind sie nach der ^{14}C-Datierung geringfügig jünger als die menschlichen Überreste aus dem Frühmesolithikum.

Es ist vorstellbar, dass die Wildschweinschädel am Ende einer Deponierungsphase von menschlichen Überresten – gewissermaßen als eine Art Schlusspunkt einer rituellen Handlung – an dieser Stelle innerhalb der Höhle niedergelegt wurden. Zuvor wurden den Schädeln anscheinend die Eckzähne entnommen, da keiner der Schädel noch einen der großen Zähne besaß und diese auch nicht isoliert in der Höhle gefunden wurden. Zusätzlich deuten das Fehlen der Unterkiefer sowie nicht vorhandene Bearbeitungs- und Schnittspuren darauf hin, dass die Oberschädel bereits skelettiert deponiert wurden.

Zwei Schädel weisen Lochdefekte auf, deren Herkunft zumindest in einem Fall nicht geklärt werden konnte. Es handelt sich hierbei um ein rundes, etwa 1,5 cm großes Loch, das Spuren einer Aussplitterung an den Rändern zeigt. Derartige Befunde lassen sich erklären, wenn der Knochen noch frisch und elastisch ist. Es besteht folglich die Möglichkeit, dass es sich um eine Schussverletzung mit einem steinernen Projektil handeln könnte. Eine detaillierte Untersuchung mit neu entwickelten Methoden ist vorgesehen. Der zweite Schädel weist dagegen an ähnlicher Stelle eine längliche Verletzung auf, die eindeutig verheilt ist. Hierbei handelt es sich wahrscheinlich um eine Verletzung, die sich bei einem Kampf zwischen zwei Ebern zugetragen hat.

Die drei Schädel wurden im Zuge der Analyse der alten DNA und der Isotopen-Analyse zur Ernährungsrekonstruktion ebenfalls untersucht. Dabei ließ sich feststellen, dass sich die Wildschweine als Allesfresser weitgehend wie Pflanzenfresser ernährten. Ihre Erbinformationen passen sehr gut zu dem Bestand an rezenten Wildschweinen, die zu Beginn der Jungsteinzeit mit den bereits domestizierten heutigen Hausschweinen der eingewanderten ersten Ackerbauern vermischt wurden.

JÖRG ORSCHIEDT

Der mittlere der drei abgebildeten Wildschweinschädel in Fundlage, hinter dem Felsbrocken das freigelegte Stirnbein des menschlichen Schädeldaches (S. 48). Foto: Jörg Orschiedt, 9.5.2007

15 Flächenretuschierter Mikrolith

Blätterhöhle, Vorplatz, Hagen-Holthausen
Mittleres Mesolithikum, ca. 7.500–7.000 v. Chr.
Feuerstein, L 2,5 cm

Während der Grabungskampagne im Sommer 2008 wurde aus einer Fundschicht im stratigrafischen Profil auf dem Vorplatz der Blätterhöhle das Fragment eines flächenretuschierten Mikrolithen geborgen. Solche Mikrolith-Formen mit flächiger Überarbeitung sind im westlichen Mitteleuropa typisch für mittel- und spätmesolithische Fundkomplexe in einem relativ klar umrissenen Gebiet. Es reicht in etwa von der Somme, den Ardennen und der Eifel im Südwesten und Süden bis zu den küstennahen Gebieten Belgiens und der Niederlande im Nordwesten und dem Rhein im Osten. Seit den 1980er Jahren werden Inventare mit flächenretuschierten Mikrolithen dem sogenannten Rhein-Maas-Schelde (RMS)-Mesolithikum zugewiesen.

Nach den bislang veröffentlichten absoluten Daten von ^{14}C-Untersuchungen sind die mittelmesolithischen Fundkomplexe mit derartigen Mikrolithen in die Zeit zwischen ca. 7.500 und 6.300 v. Chr. zu stellen. Die frühesten RMS-Fundkomplexe datieren kurz vor einem ab ca. 7.400 v. Chr. einsetzenden Klimaereignis, das als Erdalen-Ereignis bezeichnet wird. Dieser Kälterückfall dauerte vermutlich 200 bis 300 Jahre. Er zeichnete sich vor allem durch einen deutlichen Rückgang der Temperaturen um etwa 3 Grad sowie eine besondere Trockenheit mit geringen Niederschlägen aus (siehe Tafel S. 44).

Der flächenretuschierte Mikrolith vom Vorplatz der Blätterhöhle ist nur etwa zur Hälfte erhalten, sodass der Typ nicht zweifelsfrei bestimmt werden kann. Es ist wahrscheinlich, dass es sich aber um eine sogenannte Mistelblattspitze (franz. feuille de gui) handelt. Der Mikrolith ist aus einem hellgrauen, überwiegend opaken Feuerstein gefertigt worden. Die Frage, ob es sich um Baltischen Feuerstein aus den saalezeitlichen Moränenablagerungen handelt, aus dem die meisten Steinartefakte im westfälischen Raum gefertigt wurden, oder ob auch eine west-europäische Silex-Varietät in Frage kommt, kann ohne nähere Untersuchung nicht beantwortet werden.

Funde dieser Art sind östlich des Rheins selten und stammen in der Regel von Oberflächenfundplätzen. Einzelfunde aus Westfalen sind meist aus Altsammlungen bekannt und daher in ihrem chronologischen Kontext nicht zu beurteilen. Wenn Begleitfunde bekannt sind, datieren sie häufig in das späte Mesolithikum, und damit jünger als das hier vorgestellte Stück. Insofern war es ein wirklicher Glücksfall, dass der Mikrolith vom Vorplatz der Blätterhöhle bei einer wissenschaftlichen Grabung und stratifiziert gefunden wurde.

Auch wenn die Auswertungsarbeiten der Grabungen noch nicht abgeschlossen sind, können der Mikrolith sowie kleine Rückenmesserchen aus demselben Horizont in die Zeit ab ca. 7.500 v. Chr. datiert werden. Durch einige AMS-Radiokarbon-Daten aus Feuerstellen auf dem Vorplatz der Blätterhöhle, die in die Zeit zwischen ca. 7.500 und 7.000 v. Chr. gehören, wird die typologische und zeitliche Zuweisung in den mittleren Abschnitt des Mesolithikums bestätigt. Interessant ist, dass der Befund von der Blätterhöhle damit älter datiert als die meisten Komplexe auf dem Gebiet des heutigen Belgiens, das aufgrund der Dichte der Fundstellen als Zentrum der mesolithischen RMS-Gruppe gelten muss.

BIRGIT GEHLEN

16 Pfeilschaftglätter

[
Blätterhöhle, Vorplatz, Hagen-Holthausen
Mittelsteinzeit, ca. 7.500 v. Chr.
L 9,2 cm B 3,6 cm D 2,3 cm
]

Auf dem Vorplatz der Blätterhöhle wurde im Sommer 2015 in den mittelsteinzeitlichen Schichten ein 92 mm langes, 36 mm breites und maximal 23 mm dickes Fundstück aus rötlichbraunem Sandstein entdeckt. Am Objekt können wegen des grobkörnigen Gesteins und der verwitterten Oberfläche nur schwer Bearbeitungsspuren erkannt werden. Die Oberseite ist leicht gewölbt, während die Unterseite eher plan ist. In dieser planen Fläche ist eine gerade, 9 mm breite und nur 0,5–1,5 mm tief Rille von flach U-förmigem Querschnitt zu erkennen. Es handelt sich um einen sogenannten Pfeilschaftglätter, wie er auch auf anderen prähistorischen Fundplätzen belegt ist.

Solche Pfeilschaftglätter wurden vom Ende des Eiszeitalters bis vereinzelt in die Eisenzeit hinein – vor allem aber während der Mittel- und Jungsteinzeit – verwendet. Eine erste Analyse des Pfeilschaftglätters von der Blätterhöhle durch Geologen der Ruhr-Universität Bochum zeigte, dass der zur Herstellung benutzte Sandstein in mindestens einem Kilometer Entfernung zur Blätterhöhle ansteht.

Gegen Ende der bislang letzten Kaltphase der Eiszeit lösten Pfeil und Bogen die Speerschleuder als Hauptjagdwaffe ab. Mit solchen vermutlich paarig verwendeten Pfeilschaftglättern konnte der sich zwischen den beiden Steinen befindliche hölzerne Pfeilschaft entrindet und überschliffen werden. Zur Herstellung solcher Geräte fanden häufig – wie auch im Fall der Blätterhöhle – raue Sandsteine Verwendung. Diese Gesteinsstücke wurden je nach Ausgangsform häufig zurechtgeschlagen, gepickt und überschliffen, was auch die symmetrische Form des vorliegenden Fundes vermuten lässt.

In den Fundschichten des Mesolithikums und des Spätpaläolithikums auf dem Vorplatz der Blätterhöhle belegen die darin enthaltenen Holzkohlen und Feuerstellen, Tierknochen, Steinwerkzeuge und und die Abfälle ihrer Herstellung vor Ort zahlreiche

Aufenthalte kleiner Jäger- und Sammlergruppen. Über dem Vorplatz der Blätterhöhle befand sich bis zu seinem Einsturz gegen Ende der Mittelsteinzeit ein Felsdach. Der Vorplatz und das vor Wind und Wetter schützende Höhlenportal boten den alt- und mittelsteinzeitlichen Jägern günstige Voraussetzungen für einen temporär genutzten Lagerplatz.

Hier wurden Feuerstellen angelegt, erbeutete Tiere zerlegt und gegessen, in kleinem Umfang auch Steinwerkzeuge hergestellt, besonders aber die Pfeile und das übrige Equipment für die kommende Jagd ausgebessert. So finden sich im Fundmaterial zahlreiche Pfeilspitzen, die durch den Aufprall auf ein hartes Objekt oder auf einen Tierknochen beschädigt worden sind. Diese mussten durch neue Projektile ausgetauscht werden. Der Pfeilschaftglätter gibt einen Hinweis darauf, dass auf dem Vorplatz der Blätterhöhle auch neue Pfeile hergestellt wurden.

WOLFGANG HEUSCHEN

Verwendung eines Pfeilschaftglätters durch die experimentelle Archäologie.

54

17 Retuscheur

oben: Blätterhöhle, Vorplatz, Hagen-Holthausen, Spätpaläolithikum-Mesolithikum, 10.000–7.500 v. Chr., Quarzit-Geröll, L 6,0 cm D 1,7 cm; unten: „Riegerbusch", Hagen-Eilpe, Frühmesolithikum, um 8.500 v. Chr., Kieselschiefer-Geröll, L 8,1 cm B 6,0 cm D 0,8 cm

In den spätpaläolithischen und mesolithischen Schichten fanden sich bei den Ausgrabungen auf dem Vorplatz der Blätterhöhle neben Steinwerkzeugen aus Feuerstein und ähnlichen Gesteinen auch immer wieder Flussgerölle. Diese zeigen meistens nur sehr unscheinbare Spuren, die durch Gebrauch als Werkzeug oder Arbeitsunterlage entstanden sind. Die Gerölle bestehen aus Grauwacken, devonischen Quarziten und selten auch aus Tonschiefer, welche geologisch an der Fundstelle selber nicht vorkommen. Zumindest die ersten beiden Gesteine konnten im Schotter des nahen Holthauser Bach oder in dem der Lenne aufgelesen werden. Die Gerölle wurden von den Jägern und Sammlern ihrer späteren Funktion entsprechend nach Größe, Gewicht und Form gezielt ausgewählt und zum Lagerplatz mitgenommen.

Häufig wurden in den Fundhorizonten bis zu 30 cm lange plattige Gerölle ausgegraben, deren schwache Polituren, Narbenfelder und Schnittspuren von der vielfältigen Verwendung der Gesteinsplatten u. a. als Arbeitsunterlage, vermutlich für die Bearbeitung von Objekten aus weicheren, organischen Materialien zeugen.

Weit weniger zahlreich als die Geröllplatten fanden sich unbearbeitete längliche Gerölle. Sie sind in der Regel bis zu 10 cm lang und tragen an ihren Enden oder auch auf ihren Flächen charakteristische Narbenfelder oder Kratzer. Diese Gebrauchsspuren kennzeichnen diese Funde als sog. Retuscheure. Retuscheure sind Objekte aus zähen Gesteinen unterschiedlicher Härte, wie z. B. Quarzit, Grauwacke, Tonschiefer u. a., seltener bestehen sie aus organischen Materialien, wie Geweih, Knochen, Zähnen oder Elfenbein. Diese können überarbeitet oder auch mit Gravuren versehen sein, meist handelt es sich jedoch um unbearbeitete Gerölle.

Allen Retuscheuren gemein sind die typischen Gebrauchsspuren in Form von charakteristischen Schrammen, Narben oder ganzen Zerrüttungszonen. Sie stammen von der Verwendung des Stücks bei der Weiterverarbeitung von Abschlägen, Klingen oder Lamellen aus Feuerstein oder ähnlichen Materialien zu diversen Werkzeugen, wie beispielsweise Kratzern, Bohrern oder Geschossspitzen. Dies konnte aktiv durch direkten Schlag oder Druck des Retuscheurs gegen die zu bearbeitende Kante der Grundform oder passiv durch das Abdrücken derselben auf dem Retuscheur erfolgen. Retuscheure treten erstmals im Mittelpaläolithikum auf und sind bis ins Neolithikum hinein vertreten.

Auf dem Vorplatz der Blätterhöhle wurden im Zuge der verschiedenen Ausgrabungen in den Fundschichten mehrere solcher Retuscheure aus Grauwacke, devonischem Quarzit und auch einer aus Tonschiefer ausgegraben. Sie stammen aus den spätpaläolithischen und mesolithischen Fundhorizonten und zeigen alle – mehr oder weniger stark ausgeprägt – die charakteristischen Gebrauchsspuren. Diese Artefakte belegen, ebenso wie das Auftreten von wenigen Restkernen und den zahlreichen, teilweise nur 1 mm großen Absplissen in den Fundschichten, die Bearbeitung von Silex und die Herstellung von Steingeräten direkt auf dem Vorplatz der Blätterhöhle.

Der als Vergleichsstück hier abgebildete Retuscheur aus einem flachen Kieselschiefergeröll wurde aus einer frühmesolithischen Fundschicht am „Riegerbusch" in Hagen-Eilpe (S. 46) geborgen. Er zeigt alle typischen Merkmale eines Retuscheurs, wie Narbenfelder und Druckmarken. Bei diesem nach den Arbeitsspuren wohl über längere Zeit benutzten Retuscheur wurden nicht nur die Breitseiten, sondern auch die Schmalseiten und Ecken des Gerölls benutzt, um Werkzeuge herzustellen und zu bearbeiten.

WOLFGANG HEUSCHEN

18 Geröllkeule

Kuhweide, Höinghausen bei Hagen-Eilpe
Mittelsteinzeit, um 7.500 v. Chr.
Quarzitisches Felsgestein, Dm 7,0 cm D 4,5 cm

Schlaginstrumente wie Keulen und Stöcke waren und sind wirkungsvolle Waffen. Prähistorische Schlagwaffen bestanden aus Holz, vielfach besaßen sie auch zusätzliche „Keulenköpfe" aus Stein, Knochen oder Geweih. Darunter sind auch die sogenannten Geröllkeulen einzuordnen, die als solche „Keulenköpfe" dienten. Geröllkeulen finden sich in mesolithischen, neolithischen und bronzezeitlichen Fundzusammenhängen. Bei Lesefunden ohne datierbare Befunde im Zusammenhang, wie bei der hier vorgestellten Geröllkeule aus Hagen, ist es ohne aussagekräftige Beifunde schwierig, sie zeitlich und kulturell einzuordnen.

Der steinerne Keulenkopf wurde 1978 von Heinz Lemmermann auf der 153 m NN liegenden Mittelterrasse der Volme nahe dem Gut Kuhweide in Höinghausen bei Hagen-Eilpe aufgesammelt. Es handelte sich um einen heute bewaldeten Oberflächenfundplatz, der Steinartefakte und Keramik vom Spätpaläolithikum über das Mesolithikum und Neolithikum bis zur Eisenzeit lieferte. Die LWL-Archäologie für Westfalen untersuchte 1987 bis 1989 an der „Kuhweide" einen vom 9. bis 12. Jahrhundert bestehenden früh- und hochmittelalterlichen Siedlungsplatz mit Metallverarbeitung.

Die im Schaftloch alt gebrochene Geröllkeule besteht aus einem grob zugerichteten, ursprünglich leicht ovalen, in der Durchlochung gebrochenen Flussgeröll aus Quarzit mit überschliffener Oberfläche. Beidseitig wurde ein sanduhrförmiges Schaftloch aus dem Geröll gepickt. Die Fundstelle lieferte einzelne mesolithische Artefakte, Form und Herstellungsart der Geröllkeule sprechen ebenfalls für eine eher mittelsteinzeitliche Datierung.

Um 1935 wurde in Hagen ein weiterer Keulenkopf entdeckt. Brandspuren belegen, dass es sich um ein Objekt aus dem bombenzerstörten Hagener Vorgeschichtsmuseum handelt. Auf einer Seite findet sich die alte Objektbeschriftung „Hagen Im alten Holz". Der Fundpunkt liegt in rund 185 m NN im Stadtteil Halden, südlich der heutigen Fernuniversität. Entlang der gleichnamigen Straße ist es von einer Kleingartenanlage und einem Wohngebiet sowie von der Auf- und Abfahrt der A 46 überbaut. Die näheren Fundumstände sind nicht bekannt, jedoch wurde die Gegend in den 1930er Jahren als Bau- und Siedlungsgebiet erschlossen. Der Keulenkopf zeigt ebenfalls einen Bruch im Schaftloch. Das aus einem feinkörnigen Quarzit gefertigte Fundstück besitzt eine Vollbohrung, die Oberfläche ist überschliffen. In diesem Fall dürfte es sich um eine jungsteinzeitliche Geröllkeule handeln, eine nähere kulturelle und zeitliche Einordnung ist jedoch nicht möglich.

RALF BLANK

19 Lame de Montbani

Grürmannsheide / Reingsen
Späte Mittelsteinzeit, ab 6.400 v. Chr.
Silex, L ca. 0,5 cm

Der Fundplatz Reingsen 1 liegt an der Stadtgrenze von Iserlohn und Schwerte auf dem leichten Südwesthang einer rund 240 m NN hohen, flachen Geländekuppe am Rand von zwei Bachtälern. Der am 7. Dezember 1981 von Ralf Blank und Horst Klötzer entdeckte Fundplatz besitzt mehrere Fundkonzentrationen, darunter eine mit tausenden Fundstücken der spätpaläolithischen Stielspitzen-Gruppe. Auf der frisch gepflügten Geländekuppe, etwa 250 m oberhalb des spätpaläolithischen Platzes entdeckte Horst Klötzer im Frühjahr 1982 eine rund 60 x 30 m große mittelsteinzeitliche Fundkonzentration. Unter den über 3.500 Artefakten – hinzu kommen noch unzählige Kleinstabschläge unter 0,5 cm – befinden sich durch Hitze zersprungene Quarzitgerölle, sie sind als „Kochsteine" anzusprechen, Retuscheure, Schlagsteine, Schleifplatten, angeschlagene Flintknollen, verbrannte Artefakte und anderes mehr. Außer wenigen spätpaläolithischen Artefakten, darunter zwei „Stielspitzen", und einzelnen jungneolithischen Geräten, wie eine blattförmige Pfeilspitze aus Maasflint, handelt es sich vor allem um mehr als 250 Mikrolithen.

Der Großteil dieser mikrolithischen Waffenprojektile – vor allem die Dreiecksspitzen, Segmente und Dreiecke sowie kleine Lamellenkerne und Rundkratzer – kann in das Frühmesolithikum eingeordnet werden. Ein anderer Teil des Fundkomplexes lässt sich aufgrund von trapezförmigen und langschmalen Mikrolithen sowie regelmäßigen Klingen in das Spätmesolithikum datieren. Die Zusammensetzung des Fundmaterials belegt, dass die Geländekuppe in mehreren Zeitabschnitte des Mesolithikums während der nacheiszeitlichen Klimaphasen des Präboreal und Boreal bis in das feucht-warme Atlantikum als Lagerplätze genutzt wurde.

Bei dem hier vorgestellten Steinartefakt handelt es sich um das Fragment einer regelmäßig geformten Klinge. Sie wurde aus einem feinkörnigen Rohmaterial hergestellt, dessen Herkunft nicht genau bestimmt und lokalisiert werden kann. Anhand seiner Textur und der im Material vorhandenen Radiolarien könnte es sich um Phtanit des Kambriums, möglicherweise aus den Ardennen (z. B. Phtanit d'Ottignies bei Waterloo), handeln. Die beiden Endstücke der Klinge sind vermutlich absichtlich abgebrochen worden. An beiden Bruchstellen sind Gebrauchsspuren erkennbar, d. h. das Stück wurde nach dem Bruch intensiv genutzt, wobei Steinmaterial abgesplittert ist. Die Kanten weisen ebenfalls deutlich erkennbare Gebrauchsspuren in Form feiner Retuschen auf, und an jeder Kante ist eine retuschierte Kerbe vorhanden.

Derartige Modifikationen sind typisch für intensiv benutzte Klingen des Spätmesolithikums. Sie werden nach einem in diese Zeit datierten Fundplatz in Ostfrankreich auch als „Lames de Montbani" bezeichnet. Mikrogebrauchsspuren-Analysen und Experimente machen es wahrscheinlich, dass die Kerben absichtlich retuschiert und die Geräte dann zu komplexen Arbeitsvorgängen verwendet wurden. Denkbar sind Arbeiten wie Entrinden, das Glätten von Pfeilschäften oder das Schaben von Holz, um Pflanzenfasern für die Schnurherstellung zu gewinnen.

Die Fragen nach der Dauer und dem Ende des Mesolithikums mit den ab 6.400 v. Chr. vorkommenden Inventaren mit trapezförmigen Mikrolithen und regelmäßigen Klingen, sind bislang nicht zu beantworten, da sich die Forschung erst seit wenigen Jahren mit diesen Aspekten beschäftigt. Für die Klärung der zahlreichen Fragen spielen gerade auch die Fundplätze im Raum Hagen eine wichtige Rolle.

BIRGIT GEHLEN

20 Scheibenbeil

„Am Kahlenberg", Hagen-Garenfeld
Späte Mittelsteinzeit, um 6.500 v. Chr.
Nordischer Flint, L 8,0 cm B 4,9 cm H 2,1 cm

Auf der Hauptterrasse der Lenne am „Kahlenberg" – gelegen südwestlich des Stadtteils Garenfeld – werden seit den 1920er Jahren zahlreiche archäologische Funde aufgesammelt. Es ist ein typischer Oberflächenfundplatz, der Steinartefakte, Metallobjekte und Keramik aus mehreren Zeitphasen liefert. Darunter befinden sich auch mindestens drei Scheibenbeile aus nordischem Feuerstein.

Scheibenbeile sind charakteristisch für das Mesolithikum des nördlichen Mitteleuropas und Südskandinaviens. Hierbei handelt es sich um ein meistens trapezförmiges Gerät, das wahrscheinlich wie ein Dechsel quer geschäftet wurde. Im Gegensatz zu den späteren neolithischen Beilen sind Scheibenbeile aus einem dickeren Abschlag gefertigt worden und wurden nicht überschliffen. Als Rohmaterial zur Herstellung der Objekte wurde meist Nordischer Feuerstein, seltener Kieselschiefer genutzt.

Bei der Anfertigung von Scheibenbeilen wurde zunächst darauf geachtet, dass das zu bearbeitende Rohstück durch steile Retuschen eine längliche Trapezform erhielt. Der so entstandene länglich-schmale Beilkörper diente der einfachen Schäftung des Werkzeuges. Die Schneide des Beils ist bereits bei der Abschlagherstellung entstanden, da hierfür die spitzwinklig zulaufende Kante des Abschlages genutzt werden konnte. Die späten Scheibenbeile weisen zudem eine flächig bearbeitete Oberseite auf.

Im Gegensatz zu den zeitgleichen Kernbeilen, die aus einem Feuersteinrohstück herausgearbeitet sind, ist für Scheibenbeile noch nicht bekannt, wie sie geschäftet wurden. Die Kernbeile waren meist in ein Zwischenfutter aus Hirschgeweih gefasst, das dann im Beilholm fixiert wurde; ähnliches lässt sich aber auch für die Scheibenbeile annehmen.

Im Laufe des Mesolithikums überwiegt zunächst die Zahl an Kernbeilen. Zugunsten der Scheibenbeile kippt das zahlenmäßige Verhältnis jedoch später. Verwendet wurden die Beile vorwiegend als Querschneider, beispielsweise bei der Zerlegung und Bearbeitung von Tieren und der Reinigung von deren Häuten. Gebrauchsspuren lassen den Schluss zu, dass Scheiben- und Kernbeile ebenfalls als Erdhacken benutzt wurden. Eine Verwendung wie wir sie im heutigen Verständnis von Beilen, sprich zur Holzbearbeitung haben, spielte wohl nur eine untergeordnete Rolle.

Das Verbreitungsgebiet der Scheibenbeile befindet sich zwischen England und Russland und zwischen Skandinavien und dem Nordrand der deutschen Mittelgebirge. Somit belegt das hier gezeigte Fundstück, dass die nordeuropäischen Jäger- und Sammlergruppen, die diese Art von Beilklingen nutzten, bis nach Westfalen verbreitet waren bzw. sich die Tradition der Scheibenbeile bis zu uns nachweisen lässt.

DANIEL RIEMENSCHNEIDER

Jungsteinzeit

Die Jungsteinzeit (Neolithikum) beschreibt eine sich vor allem über den Orient, Nordafrika und Europa ausdehnende kulturelle Phase der Menschheitsgeschichte, die sich in ihrer zeitlichen Einordnung regional stark unterscheidet. Geprägt wird diese Phase von der allmählichen Entwicklung der Lebensweise des Menschen vom mobilen Jäger und Sammler zum sesshaften Bauern und Viehzüchter. Vor dem Hintergrund des Neolithikums findet damit, abgesehen von der Nutzbarmachung des Feuers, die wohl fundamentalste Entwicklung menschlichen Lebens überhaupt statt, die bis heute anhält. Dieser Wandel wird auch „Neolithisierung" genannt.

Bereits in den 1930er Jahren prägte der britische Archäologe Vere Gordon Childe (1892–1957) den Begriff der „neolithischen Revolution". Er sollte den aus seiner Sicht dramatischen, sehr plötzlichen und gewaltsamen Wandel des Menschen vom Jäger und Sammler zum Bauern und Viehzüchter umschreiben. Childe war überzeugter Marxist, ein Umstand, der sicherlich zu seiner Idee des gewaltsamen Umsturzes der menschlichen Lebensweise beitrug. Es ist jedenfalls eine Deutung, die aus heutiger Sicht als überholt gelten muss.

Einen wichtigen Beitrag zu der Erkenntnis, dass dieser Wandel wohl weniger revolutionär als vielmehr evolutionär war, leistet unter anderem auch die Erforschung der Blätterhöhle in Hagen. Anhand von menschlichen Überresten aus dem Jungneolithikum wurde ein neuer Blickwinkel nachgewiesen. Über einen Zeitraum von rund 2.000 Jahren lebte im Mittelgebirgsraum offenbar immer noch eine Population von Jägern und Sammlern in einer Art von Parallelgesellschaft zu den Bauern und Viehzüchtern.

In der Forschungsgeschichte wurde als Neolithisierung oftmals die Sesshaftwerdung des Menschen in Kombination mit dem Auftauchen von Keramik als auch dem Fehlen von Metallgeräten beschrieben. Dass auch diese Wahrnehmung nicht richtig war, beschrieb bereits in den 1950er Jahren die britische Archäologin Kathleen Kenyon (1906–1976). Sie leitete die Grabungen am Siedlungshügel Tell es-Sultan in Jericho, Palästina. Dort stieß Kenyon auf Siedlungsschichten, die keine Keramik enthielten.

Kenyon teilte diese Siedlungsphasen in "Pre Pottery Neolithic A+B" (PBN A / PBN B) auf; im weiteren Raum der Levante und auf Zypern konnte darüber hinaus auch noch eine PBN C-Phase ausgemacht werden. Dieses Gebiet gilt heute als die Keimzelle der Neolithisierung, die dort vor etwa 12.000 Jahren zum Beginn des nacheiszeitlichen Holozäns einsetzte. Das keramikfreie, aber durch Sesshaftigkeit, Getreideanbau und Viehzucht gekennzeichnete Neolithikum endete im 7. Jahrtausend v. Chr. und überschneidet sich mit der vor allem für Mitteleuropa verbreiteten Jägern und Sammlern der Mittelsteinzeit (Mesolithikum).

Eine keramikfreie Phase von Landwirtschaft und Viehzucht betreibenden Gemeinschaften konnte in Mitteleuropa bisher nicht nachgewiesen werden. Es ist anzunehmen, dass dieser Abschnitt übersprungen wurde, da über den Balkanraum neolithische Gruppen nach Mitteleuropa einwanderten, die jedoch bereits Keramik besaßen. Zum „neolithischen Paket" gehörten Ackerbau und Viehzucht, die Herstellung von Keramik sowie von geschliffenen Steinwerkzeugen, wie Dechselklingen zur Holzbearbeitung.

Mit dem Beginn des Neolithikums wird die Technologie der Steingeräte komplexer, die Bearbeitung nimmt dabei wesentlich mehr Zeit in Anspruch, vielfach handelt es sich um seriell hergestellte Artefakte mit gleichen Ausmaßen und Formgebungen. Steingeräte werden nun nicht nur grob in Form gehauen und retuschiert, sondern teils aufwendig poliert. Die neolithischen Geräte und Beilklingen bestehen im Raum Westfalen, besonders auch im Raum Hagen, oftmals aus weiter entfernt liegenden, in der Regel bergmännisch gewonnenen Rohmaterialien. Ihre Herkunft kann unter anderem im Einzugsgebiet der Alpen, so zum Beispiel Plattenhornstein aus dem Voralpenraum, oder Nephrit und Radiolarit aus dem Südwestalpenraum, verortet werden.

Von der Levante aus verbreitete sich die neolithische Lebensweise in einem Zeitraum von mehreren Tausend Jahren, über die Türkei und den Balkan auch nach Mitteleuropa. In Westfalen waren zwei wesentlichen Strömungen für den Beginn des dortigen Neolithikums entscheidend. Zum einen die auf Hirtenleben und Viehhaltung zentrierte La-Hoguette-Kultur, und zum anderen die auf Ackerbau zentrierte Bandkeramische Kultur. Dabei dehnte sich die für die La-Hoguette-Kultur relevante, neolithische bzw. protoneolithische Lebensweise wohl entlang der Südalpen von Osten kommend nach Westen aus, konnte aber die Alpen als natürliche Barriere nicht vollständig überwinden.

Westlich der Alpen, konnte sich diese Lebensweise dann aber ungehindert nach Norden ausbreiten. Diese Ausbreitung erfolgte vermutlich auch entlang der Nordalpen, Richtung Osten. Nördlich der Alpen konnte die La-Hoguette-Kultur vereinzelt bis in den westfälischen Raum nachgewiesen werden. Ihr zugeschriebene Keramikfunde konnten auf das 6. Jahrtausend v. Chr. datiert werden, sie sind der früheste Nachweis für eine keramiknutzende Lebensweise in Mittel- bzw. Westeuropa, wenngleich die Jagd auch in dieser Kulturgruppe noch eine entscheidende Rolle gespielt haben dürfte. Hinweise, dass sich diese Kulturgruppe bis nach Westfalen ausbreitete, liegen unter anderem aus der Hellwegzone vor. Vom Schwarzmeer aus, stromaufwärts entlang der Donau dehnte sich die Bandkeramische Kultur aus. Sie erreichte wahrscheinlich erstmals im 5. Jahrtausend v. Chr. das Gebiet Westfalen, die Lössböden und Schwemmbereich bildeten im Gegensatz zu den höher gelegenen dicht bewaldeten Gebieten des Sauerlandes wohl geeignete Bedingungen zum Ackerbau.

Im Verlauf der Jungsteinzeit war der südwestfälische Raum und damit auch das heutige Hagener Stadtgebiet unterschiedlichen Kulturströmungen ausgesetzt. Das lässt sich auch an den Steinartefakten und Keramikfunden ablesen, die teilweise für bestimmte Kulturen des Mittel- und Spätneolithikums typische Merkmale aufweisen.

SEBASTIAN MAGNUS SONNTAG

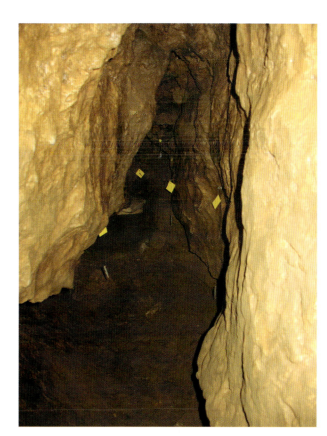

Blick in einen Teil des Innenraumes der Blätterhöhle in Hagen. Die Blätterhöhle ist nicht nur für die Erforschung der Alt- und Mittelsteinzeit wichtig. Sie wurde auch im Jung- und Spätneolithikum für Bestattungen und Deponierungen genutzt. Foto Jörg Orschiedt, 19.6.2007.

21 Kumpf mit Verzierung

„Am Kahlenberg", Hagen-Garenfeld
Späte Linearbandkeramik, um 5.000 v. Chr.
H 8 cm Dm 7,5 cm (Mündung)

Etwa 7.300 Jahre vor unserer Zeit erreichen neue Gemeinschaften, die nicht mehr als Jäger und Sammlerinnen lebten, auch den Raum des heutigen Westfalens. Vor allem die Landschaften mit fruchtbaren Lössböden – wie die Hellwegzone, sowie die Soester und Warburger Börde – dienten diesen auf Landwirtschaft und Viehzucht ausgerichteten Gemeinschaften der frühen Jungsteinzeit als neue Heimstatt. Doch auch die breiten Talauen und Terrassen der Flüsse werden besiedelt.

Schon 1926 und bis heute werden auf der weitläufigen, rund 80 m oberhalb der Lenneaue in der Flur „Am Kahlenberg" südlich von Hagen-Garenfeld gelegenen Hauptterrasse zahlreiche Steingeräte aus Feuerstein und einige Keramikscherben aufgelesen. Immer wieder haben Menschen von der Altsteinzeit bis weit in prähistorische Epochen diese hochgelegene Terrassenfläche zwischen den Tälern von Lenne und Ruhr aufgesucht.

Besonders hervorzuheben sind drei zusammenpassende, feintonige grau-bräunliche Scherben, darunter zwei Randscherben, die deutliche Einstiche und Ritzlinien zeigen. Sie lassen sich zu einem Dekor rekonstruieren, das aus einer Doppeleinstichreihe unter dem Rand, einem den Gefäßbauch umspannenden, mit Einstichen gefüllten „Spitzbogen"-Band sowie dazwischenliegenden Feldern aus tiefen Einstichen/Eindrücken besteht. Die Ritzlinien und Einstiche waren ursprünglich mit einer helleren Substanz gefüllt, sodass sich das Muster auf dem geglätteten, dunklen Keramikscherben deutlich hervorhob. Als Gefäßform gehören die 1972 von Engelbert Sallowsky auf dem Acker am Kahlenberg aufgelesenen Wand- und Randscherben zu einem für museale Ausstellungszwecke rekonstruierten kleinen Kumpf mit rundem Boden; eine Gefäßform, die für Getränke und zur Aufbewahrung von Nahrungsmitteln gedient haben könnte.

Das bandförmige Dekor hat der ersten neolithischen Kultur in Mitteleuropa ihren Namen gegeben: Linearbandkeramik oder Bandkeramik. Ihre Ursprünge liegen in den Steppengebieten um den ungarischen Plattensee (Balaton). Es darf erwartet werden, dass sich hier, südlich von Garenfeld, aufgrund der Erhaltung der Keramik, die im Ackerboden normalerweise schnell zerfällt, eine der damals typischen dorfartigen Ansiedlungen aus vermutlich mehreren Langhäusern befunden hatte. Die Keramik, wie von mindestens zwei weiteren kleinen Kümpfen sowie einem großen Vorratsgefäß, dürfte demnach aus der hochgepflügten Füllung von Abfallgruben an die Oberfläche gelangt sein.

Neben einigen Keramikscherben, wie die des hier vorgestellten Kumpfes, haben sich auch die wesentlich haltbareren, typisch bandkeramischen Steingeräte gefunden, darunter Beilklingen, Pfeilspitzen, Kratzer und auch Klingen, letztere nicht selten gefertigt aus Feuersteinen der südniederländischen Maasregion. Als Besonderheit hat sich unter dem Rand des Kumpfes der Abdruck eines wohl zufällig vor dem Brennen des Gefäßes in den Ton geratenen Einkorn (*Triticum monococcum*) erhalten. Diese ursprünglich aus dem Nahen Osten und dem östlichen Mittelmeerraum stammende Getreideart wurde von den bandkeramischen Bauern angebaut, als sie über den Balkan nach Mitteleuropa einwanderten.

Aufgrund des Verzierungsstils – ein durch Einstiche ausgefülltes und nicht wellenförmiges, sondern „eckiges" Band sowie Einstichreihen unter dem Rand – kann der Kumpf einer späten Zeitphase der Linearbandkeramik zugewiesen werden, die bald nach 5.000 v. Chr. ihr Ende findet. Zumindest teilweise ausgegrabene, größere Siedlungen dieser Zeit gibt es in Westfalen bisher nur in der Hellwegzone (z. B. Bochum, Soest und Bad Sassendorf) und in der Warburger Börde. Derzeit kann die Fundstelle am Nordrand des Mittelgebirges bei Garenfeld als der südlichste, einigermaßen sichere Siedlungsplatz der ältesten Ackerbauern und Viehzüchter in Westfalen gelten.

MICHAEL BAALES

22 Pfeilspitze

„Am Kahlenberg", Hagen-Garenfeld
Linearbandkeramik, um 5.000 v. Chr.
Maasfeuerstein, L 3,0 cm

Obwohl die ersten Ackerbauern der Bandkeramischen Kultur auch Haustiere hielten wie Rinder, Schweine, Schafe und Ziegen, spielte die Jagd immer noch eine gewisse Rolle. Dies lässt sich in den Siedlungen des frühen Neolithikums gut nachvollziehen. Haben sich Tierknochen erhalten können, gehört ein bestimmter Anteil an Wildtieren, hier besonders Rotwild, Wildschweine und Auerochsen, immer dazu. Dass es zudem im gesamten Neolithikum auch zu tödlichen Konflikten kam, ist mittlerweile hinlänglich bekannt. So sind vom Ende der Linearbandkeramik einige Massengräber offensichtlich gewaltsam getöteter Menschen bekannt – funktionstüchtige Waffen waren also in jedem Falle wichtig. Und nicht zuletzt ist auch der weltberühmte Ötzi, ein Mensch der späten Jungsteinzeit, in den Ötztaler Alpen hinterrücks mit einem durch ein steinernes Projektil bewehrten Pfeil erschossen worden.

Von der Lenneterrasse bei Hagen-Garenfeld mit ihren zahlreichen jungsteinzeitlichen Funden stammt auch eine größere Anzahl von Pfeilspitzen aus Flint und Hornstein. Sie gehören nicht alle in die Linearbandkeramik, einige Stücke datieren in jüngere Abschnitte: ein Normalfall auf Oberflächenfundplätzen. Dennoch können zumindest auch zwei typische linearbandkeramische Pfeilköpfe angeführt werden. Es handelt sich um relativ kleine, dreieckig-asymmetrisch geformte Stücke, die aus schmalen Klingen gearbeitet wurden. Bei dem dunkleren, hier abgebildeten Stück sind zwei, bei dem helleren alle drei Kanten retuschiert worden.

Die Basis beider Stücke liegt zur Längsachse schräg, besonders deutlich bei dem abgebildeten Stück zu erkennen, weniger ausgeprägt bei dem anderen Stück, wobei hier der Kantenverlauf ein wenig konkav erscheint. Während die längeren, zur eigentlichen Spitzen zusammenführenden (konvergierenden) Kanten allein – soweit sie retuschiert wurden – zur Oberseite steil (stumpfend)

oder eher flach bearbeitet wurden, ist bei beiden die Unterseite der Basis zusätzlich mit einer relativ weit auf die Fläche reichenden, sehr flachen Kantenretusche versehen.

Ob diese Stücke erfolgreich als Pfeilspitzen eingesetzt wurden, ist nicht wirklich sicher zu entscheiden. Die Spitzen sind etwas beschädigt, was bei einem Auftreffen auf einen Knochen leicht passieren konnte. Doch ist auch nicht auszuschließen, dass hierfür etwa ein Pflug verantwortlich zeichnete. Wie auch in anderen Zeitstufen wurden die linearbandkeramischen Pfeilspitzen ebenfalls mit Birkenpech auf den Holzpfeil verklebt und waren so bei Beschädigung schnell auszutauschen.

Abschließend sei bemerkt, dass die beschriebenen Pfeilspitzen-Typen sehr ähnlich auch in Inventaren der letzten Jäger- und Sammlerinnen-Gruppen des Endmesolithikums zu finden sind. Dies hat zu der Überlegung geführt, dass bestimmte Steinbearbeitungsmethoden und Geräteformen dieser letzten Jäger- und Sammlerinnen von den frühen Bauern übernommen wurden, es also zu einem technologischen Austausch zwischen diesen unterschiedlich wirtschaftenden Gesellschaften gekommen war.

MICHAEL BAALES

Mit Birkenpech in einem Holzschaft verklebte Pfeilspitze.

23 Klingenkern

„Am Kahlenberg", Hagen-Garenfeld
Linearbandkeramik, um 5.000 v. Chr.
Baltischer Flint, L 13,0 cm Dm 6,0cm

Als Rohmaterial für unseren Kern wurde Baltischer Feuerstein genutzt. Flintknollen dieser Größe finden sich als Geschiebe unter anderem in der norddeutschen Tiefebene. Für die Produktion von langen und großen Klingen war jedoch möglichst bergfrischer Flint besser geeignet. Vom Fundplatz in Garenfeld sind mehrere lange und von derartigen Kernen geschlagene Klingen bekannt. Da es sich um einen mehrphasisch genutzten Oberflächenfundplatz handelt, ist eine nähere Einordnung und Datierung schwierig. Aufgrund der Form und Bearbeitung sowie der Fundvergesellschaftung ist ein Zusammenhang mit der anhand von Keramik in Garenfeld belegten Linearbandkeramik wahrscheinlich. Ähnlich wie in den bandkeramischen Siedlungen in der Warburger Börde und in Nordhessen verwendeten die Bandkeramiker in Garenfeld anscheinend vor allem baltischen Flint: anders als in der Hellwegbörde und vor allem im Rheinland, wo der Maasflint überwiegt.

Seit dem Jungpaläolithikum werden vorwiegend langschmale Grundformen – Klingen und Lamellen – für die Herstellung von Werkzeugen benutzt. Stellvertretend dafür steht der hier abgebildete Klingenkern, von dem gezielt und seriell Klingen produziert wurden. Per definitionem hat eine Klinge ein Längen-Breiten-Verhältnis von 2 zu 1: die Klinge ist doppelt so lang wie breit und weist weitgehend parallele Kanten auf. Von Lamellen, also schmalen Klingen, spricht man meist, wenn das Stück nicht breiter als 1 cm ist.

Es sind verschiedene Steinschlagtechniken, die sich zur Klingengewinnung eignen, nachgewiesen. Zum einen gibt es den direkten Schlag, der auf „harte" und „weiche" Art erfolgen kann. Bei dem direkten „harten Schlag" wird mit einem anderen Stein gezielt auf einen Kern geschlagen, wohingegen bei dem direkten „weichen Schlag" mit einem organischen Schlaginstrument, wie etwa einem Schlägel aus Geweih, gearbeitet wird. Zum anderen gibt es die direkte Drucktechnik, bei der vorzugsweise mit einem spitzen Geweihstück die Grundform direkt vom Kern abgedrückt wird.

Eine andere Möglichkeit zum Klingenabbau besteht in der indirekten „Punch"-Technik. Zwischen dem abzubauenden Kern und dem eigentlichen Schlaginstrument wird ein Zwischenstück, z. B. aus Geweih, so gesetzt, dass der Schlagimpuls sehr gezielt weitergeleitet werden kann. Im Jungpaläolithikum wurde vor allem die zweite Technik angewendet.

Bei der Produktion von Klingen finden zwei Arbeitsschritte wiederkehrend Verwendung; Präparation des Kerns und die eigentliche Abtrennung der Klinge. Bei der Präparation werden Abbau- und Schlagfläche so bearbeitet, dass ein günstiger Abbauwinkel für die Klingen oder Lamellen entsteht. Die Kante, auf den der nächste Schlag treffen soll, wird oft fein bearbeitet, damit ein möglichst präziser Schlagimpuls auf den Kern trifft. Diesen Schritt nennt man dorsale Reduktion, oft zu erkennen an kleinen Negativen im Basisbereich der Klinge. Zunächst muss jedoch ein Leitgrat am Kern angebracht werden, sofern dieser nicht bereits vorhanden ist, wie z. B. bei einem plattigen Rohstück. Die Schlagenergie folgt diesem Leitgrat und so entstehen die langgestreckten Abschläge, also Klingen und Lamellen. Durch das Abtrennen der Klingen entstehen immer neue Leitgrate, sodass ein serieller Abbau möglich ist.

Doch irgendwann wird der Abbauwinkel ungünstig, und der Kern muss nachpräpariert werden. Ist ein Kern dann letztlich erschöpft bzw. bietet nicht mehr genug Material für die Produktion von Klingen, kann er beispielsweise noch zur Produktion von einfachen Abschlägen genutzt werden. In Westfalen und auch im Hagener Raum lassen sich an diversen Fundstellen alle Stufen der Klingenproduktion in Form von Klingen, Kernen, Restkernen, Präparationsresten, Abschlägen etc. finden. Dies belegt nicht nur eine Verwendung der Werkzeuge in unserer Region, sondern auch deren Herstellung. Im Falle unseres Kerns ist es eine Werkzeugproduktion in der frühen Jungsteinzeit.

DANIEL RIEMENSCHNEIDER

24 Dechselklinge

„Am Ischeland", Hagen-Altenhagen
Früh- oder Mittelneolithikum, ca. 5.300–4.500 v. Chr.
Amphibolit, L 16,2 cm B 3,2 cm H 3,5 cm

Zu den bekanntesten und ältesten geschliffenen Felsgesteingeräten der Jungsteinzeit in Mitteleuropa gehören quergeschäftete Dechselklingen, gemeinhin nur als Dechsel bezeichnet. Doch der Dechsel bezeichnet eigentlich korrekt das vollständige Komposit-Gerät, also das Querbeil, d. h. die völlig überschliffene Dechselklinge aus Stein, die im rechten Winkel zur Geräteachse auf den hölzernen Knieholm quergeschäftet war. Experimentelle Arbeiten haben gezeigt, dass mit diesen Dechseln sowohl Bäume gefällt als auch durch das Abnehmen größerer oder kleinerer Spanmengen Hölzer entrindet, zugerichtet und geglättet werden konnten.

Unser Fundstück wurde Anfang der 1930er Jahre rund 500 m vom früheren Bauerngut „Ischeland" in Altenhagen gefunden. An der gleichen Stelle wurde, so Albert Schäfer 1935 in einer Darstellung zur Hagener Vorgeschichte, ein durchlochter Breitkeil (S. 74) entdeckt. Nicht weit von der Fundstelle soll sich auf dem Acker eine flache, hügelartige Erhebung befunden haben. Beide Beilklingen gelangten zunächst in das Hagener Heimatmuseum und 1937 in das „Sauerländische Museum für Vor- und Frühgeschichte".

Typisch für eine Dechselklinge ist ihre aufgewölbte Ober- und flache Unterseite – der Querschnitt ist also D-förmig – sowie die mehr oder minder leicht aufgewippte Schneide. Der Querschnitt der Dechsel kann hoch oder auch flach, teilweise sogar recht breit sein. Aus dem Hagener Stadtgebiet sind mehrere Funde von Dechselklingen bekannt geworden. Sie weisen ein breites Spektrum an Formen auf: kurze und lange, kleine und große Stücke mit hohem Querschnitt sowie flache Stücke in unterschiedlicher Länge. Früher wurde versucht, diese Merkmale chronologisch zu interpretieren, doch ist dies nicht eindeutig. Dechselklingen datieren allgemein in das Früh- und Mittelneolithikum, also die Linearbandkeramik und die folgende Rössener Kultur sowie wei-

tere etwa zeitgleiche, kleinere Gruppen, wie in Westfalen und im Rheinland die Großgartacher und Bischheimer Kulturen.

Interessant ist beim hier vorgestellten Fundstück auch das Rohmaterial. Zwar sind unterschiedliche Rohstoffe für diese Felsgesteingeräte verwendet worden. Doch ist darunter auch der typische grünlich-graue, geschieferte „Grünschiefer", der je nach Ausprägung als Aktinolith-Hornblendeschiefer oder als echter Amphibolit bezeichnet wird. Der Einfachheit halber wird diese Materialgruppe zumeist Amphibolit genannt. Dieses recht harte Material, das im älteren Neolithikum Mitteleuropas sehr häufig Verwendung fand, kommt verschiedentlich im Mittelgebirgsraum – etwa im Fichtelgebirge – vor, doch spielte offenbar das im Tagebau ausgebeutete Vorkommen bei Jistebsko im südpolnisch-tschechischen Grenzgebiet die bei weitem wichtigste Rolle.

Während also im südwestfälischen Raum für die Feuersteingeräte neben den regionalen Vorkommen der eiszeitlichen Gletscherablagerungen vor allem solche aus der Maasregion im Westen genutzt wurden, versorgten sich die frühen Bauern für ihre Holzbearbeitungsgeräte mit Beilklingen aus dem weit östlich gelegenen Isergebirge. Die Herkunftsdistanz liegt hierfür bei etwa 500 km einfacher Luftlinie! Die jungsteinzeitlichen Bauern hatten demnach sehr weit aufgespannte Versorgungsnetze.

MICHAEL BAALES

25 Breitkeil

„Am Ischeland", Hagen-Altenhagen
Mittelneolithikum, um 4.500 v. Chr.
Amphibolit, Brandspuren, L 21,5 cm B 6,0 cm H 4,0 cm Dm Bohrung 2,5 cm

Während es in der ältesten neolithischen Kultur, der Linearbandkeramik, fast keine durchbohrten Felsgestein-Artefakte gab, ändert sich das im folgenden Mittelneolithikum. Aussagekräftige Teile der zur Bohrung genutzten Utensilien gibt es aus dem Zeitraum nicht; lediglich die bei der Kernbohrung anfallenden konischen Bohrzapfen oder -kerne sind bekannt. Allerdings wurden in Museen und bei Versuchen der experimentellen Archäologie funktionstüchtige Bohrvorrichtungen rekonstruiert. Im Gegensatz zur Kern- oder Hohlbohrung, bei der nur ein umlaufender, ringförmiger Streifen in den Axtkörper gebohrt wurde (wodurch der Bohrkern als Abfall anfiel), schliff die Vollbohrung das gesamte Volumen der Durchlochung weg.

Zu den frühesten bekannten durchlochten Gerätschaften im Neolithikum zählen Dechselklingen mit einem D-förmigen Querschnitt, die vereinzelt noch in der späten Linearbandkeramik auftreten. Viel geläufiger waren auch die im Raum Hagen durch mehrere Fundstücke vertretenen Breit- oder Setzkeile.

Die Bezeichnung „Breitkeil" bzw. „Setzkeil" verweist zum einen auf die Form und zum anderen auf die vermutete Funktion. Breitkeil deshalb, weil die Stücke in der Aufsicht meist deutlich breitdreieckig sind, d. h. dem breiten Nacken liegt ein bald schmaler werdender Körper mit Schneidepartie gegenüber. Die Bohrung liegt dabei zumeist näher zum Nacken. Auf diesem sind oft deutliche Schlagspuren zu sehen, teilweise sind die Nackenpartien stark ausgesplittert oder auch ganz weggebrochen. Mitunter wurden die Stücke dann neu durchbohrt und weiterverwendet – daher gibt es deutlich mehr kurze als lange Stücke. Diese Beobachtungen führen aber zu der zweiten Bezeichnung als Setzkeil. Es wird vermutet – und dafür sprechen die beobachteten Aussplitterungen auf dem Nacken – dass die Stücke etwa zum Aufspalten von Holzstämmen genutzt wurden, in dem sie in einen ersten Spalt hineingetrieben wurden. Die Stücke wurden demnach nicht aktiv, denn dafür scheint die aus den Bohrungen zu rekonstruierende Schaftstärke auch viel zu gering zu sein, sondern passiv genutzt.

Der vorliegende Breitkeil wurde 500 m vom früheren Gut Ischeland in Altenhagen zusammen mit einer Dechselklinge (S. 72) aufgefunden. Diese vermutlich zufällige Vergesellschaftung der beiden ‚Steinbeile' an ihrem Fundort sollte bei Lesefunden jedoch nicht überbewertet werden. Auch außerhalb der mittelneolithischen Siedlungsgebiete, die in Westfalen die Hellwegzone sowie die Bördenlandschaften umfassten, wurden „Breitkeile" gefunden. Für die zum Beispiel in den sich südlich der Ruhr anschließenden Mittelgebirgszonen wird nicht ausgeschlossen, dass Breitkeile auch Hinweise auf eine saisonale neolithische Nutzung – vielleicht beim Holzeinschlag – dieser Regionen sind. Eine andere Möglichkeit ist, dass sie von den dort noch lebenden letzten Jägergruppen eingetauscht wurden. Allerdings geben zahlreiche Funde, darunter auch Keramik und Geräteinventare, deutliche Hinweise darauf, dass Menschen der mittelneolithischen Rössener Kultur (4.800–4.500 v. Chr.) und auch der um 4.400 bis 4.200 v. Chr. folgende Bischheimer Kultur im unteren Lenne- und mittleren Ruhrtal gesiedelt haben.

Mittelneolithische Breit- oder Setzkeile bestehen aus den unterschiedlichen Felsgestein-Varietäten. Im großen Stil wurde wie bei den Dechselklingen auch Amphibolit verwendet. Über Jahrhunderte vom Früh- und Mittelneolithikum bis in das Jung- und Spätneolithikum wurde von den u. a. im böhmischen Raum gelegenen Abbaugebieten das Rohmaterial von Felsgesteingeräten für den „mitteleuropäischen Markt" geliefert. Die rötliche Färbung des Fundstücks vom „Ischeland" ist erst in jüngerer Zeit entstanden. Bei einem schweren Luftangriff auf Hagen am Abend des 15. März 1945 brannte das Gebäude des Vorgeschichtsmuseums aus. Viele Museumsobjekte, darunter auch der hier vorgestellte Breitkeil, glühten bzw. verbrannten in der großen Hitze der Magnesium-Stabbrandbomben.

MICHAEL BAALES

26 Kugelbecher

Oeger Höhle, Hagen-Hohenlimburg
Spätes Mittelneolithikum, um 4.500 bis 4.300 v. Chr.
H 10 cm Dm 10,5 cm

Irgendwann ab Mitte des fünften Jahrtausends v. Chr. müssen Menschen des späten Mittelneolithikums zwischen 4.500 bis 4.300 v. Chr. die am Fuße der Felsgruppe des Oeger Steins an der Lenne gelegene Oeger Höhle aufgesucht haben. Sie hinterließen hier ihre Spuren in Form von Keramik. Darunter befindet sich ein kleiner, nur im unteren Teil erhalten gebliebener Kugelbecher. Das rundbodige, außen und innen sorgfältig geglättete Gefäß trägt eine für mittelneolithische Keramik recht typische Verzierung: An einem dreilinigen horizontalen Schulterband setzen nach unten weisende Dreiecke mit Schraffur-Füllung als Bauchmotiv an. Wie der obere Teil mit der Mündung ausgesehen hat, ist unbekannt, da er nicht erhalten ist. Er dürfte weitgehend der modernen Rekonstruktion entsprochen haben.

Der Kugelbecher kam zusammen mit den Scherben weiterer Gefäße sowie zahlreichen Überresten eiszeitlicher Tiere bei einer Grabung des Schwerter Museumsleiters Josef Spiegel im Jahre 1931 zutage. Er wurde dabei in situ an der dem Eingang gegenüberliegenden hinteren, überhängenden Höhlenwand gefunden, in dem „spärliche(n) Rest einer Kulturschicht". In seinem Umfeld fand sich ein weiteres, etwa fünf Zentimeter hohes Gefäß, Scherben von größeren rundbodigen Gefäßen und Schalen sowie ein Spinnwirtel. Der Kugelbecher stand zwischen Steinen mit seiner Öffnung nach oben, möglicherweise die Reste einer Deponierung. Leider wurde die Fundlage 1931 nicht fotografisch oder zeichnerisch dokumentiert, auch darf vermutet werden, dass zugehörige Befunde und Objekte von den fachfremden Grabungsarbeitern übersehen wurden.

Im Bereich des Fundpunkts an der hinteren Höhlenwand wurden 1992 die Scherben eines weiteren rundbodigen, bis auf den gekerbten Rand unverzierten Gefäßes mit Hängeösen geborgen. Insgesamt liegen die Scherben von mindestens sechs teilweise größeren Gefäßen vor, die aufgrund ihrer Form und Merkmale in das Mittelneolithikum eingeordnet werden können. Auch der Spinnwirtel sowie zumindest ein Klingenfrag-

ment aus niederländischem Rijckholt-Flint gehören in die Jungsteinzeit.

Darüber hinaus wurde in der seit dem frühen 19. Jahrhundert immer wieder durchwühlten Höhlenfüllung auch bronze- und eisenzeitliche Keramik gefunden. Darunter befinden sich eine mit dreieckigen, eine weiße inkrustierte Masse enthaltenden Strichgruppen versehene, auf der Außen- und Innenseite sorgfältig geglättete kleine Schale der jüngeren Bronzezeit sowie ein mit Fingertupfen verzierter hoher Becher aus der älteren Eisenzeit. Da die Grabung 1931 kaum moderne Standards erfüllt hatte und die heute verschlossene Höhle – wie Begehungen in den vergangenen Jahren belegen – immer noch anscheinend ungestörte Sedimente und Funde enthält, birgt die Oeger Höhle ein hohes Potential für neue Forschungen.

Der Kugelbecher mit seinen hängenden Dreiecken auf der Schulter war ein typisches Gefäß des ausgehenden Mittelneolithikums zwischen rund 4.500 bis 4.300 v. Chr. Neben Beispielen aus der späten Rössener Kultur sind mit dem Fundstück aus der Oeger Höhle vergleichbare Kugelbecher in Westfalen vor allem mit der sogenannten Bischheimer Gruppe verbunden. Im Mittelneolithikum drangen die Menschen auch in die Täler und Hochflächen der Mittelgebirgszone ein, wie in das Sauerland und Siegerland, um sie verstärkt landwirtschaftlich zu nutzen. Dabei dürften sie im heutigen Raum Hagen und im unteren Lennetal auf letzte Gemeinschaften von Jägern und Sammlern getroffen sein, wie Befunde aus der benachbarten Blätterhöhle nahelegen.

Wegen des höheren Wasserspiegels der Lenne und der zerklüfteten Felsformationen war die Oeger Höhle zu Anfang des 19. Jahrhunderts nur auf Kletterpfaden über die Kalkfelsen und über den Fluss zu erreichen, also per Boot oder schwimmend. Ob es auch in vorgeschichtlichen Zeiten ähnlich war, wissen wir nicht, dürfte aber wahrscheinlich sein (S. 134).

BENEDIKT KNOCHE

27 Menschlicher Schädel

Blätterhöhle, Hagen-Holthausen
Jungneolithikum, 3.664 bis 3.626 v. Chr.
männlich, 18 bis 22 Jahre alt

Der nur unvollständig erhaltene Schädel eines jungen Mannes im Alter von 18 bis 22 Jahren wurde 2004 bei den ersten „Befahrungen" der Höhle durch Mitglieder des Arbeitskreises Kluterthöhle e.V. entdeckt. Der bei seiner Auffindung beschädigte Schädel wurde aus zahlreichen Fragmenten zusammengesetzt und ist nicht nur durch seine Gesichtsrekonstruktion einer der prägenden und bekanntesten Funde aus der Blätterhöhle.

Aufgrund des jugendlichen Alters war eine Geschlechtsbestimmung zunächst schwierig, seine grazile Ausformung und die wenig eindeutigen Merkmale ließen zunächst eher weibliches Geschlecht vermuten. Erst eine DNA-Untersuchung brachte Klarheit. Die Analyse wurde an einem erst vor zwei Jahren identifizierten zugehörigen Fragment des Felsenbeines durchgeführt, das an den Schädel angesetzt werden konnte.

Wie das frühmesolithische Schädeldach wurde auch dieser Schädel in zwei Laboratorien ^{14}C datiert. Die Proben ergaben sowohl im Leibniz-Labor der Universität Kiel als auch an der Universität Oxford übereinstimmend eine Datierung von 3.664 bis 3.626 v. Chr. Damit war bereits zu Beginn der Untersuchung im Jahre 2005 deutlich geworden, dass neben den mittelsteinzeitlichen Menschenresten auch in der späten Jungsteinzeit in der Blätterhöhle bestattet wurde.

Die Analyse der alten DNA ergab bei diesem Schädel ebenfalls die Haplogruppe U5, die auch bei den mittelsteinzeitlichen Menschenresten vorhanden ist. Damit gehört diese Person zu den genetischen Nachfahren der Jäger- und Sammler-Bevölkerung vor der Einwanderung der Ackerbauern und Viehzüchter nach Mitteleuropa. Die Ernährungsrekonstruktion anhand der leichten stabilen Isotope ergab jedoch ein zunächst überraschendes Ergebnis. Vor allem die Stickstoffwerte, die einen erhöhten Konsum von tierischem Protein anzeigen, waren deutlich erhöht, ein Ergebnis, das sich in der Folge auch bei anderen Personen aus der Blätterhöhle dieser Zeitstellung zeigte.

Weitere Untersuchungen und die Messungen weiterer Isotope konnten nachweisen, dass es nicht der Fleischkonsum alleine war, der diese hohen Werte verursacht hatte, sondern vor allem und in erster Linie der Konsum von Süßwasserfisch. Diese Form der Ernährung ist in der Jungsteinzeit sehr ungewöhnlich. Bei den Personen, die diese Werte aufwiesen, handelt es sich ausschließlich um Träger der Haplogruppe U5, also um jung- und spätneolithische Nachfahren der Jäger- und Sammler Mitteleuropas.

Es lag die Vermutung nahe, dass diese Personen nicht zur jungsteinzeitlichen Bevölkerung aus Ackerbauern und Viehzüchter gehören können, da sie sich völlig anders ernähren als alle bis dahin bekannten agrarisch orientierten Gemeinschaften Mitteleuropas. Damit kann davon ausgegangen werden, dass noch im vierten Jahrtausend v. Chr. Jäger und Sammler existierten, die zwar Kontakte mit sesshaften Gruppen unterhielten, aber ihre Lebensweise nicht aufgegeben hatten. Als gemeinsamen Bestattungsort nutzten beide Gruppen für mehrere Jahrhunderte die Blätterhöhle.

Der hohe Konsum von Süßwasserfisch durch die jungsteinzeitlichen Jäger und Sammler aus der Blätterhöhle könnte mit der nahe gelegenen Lenne zu erklären sein. Bis in die erste Hälfte des 19. Jahrhunderts zählte die Lenne wie auch die benachbarte Volme zu den fischreichsten Flüssen in Westfalen. Neben Lachsen und Hechten — wie drei große Holzmodelle aus der Mitte des 18. Jahrhunderts belegen — gab es eine vielfältige Süßwasserfauna. Im Spätmittelalter und in der Frühneuzeit sollten landesherrschaftliche Regularien das Überfischen und die Zerstörung der Fischfauna durch z. B. die Anlage von Teichen für Drahtrollen und Hammerwerke an Lenne und Volme verhindern. Doch im 19. Jahrhundert kam es zur Einleitung von Industrieabwässern in die heimischen Flüsse, auch waren die Laichwege der Lachse über die Ruhr zum Rhein blockiert, so dass ein Aussterben des ursprünglich reichen Fischbesatzes folgte.

JÖRG ORSCHIEDT

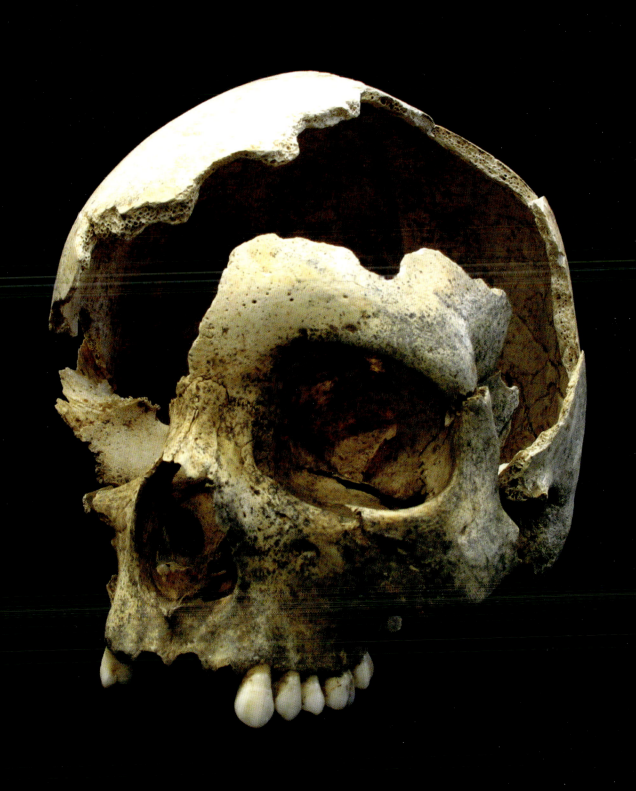

28 Oberschenkel

Blätterhöhle, Hagen-Holthausen
Spätneolithikum, 3.376 bis 3.328 v. Chr.
L 38,0 cm

Bei diesem linken Oberschenkel eines Erwachsenen unbestimmten Geschlechtes handelt es sich ebenfalls um einen Fund, der bereits 2004 bei der ersten Untersuchung der Höhle durch den Arbeitskreis Kluterhöhle e. V. zu Tage kam. Wie eine Reihe anderer menschlicher Skelettreste aus der Blätterhöhle ist der Knochen völlig unbeschädigt und weist keine Verwitterungsspuren der Oberfläche auf. Die Oberfläche des Stückes ist so gut erhalten, dass nach der Auffindung der Verdacht aufkam, es könnte sich bei den geborgenen Skelettresten um Knochen zeitgeschichtlicher oder sogar heutiger Mordopfer handeln. Die kurzfristige Untersuchung der Reste in der Rechtsmedizin Düsseldorf konnte jedoch diesen Anfangsverdacht ausräumen.

Tatsächlich konnte der Oberschenkel mit Hilfe der ^{14}C-Methode auf 3.376 bis 3.328 v. Chr. datiert werden. Hierzu und zum Gewinnen weiterer Probenmaterials wurde der Oberschenkel insgesamt drei Mal beprobt, da seine besonders gute Erhaltung gute Möglichkeiten für die Altersbestimmung, die Untersuchung der alten DNA sowie der Ernährungsrekonstruktion bot. Tatsächlich ließen sich genetische Informationen gewinnen, demnach war die Person Träger der Haplogruppe H5, bis heute eine der häufigsten Haplogruppen in Europa.

Die außergewöhnlich gute Erhaltung konnte auch bei einer 2017 erfolgten Analyse der alten DNA bestätigt werden. Hier bestand aufgrund technischer Weiterentwicklungen der aDNA-Methode erstmals für die Funde aus der Blätterhöhle die Möglichkeit, auch die Erbsubstanz aus dem Zellkern zu untersuchen. Der Anteil an alter DNA war bei dieser Probe fünf Mal so groß wie bei anderen Proben aus der Blätterhöhle.

Darüber hinaus konnte festgestellt werden, dass die Person mit fast 40% an Erbsubstanz von Jäger und Sammlern ein typischer Vertreter von Menschen aus dem vierten vorchristlichen Jahrtausend war, die sich bereits in vorherigen Generationen mehrfach mit Jäger- und Sammlern vermischt hatten. Die Lebensweise dieses Menschen war – anders als bei dem zeitgleich verstorbenen jungen Mann (S.78) – jedoch die eines sesshaften Ackerbauern. Seine Aufnahme an Proteinen ließ sich durch die Analyse der Kohlestoff- und Stickstoff-Isotope mit der anderer Ackerbauern und Viehzüchtern vergleichen.

In der Blätterhöhle fanden demnach Angehörige von Jäger- und Sammlerinnen-Gemeinschaften sowie auch typische Ackerbauern-Populationen der Jungsteinzeit ihre letzte Ruhe. Warum sie in der nach ^{14}C-Datierungen über mehrere Jahrhunderte als Bestattungsort genutzten Höhle gemeinsam niedergelegt wurden, lässt sich derzeit nicht erklären.

JÖRG ORSCHIEDT

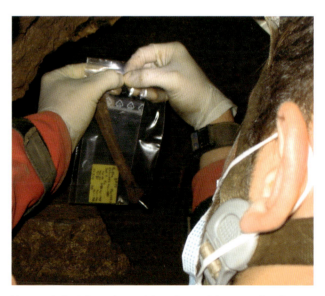

Um genetische Informationen nicht zu kontaminieren, werden die menschlichen Überreste unter Schutzmaßnahmen geborgen. Blätterhöhle, 15.9.2015.

29 Kleindolch

„Barmer Baum", Hagen-Herbeck
Jung- bis Spätneolithikum, ca. 3.800–3.000 v. Chr.
Radiolarit alpiner Herkunft, L 6,2 cm B 2,4 cm

Das aufgrund seiner Dimensionen als Kleindolch anzusprechende Steinartefakt wurde um 1935 auf der unteren Mittelterrasse der Lenne am „Barmer Baum" bei Hagen-Herbeck aufgelesen. Der Oberflächenfundplatz lieferte seit 1928 zehntausende steinerne Artefakte und andere archäologische Funde von der Altsteinzeit bis in das Frühmittelalter. Die günstig gelegene Flussterrasse im unteren Lennetal wurde immer wieder von Menschen als Lager- und Siedlungsplatz ausgewählt.

Weil es sich um einen ausgepflügten Lesefund ohne Zusammenhang handelt, fällt eine genaue zeitliche und kulturelle Einordnung schwer. Wegen seiner Formgebung kann der beidseitig flächenretuschierte Kleindolch nur grob in das Jung- bis Spätneolithikum eingeordnet werden. Vergleichbare Kleindolche mit einem blattförmigen Umriss liegen besonders aus Uferrandsiedlungen („Pfahlbauten") im zirkumalpinen Raum vor. Ursprünglich war das Gerät in einer heute vergangenen Schäftung aus organischem Material – in Frage kommen Holz, Knochen oder Geweih – eingesetzt.

Interessant an dem an einer Längskante wahrscheinlich durch den Pflug leicht beschädigten Fundstück ist nicht nur seine mutmaßliche Funktion, sondern auch das Rohmaterial, aus dem es gefertigt worden war. Es handelt sich um Radiolarit, der in dieser Qualität auch in der weiteren Entfernung von Hagen nicht vorkommt. Der tiefrote, von blauen Äderchen durchzogene Radiolarit stammt wegen seiner Eigenschaften und Merkmale mit hoher Wahrscheinlichkeit aus dem Alpenraum.

Doch die Lokalisierung der Lagerstätte gestaltet sich schwierig. So gibt es dem Fundstück ganz ähnlichen Radiolarit führende Schichten etwa im schweizerischen Graubünden, im Val Trupchun oder in den nördlichen Kalkalpen (Ruhpoldinger Radiolarit-Gruppe). Eine Abbaumöglichkeit für vergleichbaren Radiolarit ist etwa im Bereich der sogenannten Chenaillet-Montgenèvre ophiolite Zone

im oberen Jura der Region Piemont in den französisch-italienischen Alpen zu finden. Aus diesem Gebiet stammen übrigens auch die mittel- bis spätneolithischen Beilklingen aus Jadeit, der am Monte Viso abgebaut wurde.

Dass Steingeräte aus dem alpinen Raum im Neolithikum über große Distanzen auf bislang noch unbekannten Transportwegen auch das nördliche Mittelgebirge erreicht haben, belegen unter anderen im Hagener Raum eine Reihe von Fundstücken aus Jadeit und Plattenhornstein.

SEBASTIAN MAGNUS SONNTAG

Die Lenneterrasse am „Barmer Baum" bei Hagen-Herbeck, fotografiert 1935 von Albert Schäfer.

30 Pfeilspitze

„Am Kahlenberg", Hagen-Garenfeld
Jungneolithikum, um 4.300–3.500 v. Chr.
Baiersdorfer Plattenhornstein, L 4,5 cm B 2,2 cm

Die Fundstelle der vollständig erhaltenen Pfeilspitze – abgebildet ist die Vorder- und Rückseite – befindet sich auf der Hauptterrasse der Lenne „Am Kahlenberg", südwestlich des alten Dorfkerns von Hagen-Garenfeld. Der in 143 m NN und rund 50 m über der Flussaue gelegene Oberflächenfundplatz lieferte seit spätestens 1927 zahlreiche Artefakte und Objekte von der Altsteinzeit bis in das Frühmittelalter. Darunter befinden sich auch jungsteinzeitliche Werkzeuge und Gefäßscherben der Linearbandkeramik.

Aufgrund ihrer Form kann die beidseitig flächenretuschierte, auf den Oberflächen mit Rindenresten des Ausgangsmaterials versehene Pfeilspitze in das Jungneolithikum datiert werden. Vergleichbare Pfeilspitzen von langdreieckiger Gestalt mit leicht eingezogener Basis finden sich auch in Uferrandsiedlungen („Pfahlbauten") im zirkumalpinen Raum. Eine kulturelle Zuordnung der Pfeilspitze fällt hingegen schwer. Auf dem „Kahlenberg" bei Garenfeld wurden auch für die jungneolithische Michelsberger Kultur typische Werkzeuge, wie große Klingengeräte, Spitzklingen und Beile aus Maasflint gefunden. Da es sich aber um Lesefunde handelt, lassen sich keine sicheren Rückschlüsse ziehen.

Vom Fundplatz Garenfeld sind zahlreiche Steinartefakte bekannt, die aus weit entfernt anstehenden Rohmaterialien gefertigt wurden. Mehrheitlich bestehen sie aus Maasflint des jungsteinzeitlichen Bergbauareals bei Rijckholt. Im Fundmaterial finden sich unter anderem auch vier früh- und mittelneolithische Dechselklingen u. a. aus böhmischem Amphibolit, drei wohl mittelneolithische Klingengeräte aus süddeutschem Plattenhornstein vom Typ Arnhofen-Abensberg sowie fünf Pfeilspitzen aus Plattenhornstein, darunter auch die vorliegende Pfeilspitze, drei jungneolithische blattförmige Pfeilspitzen und eine Spitzklinge aus Rijckholt-Flint sowie fünf geflügelte Stielpfeilspitzen der endneolithischen Becherkulturen.

Das Rohmaterial der zwischen 1932 und 2010 in Garenfeld gefundenen fünf Pfeilspitzen aus Plattenhornstein stammt aus einem der größten jungsteinzeitlichen Bergbauareale in ganz Europa. Es liegt rund 500 km Luftlinie von Hagen entfernt auf der Frankenalb, zwischen den Ortschaften Baiersdorf und Keilsdorf im bayerischen Landkreis Regensburg. Das dortige Vorkommen ist Teil der sogenannten Paitener Schüssel, eine von jurassischen Massenkalkriffen umgebene Senke, in der sich Plattenkalke mit Hornsteinen in dünnen Schichten durch das Sediment ziehen. Und auf diese hornsteinführende Schichten hatten es die jungsteinzeitlichen Bergleute abgesehen. Sie wurden im 4. vorchristlichen Jahrtausend über einen Zeitraum von mehr als 500 Jahren im großen Stil bergmännisch abgebaut.

Bei der Herstellung von Steingeräten aus dem Plattenhornstein blieben meistens auf der Ober- und Unterseite mehr oder weniger große Rindenflächen übrig, die teilweise überschliffen wurden. Das plattige Rohmaterial eignete sich sehr gut zur Produktion von flachen Werkzeugen, wie Pfeilspitzen, Dolch- und Sichelklingen, nicht aber von Beilklingen. Von der Abbaustelle und umliegenden Siedlungen wurden die fertigen Steinartefakte – möglicherweise auch schon als gebrauchsfähig geschäftete Geräte – über weite Entfernungen hinweg transportiert. Der Raum Hagen und einige Fundstellen im Münsterland und in Ostwestfalen, unter anderem in jungneolithischen Erdwerken, sind die bislang nördlichste Verbreitung von Plattenhornstein-Artefakten aus dem Abbaugebiet bei Baiersdorf.

SEBASTIAN MAGNUS SONNTAG

31 Sicheleinsatz

„Am Kahlenberg", Hagen-Garenfeld
Mittel- bis Jungneolithikum, um 4.500–3.500 v. Chr.
Plattenhornstein, Typ Abensberg-Arnhofen, L 4,5cm B 1,2 cm D 0,4 cm

In Westfalen finden sich immer wieder steinerne Artefakte, die aus weit entfernt vorkommenden Rohmaterialien hergestellt wurden. Die Bestimmung der verwendeten Gesteine und Cherts sowie die Lokalisierung ihrer Herkunft sind längst noch nicht abgeschlossen. Im nordwestlichen Sauerland – an der unteren Lenne und mittleren Ruhr – liegt eine Fundkonzentration von „Importgütern" aus der Jungsteinzeit. Möglicherweise ist das ein Ergebnis der intensiven Geländebegehungen und Sammlungsaktivitäten in den vergangenen 100 Jahren. Auf der anderen Seite könnte die Funddichte auch mit den jungsteinzeitlichen Siedlungsstrukturen und Gemeinschaften zu erklären sein.

Das vorgestellte Fundstück wurde 1937 von Albert Schäfer auf der Lenneterrasse „Am Kahlenberg" bei Hagen-Garenfeld aufgelesen. Es besteht aus gebändertem Plattenhornstein vom Typ Abensberg-Arnhofen, der im Umkreis seines Vorkommens auf der Frankenalb bereits im Paläolithium verwendet wurde. Das während der Bandkeramik obertägig erschlossene und im folgenden Mittelneolithikum im Tiefbau betriebene Bergbauareal bei Abensberg umfasste 40 ha und hunderte bis auf eine Sohle von acht Metern reichende Schächte.

Die Klingenlamelle zeigt an den beiden Enden eine schräg verlaufende Retusche, der Rücken des Steingeräts wird von der natürlichen Rinde (Kortex) gebildet. An der Schneide sind feine Aussplitterungen zu erkennen. Auf eine solche typische Weise bearbeitete Klingenlamellen aus Plattenhornstein sind vor allem von süddeutschen Siedlungsplätzen bekannt. Klingen dieses Typs finden sich auch in jungsteinzeitlichen Siedlungen in Westfalen und im Rheinland, wobei sie hier aus baltischem Flint oder Maasflint bestehen. Die retuschierten Klingen wurden an ihren naturbelassenen, aus der Cortex gebildeten Rücken z. B. mit Birkenteer in die Schäftungsrillen von hölzernen Sicheln verklebt. Die durch längeren Gebrauch entstandene Schartigkeit und der vielfach an den Schneiden der Sichelklingen erkennbare „Lackglanz" sind auf den Kontakt mit siliziumhaltigen Getreidehalmen zurückzuführen. Führten die Gebrauchsspuren zum Verschleiß der Silexklingen, konnten sie im Kompositgerät durch neue Klingen ersetzt werden.

RALF BLANK

32 Felsovalbeil

Burgweg, Hohenlimburg-Elsey
Jungneolithikum, um 3.800 v. Chr.
Grauwackenquarzit, L 20,5 cm Dm 8,0 cm

Es muss nicht immer ein exotisches, aus weit entfernten Regionen stammendes Rohmaterial sein, um daraus funktionale Steingeräte herzustellen. Dechsel-, Beil- und Axtklingen aus Lousberg- (S. 90) oder Rijckholt-Feuerstein (S. 94) aus der Maasregion sowie Amphibolit aus Böhmen (S. 72, 74) sind relativ häufig auf neolithischen Plätzen in Westfalen zu finden. Doch gerade in den jüngeren Zeitabschnitten der Jungsteinzeit bestehen die alltäglich genutzten Beilklingen oft aus örtlich verfügbaren Rohstoffen. Geradezu klassisch steht hierfür ein sogenanntes Felsovalbeil aus Hagen-Elsey. Es wurde bereits vor Jahrzehnten bei Bauarbeiten am dortigen Burgweg gefunden; die Form des in etwa mittigen Querschnitts des spitznackigen Stückes bedingt die Bezeichnung.

Als Ausgangsstück haben die Menschen – vermutlich in den Flussschottern der Lenne – ein längliches Geröll gesucht, das aus einem recht zähen Gestein besteht. Dichter Grauwackenquarzit ist hierfür prädestiniert und fand bei uns häufig Verwendung. Das Geröll wurde anschließend mit einem Schlagstein vollständig überarbeitet – „überpickt" – und in die gewünschte Grundform gebracht. So entstand eine im Querschnitt rundovale, längliche Beilklinge mit spitzem Nacken und relativ breiter Schneide. Endgültig fertiggestellt war das Stück erst, nachdem vor allem die Schneidepartie und mehr oder minder intensiv auch der übrige Beilkörper überschliffen worden war.

In unserem Fall wurde neben der Schneide- vor allem noch die Nackenpartie stärker überschliffen, während sich in der Mitte des Beilkörpers die zahllosen Pickspuren noch gut erkennen lassen. Der Schliff geschah in einer sogenannten Schleifwanne unter Hinzugabe von Wasser und Quarzsand als Schleifmittel. Wurde die Beilklinge beim Gebrauch beschädigt, vielfach kam es zu Schneiden- und Nackenbrüchen, konnte sie unter Umständen mit den gleichen Arbeitsschritten wieder recycelt werden.

Der sich etwa zur Mitte deutlich verdickende Körper der Beilklinge gewährleistete beim Gebrauch einen stabilen Halt im Beilholm. Die Schneide wurde parallel geschäftet, mitunter in ein Zwischenfutter beispielsweise aus Hirschgeweih eingesetzt, um die Schlagwucht abzumildern und so die hölzerne Schäftung zu schonen. Entsprechende Beilholme – aus Eschen- und Buchenholz gefertigt – sind unter anderem in den Pfahlbausiedlungen des Alpenraums gefunden worden.

Beilklingen mit einem runden oder ovalen Querschnitt sind eine sehr typische Geräteform des jüngeren Neolithikums, besonders in der weitverbreiteten jungneolithischen Michelsberger Kultur (ca. 4300 bis 3500 v. Chr.). Neben importierten und regional vorkommenden Felsgestein-Varietäten, wie Amphibolit und Grauwackenquarzit, bestehen sie häufig aus bergfrisch gewonnenen westeuropäischen Feuersteinsorten. Sie wurden unter anderem in den neolithischen Bergwerken bei Rijckholt und Valkenburg im Maasgebiet abgebaut.

MICHAEL BAALES

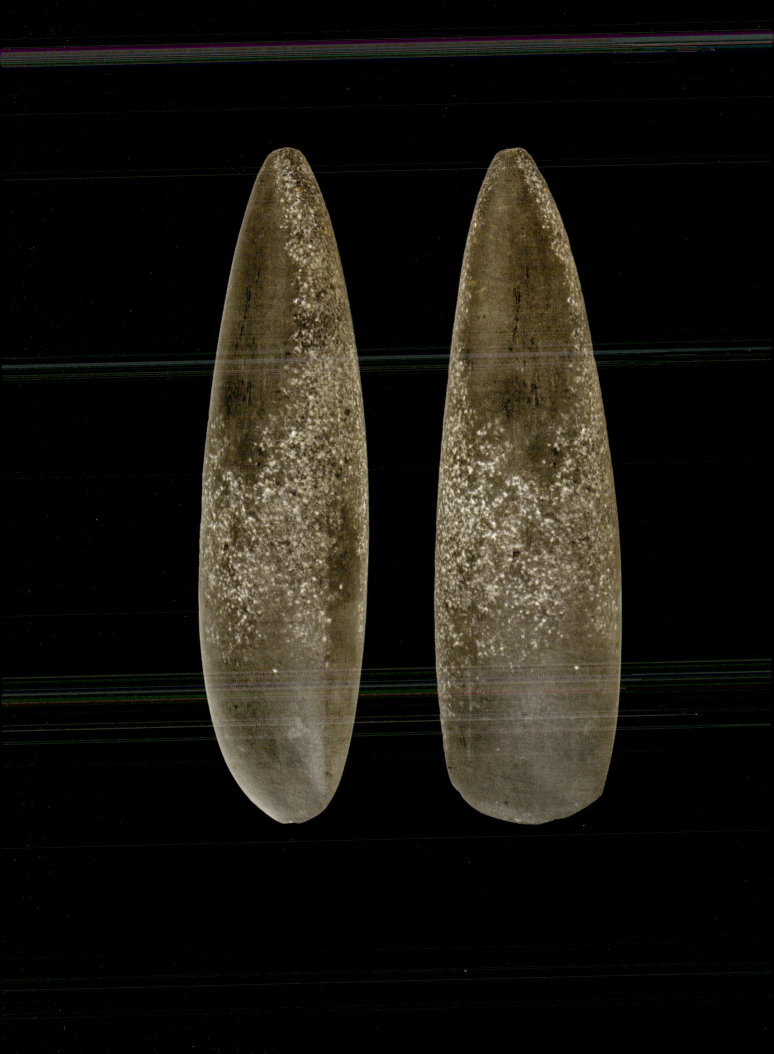

33 Beilklinge

„Auf dem Käsberg", Hagen-Haspe
Spätneolithikum, um 3.500–3.000 v. Chr.
Lousberg-Flint, Aachen, L 9,0 cm B 4,0cm D 2,4 cm

Die Beilklinge wurde 1934 nahe beim Hof Pfingsten (Käsberg-straße 7, Haspe) auf einem frisch gerodeten und gepflügten früheren Waldstück entdeckt. Der Fundort liegt nördlich von Westerbauer bei Hagen-Haspe in rund 165 m NN auf der Hochfläche „Auf dem Käsberg". Vom damaligen Leiter des Ruhrtalmuseums in Schwerte, Josef Spiegel, wurde die Beilklinge dem Westfälischen Amt für Bodendenkmalpflege in Münster gemeldet. Spiegel identifizierte auch das Rohmaterial der Beilklinge: es stammt vom Lousberg bei Aachen.

Die Oberfläche der Beilklinge wurde durch einen Facettenschliff überarbeitet. Auf den Breit- und Schmalseiten sind nur geringe Spuren des aus der Flintplanke präparierten Rohlings erkennbar. Der Nacken zeigt eine wahrscheinlich bereits vor der Herstellung der Beilklinge vorhandene Bruchfläche. Auffällig ist die schief gestellte Form der Schneide. Sie könnte auf eine Funktion z. B. als Dechsel für die Holzbearbeitung hindeuten.

Die Beilklinge besteht, wie bereits der Schwerter Museumsleiter nach ihrer Auffindung richtig erkannt hatte, aus einem auf dem Lousberg bei Aachen anstehenden, rötlich-grau gefärbten Feuerstein. Die intensive Rotfärbung des ursprünglich grauen Flints entstand durch Eisenoxid, das in die Oberflächen des auf dem Lousberg in Plattenlagen anstehenden Feuersteins – anders als z. B. in Rijckholt, wo größere Flintknollen abgebaut wurden – eingedrungen war. Die Farbgebung ist in der Regel ein wichtiges Merkmal, um Beilklingen aus Lousberg-Flint zu identifizieren. Wie ^{14}C-Daten belegen, wurde der Feuerstein auf dem Lousberg zwischen 3.800 und 3.000 v. Chr. obertägig abgebaut. Archäologische Untersuchungen auf der beinahe vollständig abgetragenen Bergkuppe im Norden von Aachen förderten nicht nur die Spuren des jungsteinzeitlichen Bergbaus zutage. Auch die in Siedlungen im Vorfeld des Bergwerks gelegene Produktion von Beilklingen von der Herstellung der Rohlinge bis zu den fertig geschliffenen Geräten konnten nachvollzogen werden.

Die Hauptverbreitung von Beilklingen aus Lousberg-Flint liegt im Umkreis von rund 50 km um das Feuersteinbergwerk. Von dort aus streuen die Funde nach Norden entlang der Maas und in das linksrheinische Gebiet. In östliche Richtung verteilen sich die Beilklingen über das Bergische Land in das nordwestliche Sauerland sowie zwischen Ruhr und Lippe entlang des Hellwegs bis nach Ostwestfalen und ins Münsterland. Als Einzelfunde können sie in Nordhessen und im Weserraum, dort befinden wir uns rund 280 km von der Abbaustelle entfernt, nachgewiesen werden. Anscheinend erreichte die Verteilung des nahezu ausschließlich für Beilklingen verwendeten Lousberg-Flint bei weitem nicht die überbrückten Entfernungen und die Funddichte von Maasflint aus den Bergbauarealen bei Rijckholt, Valkenburg und Rullen.

Etwas problematischer als die anhand des Rohmaterials nachvollziehbaren Aussagen über die Verbreitung der Beilklingen und die Datierung des Bergbaues auf dem Lousberg ist die Einordnung in einen kulturellen Zusammenhang. Die Radiokarbon-Daten der Abbauspuren legen auf den ersten Blick eine Verbindung mit der jungneolithischen Michelsberger Kultur nahe. Allerdings gibt es keine eindeutig gesicherten Befunde für Beilklingen aus Lousberg-Flint in Michelsberger Siedlungen und Erdwerken; dort herrscht der Rijckholt-Flint vor. Ebenso fehlen Artefakte aus Lousberg-Flint in westfälischen und nordhessischen Galeriegräbern der spätneolithischen Wartberg-Gruppe, wo ebenfalls Maasfeuerstein u. a. aus Rijckholt vorkommt. Daher wird aktuell ein Zusammenhang der Beilklingen vom Lousberg bei Aachen mit einer bislang noch nicht greifbaren spätneolithischen Kulturströmung diskutiert.

RALF BLANK

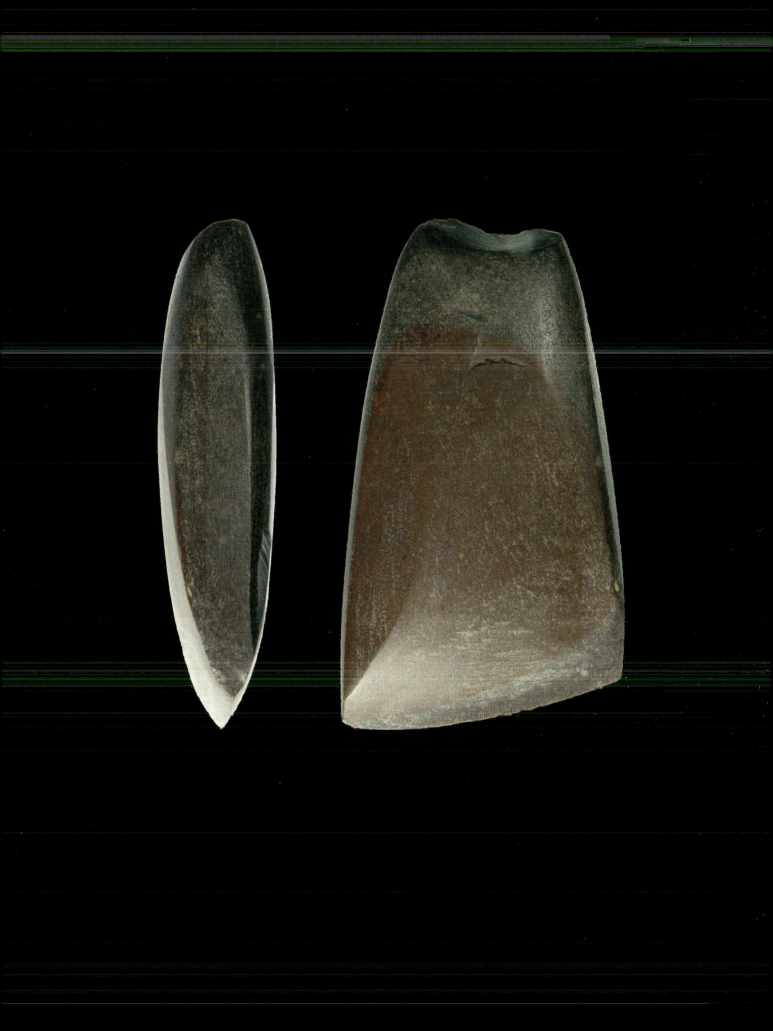

34 Beilklingen

[oben: Hohenlimburg-Elsey, um 1825; Jadeit, Monte Viso, Cottische Alpen, L 9,5 cm B 6,0cm D 2,5 cm
unten: „Donnerkuhle", Hagen-Eppenhausen, um 1970; Eklogit, Umg. Monte Viso, Cottische Alpen,
L 10,5 cm B 5,4 cm D 2,4 cm, Jungneolithikum, ca. 4.000–3.200 v. Chr.]

In Südwestfalen werden immer wieder steinerne Äxte und Beile aus der Jungsteinzeit entdeckt. Unter den aus Flint und Gestein gefertigten „Steinbeilen" fallen einige Fundstücke auf. Sie sind hochwertig gearbeitet und bestehen aus einem grünlichen bis schwarzen, sehr harten und nicht in der Region vorkommenden Rohmaterial. Dabei handelt es sich meist um Jadeit und Eklogit: mineralisch-kristalline bzw. metamorphe Gesteine, die unter anderem im westalpinen Raum anstehen. Beilklingen aus Jadeit sind sorgfältig geschliffen, teilweise auch poliert, gelegentlich zeigen sie noch Spuren des gepickten Rohlings, außerdem liegen sie in unterschiedlichen Ausführungen und Formentypen vor. Die bis zu 40 cm langen Jadeitbeile mit einem flachen bis ovalen Querschnitt und spitzem Nacken sind aus dem Raum Hagen bislang noch nicht bekannt. Solche als „Prunkbeile" bezeichneten Beilklingen gelten in der Forschung als jungsteinzeitliche Status-symbole mit einer mutmaßlich rituellen Bedeutung. Dafür sprechen ihre gelegentlich beobachtete Auffindung mit der Schneide nach oben und die besonders gelegenen Fundorte, wie in Mooren, Seen und Flüssen, aber auch an Felsen und anderen ungewöhnlichen Orten.

Deutlich häufiger als die überdimensionierten, wohl in kultischen Zusammenhängen stehenden Jadeitbeile sind in Westfalen kleine bis mittelgroße Beilklingen aus Jadeit bzw. Ekoglit gefunden worden. Sie zeigen einen ovalen, gelegentlich auch rechteckigen Querschnitt und einen spitzen bis abgerundeten Nacken. Auch das in Elsey gefundene Jadeitbeil sowie das spitznackige Eklogitbeil aus der „Donnerkuhle" bei Hagen-Eppenhausen gehören dieser im Vergleich zu den ‚Prunkbeilen' kleinformatigen Gruppe an. Wahrscheinlich erfolgte die Produktion der in der Umgebung ihrer alpinen Abbauorte fertiggestellten Beilklingen nach genormten Formen und Größen.* Möglicherweise handelte es sich bei den Jadeitbeilen bis zu 15 cm Länge eher um profane Arbeitswerkzeuge. Doch gesichert sind solche Annahmen nicht, da derartige Beilklingen bislang als Einzelfunde, nicht aber in Siedlungs- und Grabbefunden entdeckt wurden. Einige kleinere Jadeitbeile konnten in ihrer Fundlage ebenfalls mit der Schneide nach oben dokumentiert werden oder fanden sich an außergewöhnlichen Orten, wie das Eklogit-Beil von der „Donnerkuhle" in Eppenhausen.

Die in den norditalienischen Südwestalpen gelegenen jungsteinzeitlichen Abbaugebiete von Jadeit am Monte Viso in Piemont und um den Monte Beigua in Ligurien sind seit 2003 bekannt. Die Produktion von Beilrohlingen aus den obertägig aufgeschlossenen Gesteinsblöcken erfolgte vor Ort und anscheinend saisonal. In den Tälern unterhalb der Steinbrüche und im Umland, wo die Siedlungen lagen, wurden die an den Abbaustellen zugerichteten Rohlinge zu Beilklingen geschliffen. ^{14}C-Datierungen setzen den Tagebau von Oncino-Porco in rund 2.250 m Höhe am Monte Viso bislang in einen Zeitraum von 5.200 bis 3.700 v. Chr., der Abbau und die Beilproduktion wurden bis um 3.000 v. Chr. fortgesetzt.

Die Verbreitung von Beilklingen aus den alpinen Lagerstätten in den Cottischen Alpen erstreckt sich über den west-, mittel- und südosteuropäischen Kontinent nach Norden bis auf die britische Insel und in den skandinavischen Raum – aus Nordrhein-Westfalen sind rund 50 kleinere und größere Exemplare bekannt. Doch zu welcher Zeit die unterschiedlichen Typen zugehörigen Beilklingen aus Elsey und Eppenhausen in den Boden gelangten, bleibt unbekannt. Größe und Form der beiden Fundstücke sprechen für eine Datierung in das Jungneolithikum im vierten vorchristlichen Jahrtausend. Allerdings waren Jadeitbeile wohl über einen längeren Zeitraum in Gebrauch bzw. im Umlauf.

RALF BLANK

*Freundliche Mitteilung von Dr. Lutz Klassen, Museum Østjylland, Randers, Dänemark.

35 Spitzklinge

Hagen-Emst, „An der Egge"
Jung- bis Spätneolithikum, um 3.500–3.000 v. Chr.
Rijckholt-Flint; Maastricht, niederländische Prov. Limburg, L 13,0 cm B 3,0 cm

Am 2. Dezember 1955 wurde im Hagener Stadtteil Emst bei Ausschachtungsarbeiten für das Jungarbeiter-Wohnheim („August-Hermann-Francke-Haus") der Inneren Mission im Kirchenkreis Hagen ein außergewöhnliches Fundstück entdeckt. Im Erdaushub der Baustelle – gelegen an der Straße „An der Egge 4", südöstlich des alten Emster Ortskerns – fand der Anwohner Fritz Scharlemann eine sogenannte Spitzklinge aus Feuerstein. Der Fundpunkt auf dem Gelände eines heute vom Diakonischen Werk Ennepe-Ruhr genutzten Gebäudekomplexes liegt in rund 210 m NN am westlichen Rand der weiträumigen Emster Hochfläche. Zum Volmetal hin schließen sich südwestlich des Fundpunkts bei Delstern talseitig schroffe Felsformationen und Karst des Massenkalks an.

Die Spitzklinge aus Emst wurde aus niederländischem Rijckholt-Flint gefertigt. Das Vorkommen von Rijckholt und St. Geertruid bei Maastricht in der Provinz Limburg liefert einen hell- bis dunkelgrau gefärbten, opaken Feuerstein. Der auch in Flußschottern der Maas anzutreffende Flint ist bereits in den Steingeräte-Inventaren von Siedlungen der Linearbandkeramik im Rheinland und in Westfalen zu finden. Spätestens im Jungneolithikum wurde der Feuerstein bei Rijckholt und St. Geertruid im Tiefbau über abgeteufte Schächte gewonnen. Artefakte aus dem Flint dieses Bergbauareals erreichten eine weite Verbreitung. Aus Rijckholt-Flint gefertigte Geräte streuen bis in den alpinen Raum, wie in jung- und spätneolithischen Uferrandsiedlungen, und in die norddeutschen Küstengebiete hinein. Auch auf südwestfälischen Fundplätzen fanden sich zahlreiche Werkzeuge und Waffenprojektile aus Rijckholt-Flint, darunter Pfeilspitzen, Abschlaggeräte und Beilklingen.

Die Spitzklinge von Emst wurde aus einem qualitativ hochwertigen Rohmaterial des Bergbauareals bei Rijckholt-St. Geertruid gearbeitet. Als Grundform diente ein von einem bergfrischen, großen Kern im „weichen" Schlag über ein Zwischenstück abgelöster, klingenförmiger Abschlag. Während die Basis der Klinge den belassenen Schlagbuckel (Bulbus) zeigt, trägt das obere Drittel eine sorgfältige, an den Kanten zu einer Spitze hin gearbeitete Retusche; die Unterseite blieb unbearbeitet. Im Vergleich zu anderen Spitzklingen handelt es sich um ein besonders sorgfältig hergestelltes, auch wegen der beachtlichen Länge außergewöhnliches Exemplar.

Wahrscheinlich wurden die in einem Griffstück aus Holz, Bein oder Geweih geschäfteten Spitzklingen, besonders größere Exemplare wie das Fundstück aus Emst, als Dolche verwendet. Im Spät- und Endneolithikum fanden aus langschmalen Klingenabschlägen gefertigte Spandolche – etwa die aus dem französischen Grand Pressigny-Feuerstein hergestellten Exemplare – sowie bis in die Frühbronzezeit auch bifazial, mit oder ohne Griff gearbeitete Flintdolche (S. 106) eine weite Verbreitung.

Bei der Entdeckung der Spitzklinge auf der Emster Hochfläche im Dezember 1955 wurden anscheinend keine weiteren Funde gemacht, auch erfolgte keine Untersuchung nach Hinweisen auf den Fundzusammenhang und Dokumentation der Baustelle. Daher lassen sich keine Angaben über die Niederlegung – Grab oder Siedlung – und die zeitliche sowie kulturelle Einordnung machen. Da vergleichbare Spitzklingen aus Maasflint sowohl in Siedlungen und Erdwerken der jungneolithischen Michelsberger Kultur als auch in Galeriegräbern der spätneolithischen Wartberg-Kultur (3.500–2.800 v. Chr.) auftreten, kommt am ehesten eine Einordnung in das späte vierte vorchristliche Jahrtausend in Frage.

RALF BLANK

36 Hammeraxt

Tücking, Hagen-Haspe
Endneolithikum, ca. 2.800–2.500 v. Chr.
Felsgestein, L 15,0 cm B 6,0 cm, Dm (Innen) 2,3 cm

Steinerne Äxte treten bereits in der mittelneolithischen Rössener Kultur auf. Bis in das Endneolithikum, zuletzt teilweise in Anlehnung an frühe Kupferäxte, entwickelten sich zahlreiche Typen und Ausprägungen. Alle Äxte besitzen eine Durchbohrung zur Aufnahme des hölzernen Stiels. Von ihrer mutmaßlichen Funktion sind sie als Waffen – wie die früher benutzte Bezeichnung als „Streitaxt" vermittelt – anzusprechen.

Das Anfang der 1930er Jahren bei Erd- und Rodungsarbeiten auf dem Tücking in rund 235 m NN entdeckte Fundstück ist vom Typ her eine gemeineuropäische Hammeraxt. Derartige Hammeräxte werden in einem Zusammenhang mit der endneolithischen, in viele Regional- und Lokalgruppen aufgeteilten Einzelgrabkultur und Schnurkeramik gestellt. Leider sind die genauen Fundumstände nicht überliefert, sodass es offenbleiben muss, ob es sich um eine Beigabe aus einem durch die Erd- und Rodungsarbeiten zerstörten Grabhügel gehandelt hatte.

Die Hammeraxt wurde aus einem graubraunen, feinkristallinen Felsgestein vermutlich skandinavischer Herkunft gefertigt. Die Bohrung ist symmetrisch und im Schwerpunkt des Axtkörpers angeordnet. Am Nackenstück befindet sich eine alte Beschädigung in Form eines Abschlags, die Schneide ist bogenförmig abgesetzt. Eine Schmalseite zeigt Brandspuren, die wahrscheinlich auf die Zerstörung des Sauerländischen Museums für Vor- und Frühgeschichte in Hagen am Abend des 15. März 1945 zurückzuführen sein wird.

Aus dem Ruhr-Lenne-Volme-Raum sind mehrere Hammeräxte bekannt geworden. Ein interessantes Fundstück fand sich in den 1950er Jahren an der „Donnerkuhle" in Hagen-Eppenhausen. Bei der Erweiterung des Steinbruchs in Richtung Emst und Haßley wurde ein Grabhügel angeschnitten und zerstört. Aus dem von rotem Ocker bzw. Hämatit gefärbten Inneren des Hügels konnten neben wenigen groben, wenig aussagekräftigen Keramikscherben auch das in der Schäftung gebrochene, intensiv rot eingefärbte Nackenstück einer gemeineuropäischen Hammeraxt gefunden werden. Leider erfolgte – wie so oft in Hagen – keine wissenschaftliche Untersuchung und systematische Bergung dieses bemerkenswerten Befundes.

RALF BLANK

Durch Rötel (Hämatit) eingefärbtes Nackenstück einer endneolithischen Hammeraxt aus einem Grabhügel an der „Donnerkuhle" in Hagen-Eppenhausen.

37 Flintrechteckbeile

oben: „Auf der Halle", Hagen-Haspe, L 10,2 cm B 4,6 cm
unten: „Sudfeld", Hagen-Halden, L 10,5 cm B 4,0 cm
Endneolithikum, ca. 3.300–2.200 v. Chr., Nordischer Feuerstein

In der Region um Hagen wurden zahlreiche Beilklingen aus Fels- und Feuerstein gefunden. Ihre zeitliche und kulturelle Einordnung, sofern sie sich typologisch einordnen lassen, reicht von der Linearbandkeramik im Frühneolithikum über die Rössener Kultur im Mittelneolithikum und die Michelsberger Kultur im Jungneolithikum bis zu Axt- und Beilklingen des Spät- und Endneolithikums.

Beim ersten Fundstück handelt es sich um ein sogenanntes Dickblattiges Flintrechteckbeil. Die Bezeichnung „dickblattig" bezieht sich auf die Dicke der im Querschnitt rechteckigen Beilklinge an den Schmalseiten und am Nacken. Gefertigt wurde das Flintrechteckbeil aus einem hellgrauen, nordischen Feuerstein, wie er beispielsweise im Ostseeraum vorkommt. Die Oberflächen sind partiell überschliffen, vielfach ist die Zurichtung des Rohlings zu erkennen. Gefunden wurde die Beilklinge bei landwirtschaftlichen Arbeiten auf der Flur „Auf der Halle" oberhalb des Ennepetals in Hagen-Haspe. Auf diesem Flurstück sind zahlreiche weitere Steinzeitfunde zutage gekommen, darunter Pfeilspitzen und mehrere große, in das Jungneolithikum einzuordnende Klingengeräte aus Rijckholt-Flint des Maasgebiets.

Das zweite Fundstück ist ein sogenanntes Dünnblattiges Flintrechteckbeil, dessen Bezeichnung sich ebenfalls auf die Formgebung der Beilklinge bezieht. Dieses Flintrechteckbeil besteht aus einem dunkelgrauen, nordischen Flint. Als Besonderheit zeigt die Oberfläche deutliche Spuren einer Hitzeeinwirkung, die wahrscheinlich beim Brand des Hagener Vorgeschichtsmuseums am Abend des 15. März 1945 entstanden waren. Der Fundort liegt am „Sudfeld" in Hagen-Halden, über den Zusammenhang und Beobachtungen ist nichts bekannt.

Beide Flintrechteckbeile können in das Endneolithikum zwischen 3.300 und 2.200 v. Chr. datiert werden. Schwieriger gestaltet sich eine genauere Einordnung, da solche Beilklingen in Nordwest-, Nord- und Mitteldeutschland in verschiedenen Regionalgruppen der Einzelgrabkultur verbreitet waren. Offenbleiben muss auch, ob die Beilklingen als Grabbeigaben, was wahrscheinlich ist, oder aber als Hort- bzw. Siedlungsfunde zu bewerten sind.

RALF BLANK

38 Stielpfeilspitzen

oben: „Am Kahlenberg", Hagen-Garenfeld; unten links: „Am Hölken", Hagen-Haßley; unten rechts: „Donnerkuhle", Hagen-Eppenhausen, Endneolithikum bis Frühbronzezeit Nordischer Feuerstein, L 2,5 – 3,5 cm

Pfeilspitzen sind bei Geländeprospektionen auf einer Ackerfläche begehrte archäologische Fundstücke. Sie lösen zumeist eine große Faszination aus: Das gelegentlich auch exotische Rohmaterial erzählt etwas über die weiträumigen Verbindungen der damaligen Menschen, die Spuren auf dem Stück etwas zur Herstellungsweise, ihre Form verrät etwas über ihr Alter und die Art und Weise, wie sie verwendet wurden. Heimatforscher und Archäologen freuen sich daher besonders, wenn sie die schönen, dünnen, mitunter beidseitig vollständig überarbeiteten, häufig dreieckigen Pfeilspitzen des Neolithikums erstmals seit Jahrtausenden im Boden in Händen halten.

Viele der angesprochenen Kriterien treffen z. B. auf solche Stücke zu, die geflügelt sind und zusätzlich einen Schaftdorn aufweisen. Gestielte und/oder geflügelte Pfeilspitzen sind echte Meisterwerke der Steinbearbeitungskunst. Die Herstellung des dünnen, gleichmäßig überarbeiteten Blattes, die Herausarbeitung der Flügel und des kleinen Schaftdorns erfordern große Geschicklichkeit und Routine. Die Kanten der Stücke weisen oft sehr kleine Ansatzstellen der Bearbeitung (Retuschierung) auf, die Kanten des kleinen dreieckigen Blattes wirken dann, als hätte man kleine Sägezähne eingearbeitet. Dies führte bei der Jagd sicher zu besonders großen Wunden, sodass ein getroffenes Tier schnell verblutete und somit in nicht allzu weiter Entfernung tot zusammenbrach. Pfeilspitzen dienten aber auch als Waffen, die gegen Menschen eingesetzt wurden, wie mehrere Befunde – nicht zuletzt auch die Gletschermumie „Ötzi" – belegen.

Mein Kollege Jürgen Weiner ist sich sicher, dass die kleinen Sägezähne ein Beleg dafür sind, dass zum Retuschieren ein Gerät (ein Schaft z. B. aus Geweih oder Holz) mit einem kleinen, spitzen Kupferdorn genutzt worden sein muss, sodass sich die Feuersteinkanten sehr gezielt und fast punktuell durch Druckausübung bearbeiten ließen. So ist die Nutzung des ersten Metalls Kupfer zumindest indirekt durch derartige Funde belegt.

Die drei abgebildeten Pfeilspitzen von verschiedenen Fundplätzen in Hagen lassen sich selten genau datieren. Sie sind zum einen typisch für die Endphase des Neolithikums, die Glockenbecherkultur (ca. 2.500 bis 2.200 v. Chr.). Bei den unter Grabhügeln bestatteten Männern werden häufig derartige Pfeilspitzen gefunden, die dann auf die Beigabe eines Bogens samt Köcher mit Pfeilen rückschließen lassen. Zum anderen sind sie auch noch in der frühen Bronzezeit verwendet worden, da zu dieser Zeit – und gerade in Westfalen – Kupfer- und Bronzegegenstände besonders wertvoll und daher selten waren.

MICHAEL BAALES

Grabhügel in dem durch Dolomitabbau zerstörten Waldstück am früheren „Hölken" bei Haßley, fotografiert 1937 von Albert Schäfer.

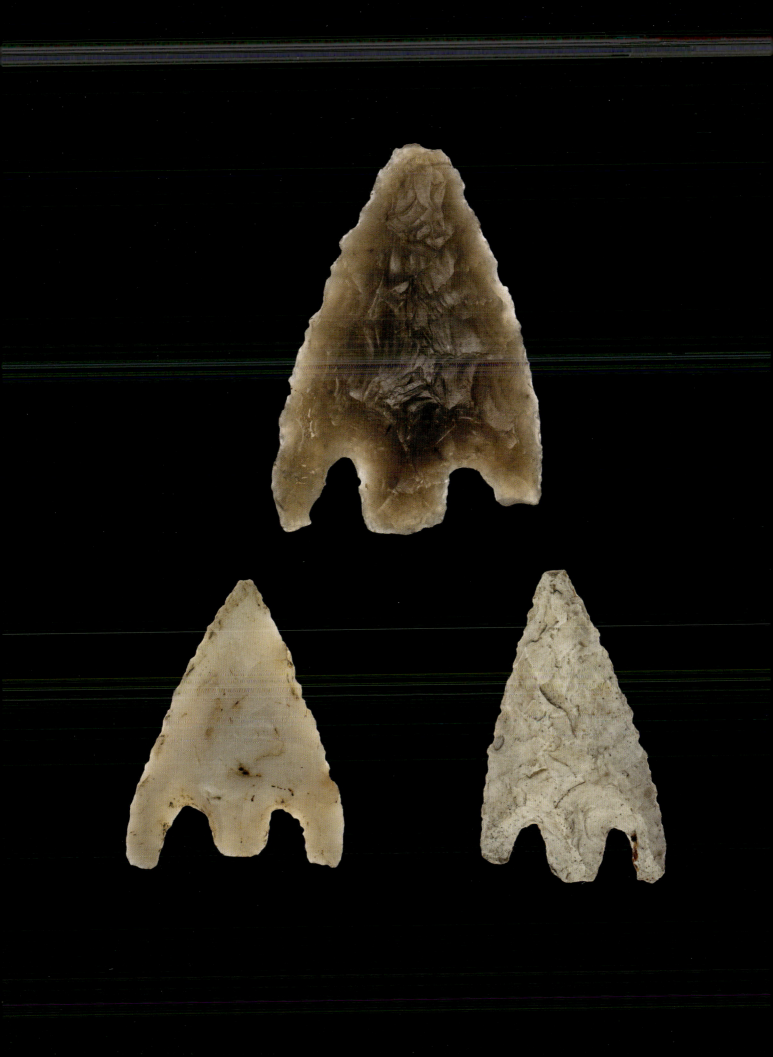

39 Griffdolch

„Königsheide", Breckerfeld
Spät- bis Endneolithikum, um 3.500–2.500 v. Chr.
Hornstein, wahrscheinlich aus dem Alpenraum, L 8,5 cm B 3,5 cm D 0,5 cm

Die Dolchklinge wurde in den 1950-er Jahren als Lesefund auf einem gepflügten Acker an der „Königsheide" bei Breckerfeld gefunden. Der Griffdolch – die Spitze ist auf einer Länge von etwa einem Zentimeter leider abgebrochen – zeigt leichte Beschädigungen und Rostspuren, die darauf hindeuten, dass er aus dem Pflughorizont eines Ackers stammt. Es ist daher anzunehmen, dass bei der Auffindung kein Befundzusammenhang erkennbar war und dieser auch bereits zerstört war.

Typologisch handelt es sich um einen beidseitig flächenretuschierten Dolch mit scharf abgesetzter Griffzunge. Es sind auf beiden Seiten der Klinge unterhalb des Griffstücks auch zwei kleine Kerben erkennbar, die wohl zur Fixierung der (nicht erhaltenen) Schäftung aus organischem Material beitragen sollten, ähnlich wie sie auch bei der Dolchklinge des bekannten „Ötzi" vorhanden sind. Die Form ist sicherlich von Kupferdolchen beeinflusst, die zur wahrscheinlichen Entstehungszeit unseres Fundstücks auch schon existierten.

Gut vergleichbare Formen kennt man aus Westfalen nicht, wohl aber im Raum um die Alpen herum, wie beispielsweise aus den Uferrandsiedlungen („Pfahlbauten") des Bodenseeraums. In diese geographische Richtung weist auch das verwendete Material, denn es handelt sich offenbar um Hornstein, der in Westfalen nicht vorkommt. Seine Herkunft ist deutlich weiter südlich zu suchen, beispielsweise kommt Hornstein im Vorfeld des Fränkischen Jura in vielen verschiedenen Varietäten vor. Aber auch eine Herkunft aus einem Raum noch weiter südlich, in Norditalien etwa, lässt sich ohne weitergehende, bei diesem Objekt noch ausstehende Untersuchungen nicht ausschließen.

Das Fundstück stammt sicherlich aus dem Spät- und Endneolithikum, aber eine genauere Datierung fällt schwer. Der Entstehungszeitraum kann nur grob mit zwischen etwa 3.500 bis 2.500 v. Chr. angegeben werden. In jedem Fall dürfte der Griff-dolch allein schon aufgrund des auffälligen fremden Materials im Westfalen dieser Zeit geradezu exotisch gewirkt haben. Deshalb ist auch anzunehmen, dass die kleine Dolchklinge nicht nur als Waffe oder Werkzeug diente, sondern gleichzeitig wohl auch ein wertvolles Statussymbol darstellte. Diese Vermutung lässt auch Hinweise auf das Motiv der Niederlegung des Fundstücks im heutigen märkischen Sauerland bei Breckerfeld zu. Es dürfte sich kaum um einen Siedlungsfund, sondern vielmehr um eine Grabbeigabe oder aber um eine Deponierung in einem kultisch-rituellen Zusammenhang gehandelt haben.

STEPHAN DEITERS

Bronzezeit

Auf die längste Epoche der Menschheitsgeschichte – die Steinzeit – folgten die Metallzeiten, beginnend mit der Bronzezeit. Das namengebende Metall ist eine Legierung aus mindestens 60 % Kupfer mit Zinn bzw. mit Arsen. Bis auf sehr seltene natürliche Erzvorkommen, die sowohl Kupfer und Zinn enthalten, müssen die Metalle getrennt voneinander aus verschiedenen Erzen gewonnen und dann zusammen legiert werden. Diese komplexe Herstellungsweise entwickelte sich erst allmählich aus der jüngeren Steinzeit heraus. Am Ende der Jungsteinzeit wurde zunächst Kupfer erschmolzen und aus diesem Schmuck und Geräte geformt, wie beispielsweise ein Kupferflachbeil aus Volmarstein. Wahrscheinlich experimentierten die ersten Hüttenleute mit verschiedenen Erzen und kombinierten die Schmelze, bis sie die Bronze entdeckten.

Doch wofür dieser Aufwand? Während der Bronzezeit blieben nämlich Steinwerkzeuge weiterhin in Gebrauch und fanden sich sicher im Alltagsgut des Durchschnittsmenschen häufiger als Bronzegeräte. Bronze konnte aber genauso hart oder härter als Stein sein und durch die Möglichkeit des Gusses war es möglich, bereits bekannte Geräte zu optimieren: So konnten Bronzebeile derart geformt werden, sodass bei ihnen eine viel stabilere Schäftung als bei Steinbeilen möglich war. Zudem konnte ein gebrochenes Beil eingeschmolzen und neu gegossen werden, während Steinwerkzeuge grundsätzlich nur sehr eingeschränkt reparaturfähig sind.

Noch wichtiger sind aber die Neuschöpfungen der Bronzezeit wie Metallgefäße, Armringe oder Schwerter. Letztere waren Spitzenprodukte bronzezeitlicher Metallurgen und standen nur der Spitze der Gesellschaft zur Verfügung. Gerade die beschränkte Verteilung von Bronzeobjekten in der Gesellschaft ist ein Charakteristikum der Epoche und lässt eine zunehmende Differenzierung der Gesellschaft erkennen. Beispielsweise konnten Bronzebeile die Standardausrüstung von Kriegerverbänden sein, während Schwerter wahrscheinlich nur ihren Anführern vorbehalten blieben.

Während der Bronzezeit lebte die Mehrheit der Menschen im Gebiet des heutigen Hagens, im nordwestlichen Sauerland und des Hellwegraums weiterhin als Bauern, nur selten durchstreiften Menschen das für Ackerbau wenig attraktive Mittelgebirge. Wahrscheinlich um Viehherden in den Wäldern weiden zu lassen oder auf der Suche nach Pelzen oder Erzen. Die Bestattungssitten wandelten sich von jungsteinzeitlichen Körpergräbern hin über Grabhügel bis zu Brandgräbern – eine Entwicklung, die mangels nachgewiesener und archäologisch untersuchter Gräber im Umfeld Hagens bislang nicht nachvollziehbar ist.

Demgegenüber belegen die zunehmende Zahl an Fundobjekten aus Bronze vermehrte Kontakte in benachbarte Regionen. Dabei wurden nicht nur Gegenstände übernommen, sondern auch Glaubensvorstellungen: Absichtlich wurden nämlich wertvolle Bronzegegenstände dem Gebrauch entzogen, in Gewässern versenkt oder nahe bei markanten topografischen Punkten vergraben bzw. versteckt, darunter auch drei am Kaisberg bei Hagen-Vorhalle gefundene bronzene Langschwerter. Ob diese Waffen an dem auffälligen Berg im Mittelruhrtal deponiert wurden, um sie einem Gott zu weihen oder um verbrannten Toten in das Totenreich zu folgen, bleibt unklar. Die Hortsitte bescherte aber zumindest dem vorliegenden Band „Hagener Fundstücke" einige herausragende Bronzen ihrer Epoche.

MANUEL ZEILER

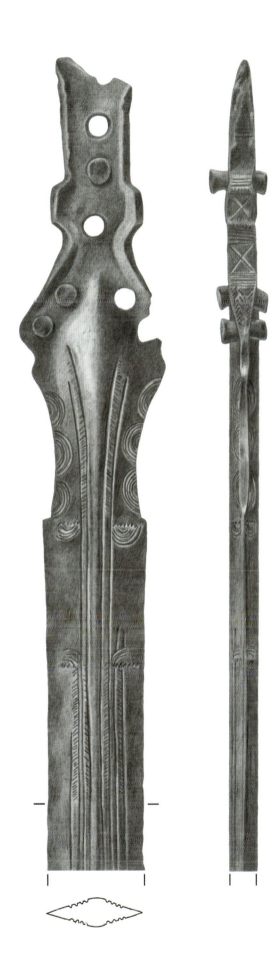

Zeichnung des verzierten Griffstücks eines der drei jüngerbronzezeitlichen Langschwerter vom Kaisberg in Hagen-Vorhalle.

40 Griffdolch

[
Herdecke-Ende, Endneolithikum / Frühe Bronzezeit, ca. 2.200–1.800 v. Chr.
Bryozoen Feuerstein, Südskandinavien (wahrscheinlich Dänemark),
L 17 cm B 3,7 cm D 1,4 cm
]

Der Griffdolch wurde in den 1930er Jahren angeblich bei Bauarbeiten nördlich von Herdecke entdeckt. Das Fundgebiet liegt in rund 255 m NN auf einer Hochfläche des Ardey-Gebirges. Leider sind die näheren Fundumstände und der Finder unbekannt, möglicherweise ergeben sich aus einer Sichtung der umfangreichen Altakten der Hagener Museen aus den Jahren 1929 bis 1948 noch nähere Hinweise. Der Fund befand sich seit 1978 im früheren Museum Hohenlimburg – zusammen mit weiteren zurück in den Besitz der Stadt Hagen gelangten Restbeständen aus dem im März 1945 zerstörten „Sauerländischen Museum für Vor- und Frühgeschichte".

Der Griffdolch wurde zwar ausgestellt, aber nicht publiziert, um ab 2004 anschließend auch im Museum Wasserschloss Werdringen gezeigt zu werden. Da er der Forschung unbekannt war, blieb das Fundstück bislang bei Untersuchungen zu den Flintdolchen in Westfalen, etwa in der 2018 durch Ulrich Nahrendorf vorgelegten Studie, unberücksichtigt. Der Fund zeigt wieder einmal, wie wichtig es ist, erhaltene Bestände aus zerstörten Sammlungen aufzunehmen und der Forschung zugänglich zu machen.

Bei der Dolchklinge aus Herdecke handelt es sich um ein sehr schönes, auffallend großes Exemplar, das aus einer großen Feuersteinknolle sorgfältig herausgearbeitet wurde. Typologisch repräsentiert der Griffdolch eindeutig eine nordeuropäische Form, genauer gesagt einen Vertreter des Typ V – Variante a nach Lomborg. Die Hersteller dieses Typs griffen anscheinend äußerliche Anregungen aus dem Süden auf: die Form ist von den Kupferdolchen der Glockenbecherkultur beeinflusst.* Derartige Griffdolche des Typs Va nach Lomborg sind in Westfalen zwar selten, aber nicht völlig ungewöhnlich. So liegen aus Westfalen mindestens zehn Dolche dieses Typs vor, darunter auch der Griffdolch aus Herdecke. Auch das verwendete Material stammt aus dem Norden: Bryozoen Feuerstein, der massenhaft in Dänemark vor-

kommt. Insgesamt gibt es keinen Grund, an einer Herkunft dieses Stücks aus dem südskandinavischen Raum, höchstwahrscheinlich aus Dänemark, zu zweifeln.

Auf welche Art und auf welchen Wegen der Griffdolch aus dem Norden nach Herdecke gelangte, ist ungewiss. Denkbar ist, dass es sich um Handelsgut gehandelt haben könnte, das durch mehrere Hände ging, bevor es schließlich auf einem Höhenzug nördlich des Ruhrtals im heutigen Stadtgebiet von Herdecke in den Boden gelangte. Ebenso möglich ist, dass sein Besitzer aus dem Norden an die Ruhr kam und den Dolch hierher brachte – auch in dieser Zeit gab es Mobilität von Personen über größere Distanzen hinweg. Der qualitativ hochwertig gearbeitete Dolch diente wohl nicht nur als Waffe, sondern war zugleich auch ein wertvolles Prestigeobjekt. Denkbar ist beispielsweise, dass es sich um eine Grabbeigabe, eine Deponierung oder eine Opferung gehandelt haben könnte.

STEPHAN DEITERS

* Für ihre Hilfbereitschaft und Unterstützung möchte ich mich bei PD Dr. habil. Berit Valentin Eriksen, Zentrum für Baltische und Skandinavische Archäologie, Schloss Gottorf in Schleswig, bedanken.

41 Sichelmesser

Milchenbachtal, Hagen-Holthausen
Frühe Bronzezeit, ca. 2.200–2.000 v. Chr.
Nordischer Flint, L 9,6 cm B 4,1 cm D 0,5 cm

Auf den Feldern und Ackerflächen entlang dem Milchenbachtal zwischen Kattenohl bis Haßley hinunter in Richtung Holthausen und ins Lennetal wurden immer wieder interessante Funde gemacht. Darunter ist auch das hier vorgestellte Sichelmesser.

Obwohl auch in der westfälischen Bronzezeit das namensgebende Material Bronze nach und nach eine immer bedeutendere Rolle einnahm, wurden dennoch diverse Objekte aus Feuerstein gefertigt. Neben den Dolchklingen, welche sowohl als Bewaffnung und als Statussymbol, da sie oft nach bronzenen Vorbildern geschaffen wurden, Verwendung fanden, kamen besonders häufig noch Pfeilspitzen und Erntegeräte aus Feuerstein zum Einsatz. Bei letzteren handelt es sich um Sichelklingen/-messer, welche zum Schneiden von Getreide oder Schilf genutzt wurden. Diese Sichelklingen/-messer sind letztlich nur der erhaltene Teil eines Kompositgeräts, da sie für ihre Benutzung geschäftet werden mussten. Hierfür wurden organische Materialien wie etwa Holz oder Geweih herangezogen.

Das hier abgebildete Beispiel ist beidseitig flächig überarbeitet und aus Nordischem Feuerstein gefertigt. Die konvexe Kante bildet hierbei die Schneide, während die gerade Rückseite in der Handhabe geschäftet war. In dieser Handhabe war eine Schäftungsnut hereingearbeitet, in welche der Feuerstein fixiert wurde. Hierzu diente vor allem Birkenpech, das im erkalteten Zustand eine feste Verbindung gewährleistete; beim Erwärmen wurde es wieder knetbar und das beschädigte Messer ließ sich einfach entfernen.

An den Schneidekanten solcher Erntemesser oder Sichelklingen zeigen sich oft Gebrauchsspuren, die darauf zurückschließen lassen, dass hiermit pflanzliche Materialien geschnitten wurden. Der sogenannte Sichelglanz entsteht, wenn der Feuerstein wiederkehrend mit den kleinen Siliziumoxydkristallen in Kontakt kommt, die in den Pflanzenzellen von diversen Gräsern oder Getreidesorten eingelagert sind. Steinwerkzeuge mit dieser Art von Gebrauchsspuren treten in Westfalen erst ab dem Beginn des Neolithikums regelmäßig auf, also nach der Einführung von Getreideanbau und anderen Nutzpflanzen.

Wenn man den technischen Aufwand und die sorgfältige Art der Herstellung in einer Zeit, in der es schon Metallwerkzeuge gab, betrachtet, dann entsteht der Eindruck, dass solche Erntegeräte ebenso wie die Dolchklingen gleicher Zeitstellung einen hohen Stellenwert für ihre damaligen Besitzer besaßen. Oft werden diese Artefakte auch zu mehreren in Hortfunden geborgen, was den besonderen Status derartiger Geräte untermauern mag.

DANIEL RIEMENSCHNEIDER

42 Kupferflachbeil

[„Am Schlebusch", Wetter-Volmarstein
Frühe Bronzezeit, um 2.000 v. Chr.
L 8,5 cm B 3,5 cm]

1935 wurde bei Rodungsarbeiten auf der Flur „Am Schlebusch" in Volmarstein in rund 230 m NN eine Beilklinge gefunden. Es handelt sich um ein sogenanntes Flachbeil, das nach seiner Auffindung in den Bestand des „Sauerländischen Museums für Vor- und Frühgeschichte" in Hagen gelangte.

Flachbeile stellen die älteste Beilform in der Bronzezeit dar. Sie gehen auf Vorbilder aus Stein zurück und treten im westfälischen Raum erstmals mit dem Beginn der Metallverarbeitung ab ca. 3.000 v. Chr. im Spät- und Endneolithikum auf. Diese frühen Beile bestehen aus Kupfer oder zinnarmer Bronze – bis in die frühe Bronzezeit beträgt der Zinnanteil der für Beile verwendeten Legierung noch unter 2 %.

Die besonders altertümlich wirkenden Flachbeile blieben in Westfalen – verglichen mit anderen Regionen – ungewöhnlich lange in Gebrauch. Verschiedene Varianten wurden noch bis in die mittlere Bronzezeit (1.600–1.200 v. Chr.) hinein verwendet.

Im Gegensatz zu den späteren Beilformen lassen sich an den Flachbeilen aus Kupfer bzw. zinnarmer Bronze nur sehr selten eindeutige Gebrauchsspuren feststellen. Daher wird vermutet, dass sie in erster Linie als Wertobjekte betrachtet wurden sowie eine Funktion als Würdezeichen oder vielleicht auch eine mit Geld vergleichbare Funktion und als Tauschgegenstand hatten. Dass Flachbeile aber auch als Werkzeug bzw. Waffe benutzt wurden, belegt nicht zuletzt die bekannte Gletschermumie „Ötzi", die als frühere Ausrüstung ein geschäftetes Kupferflachbeil besaß.

Die Analyse des Rohstoffes eines auf Iserlohner Stadtgebiet aufgefundenen Flachbeils ergab, dass das Kupfer vermutlich aus dem osteuropäischen Raum stammt. Diese frühen Metallgegenstände waren für ihre Eigentümer sicherlich sehr wertvoll. Flachbeile aus Kupfer wurden in Westfalen relativ selten gefunden. Aus der Region um Hagen sind jeweils ein weiteres Exemplar vom „Vormholz" bei Witten, aus Schwerte-Villigst und das erwähnte Flachbeil aus Iserlohn bekannt. Vermutlich wurde der wertvolle Rohstoff nach Beschädigung einer Beilklinge eingeschmolzen, anstatt ihn als Opfergabe oder Grabbeigabe aus dem Verkehr zu ziehen.

Grundsätzlich gilt für Beilklingen wie für andere prähistorische Metallfunde auch, dass in der Regel von besonderen Umständen ausgegangen werden kann, unter denen sie schließlich in den Boden gelangten; wertvolle Gerätschaften aus Metall gehen in der Regel nicht einfach „verloren".

Bronzezeitliche Beilklingen sind aus Siedlungen in Westfalen bislang nicht bekannt geworden. Ein großer Teil wurde in Mooren, Bachläufen und Flüssen oder auf Anhöhen – wie auch das hier vorgestellte Fundstück vom „Schlebusch" in Volmarstein – entdeckt, sodass man eine kultische Deponierung durch Opferung vermuten kann. Nachweislich aus Gräbern, die in vielen anderen Regionen die Masse des Fundmaterials liefern, stammen nur wenige der westfälischen Funde.

EVA CICHY

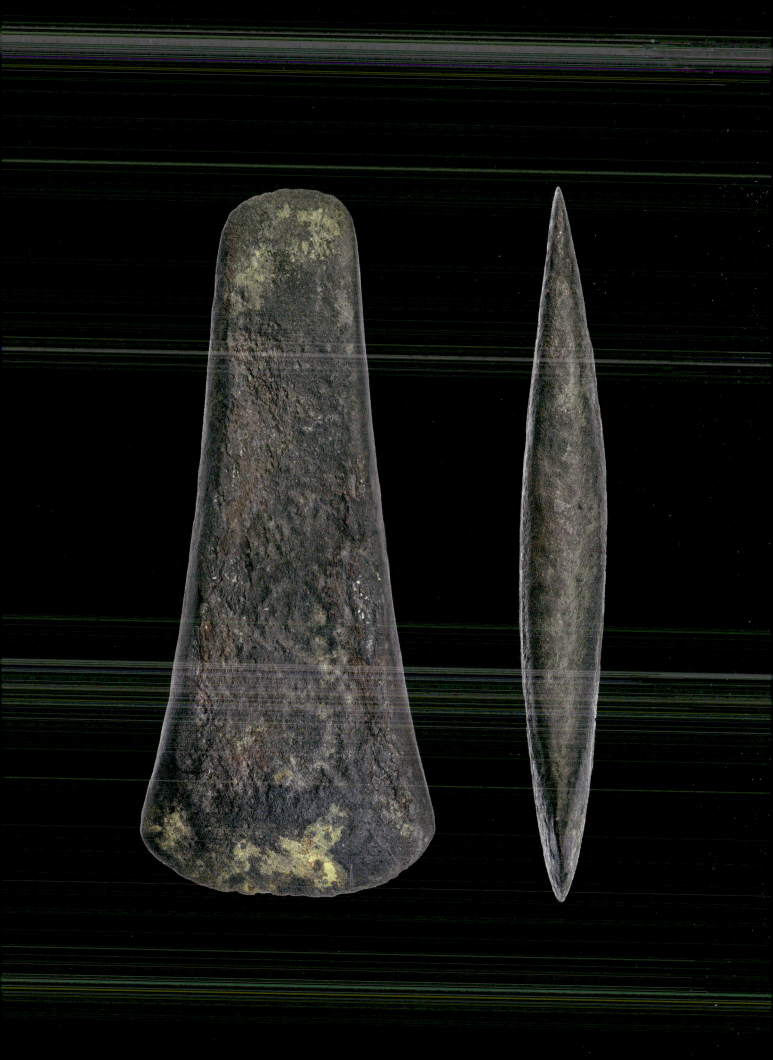

43 Riesenbecher

Spaltenhöhle an der Sonderhorst, Iserlohn-Letmathe
Frühe Bronzezeit, ca. 2.200–2.000 v. Chr.
Irdenware, H 42 cm, Dm (Mündung) 25,0 cm

Ein Riesenbecher ist für urgeschichtliche Verhältnisse schon relativ groß – unser Stück ist (rekonstruiert) 42 cm hoch, doch gibt es aus der Vergangenheit auch deutlich größere Keramikgefäße als dieses. Wie so oft, ist der Fachbegriff „Riesenbecher" schon vor einigen Jahrzehnten geprägt worden, letztlich, weil diese Keramikgefäße deutlich größer sind als die der voraufgegangenen Jungsteinzeit.

Unser Stück stammt aus der „Untergrüne" im Iserlohner Stadtteil Letmathe. Dort liegt am Südostfuß des 248 m NN hohen Massenkalkbergs der Sonderhorst mit der gleichnamigen kleinen Höhle: die Sonderhorst-Spaltenhöhle. Sie befindet sich nur wenige hundert Meter östlich der bekannten Dechenhöhle und damit im gleichen Felssystem. Nach einem fast senkrecht 4 m in die Tiefe führenden, teilweise sehr engen Schacht öffnet sich die Höhle zu einer kleinen Kammer. Das archäologische Potenzial der Höhle wurde durch unsachgemäße bzw. nicht-archäologische Abtragungen der Höhlensedimente noch bis weit in das ausgehende 20. Jahrhundert hinein leider weitgehend zerstört: seit 1989 steht die Höhle unter Denkmalschutz.

2017 haben Wolfgang Heuschen und weitere Kollegen der Außenstelle Olpe, LWL-Archäologie für Westfalen, den aktuellen Zustand dokumentiert und lose herumliegende Knochen geborgen. Unter diesen Knochen gehören auch zahlreiche zum Menschen, die der kleinen Höhle eine besondere Bedeutung geben. Sie dürften – es fehlen allerdings noch naturwissenschaftliche Datierungen – in die Vorrömische Eisenzeit gehören, als südwestfälische Höhlen Orte bestimmter Rituale waren, die mit der Sekundärbestattung von Toten einhergingen. Ein kleines Schmuckstück, das im Schacht der Höhle entdeckte Fragment einer kleinen „Paukenfibel" aus Bronze, spricht für diesen zeitlichen Ansatz.

Deutlich älter ist der Riesenbecher, von dem durch die beschriebenen „Grabungen" einige Keramikfragmente geborgen und anschließend zu dem 42 cm hohen, weitgehend unverzierten Gefäß mit einem auffallend kleinen Standfuß rekonstruiert wurde. Ihr S-förmig geschwungener Wandungsverlauf stellt diese hohen Keramikgefäße eindeutig in die Tradition der endneolithischen Schnurkeramik- und Glockenbecher-Kulturen, die ans Ende der Jungsteinzeit gehören. Aus dieser Zeit sind im Hagener Raum nur Steingeräte – Axtklingen, Dolche und Pfeilspitzen – bekannt. Im Gegensatz zu den älteren Becherformen ist der Riesenbecher nur mit wenigen Riefen unter dem Rand verziert. Mitunter ist auf solchen Gefäßen aber auch die sogenannte Wickelschnurverzierung zu finden, die sich aus dem Dekor von endneolithischen Keramikbechern herleiten lässt. Neben unserem Stück sind in Westfalen noch einige weitere, auch vollständig verzierte Riesenbecher bekannt. Soweit es verlässliche Datierungen für sie gibt, gehören sie in Nord- und Nordwesteuropa ganz an den Beginn der Bronzezeit, der in Westfalen mit 2.200 bis 2.000 v. Chr. angesetzt wird.

Der Fundzusammenhang in der kleinen und schwer zugänglichen Schachthöhle spricht zweifellos für eine bewusste Deponierung des Riesenbechers. Ob er sich mit einem Teil der menschlichen Überreste, also einer rituellen Beisetzung von Toten in der Höhle, in Verbindung bringen lässt, können nur die bislang noch ausstehenden ^{14}C-Datierungen der menschlichen Überreste klären.

MICHAEL BAALES

44 Randleistenbeil

Elsey bei Hohenlimburg, um 1835
Frühe Bronzezeit, um 1.600 v. Chr.
L 9,7 cm B 4,5 cm

Bronzezeitliche Beilklingen werden in fünf Grundformen gegliedert: Flachbeile, Randleistenbeile, Absatzbeile, Lappenbeile und Tüllenbeile. Ihr hauptsächliches Unterscheidungsmerkmal sind die unterschiedlichen Vorrichtungen für die Schäftung. Die dauerhafte und sichere Befestigung der Beilklinge am Schaft stellte schon bei den jungsteinzeitlichen Beilen und Dechseln ein technisches Problem dar. Der neue Werkstoff Metall bot hier durch den Guss neue Möglichkeiten der Optimierung, die sich in mehreren Schritten vollzog.

In der frühen Bronzezeit kommt mit den sogenannten Randleistenbeilen nach den Flachbeilen als älteste Form eine neue Ausführung auf. Um ein Verrutschen der Beilklinge in der Schäftung zu erschweren, wurden dabei die Ränder als hervorstehende Leisten gegossen. Derartige Randleistenbeile wurden bis in die mittlere Bronzezeit genutzt.

Eine Beilklinge dieser Form wurde um 1835 in der früheren Gemeinde Elsey entdeckt. Es lässt sich den parallelseitigen Randleistenbeilen zuordnen, die in zwei Typen unterschieden werden. Das Elseyer Exemplar repräsentiert den Typ „Oldendorf", ein in Westfalen besonders häufig vertretener Typ. Beile dieses Typs sind bislang nicht aus Gräbern bekannt. Häufig weisen sie starke Abnutzungsspuren auf. Daher geht man davon aus, dass es sich bei ihnen um Arbeitswerkzeuge beispielsweise zur Holzbearbeitung handelte.

Der zweite Typ „Mägerkingen" ist aus Gräbern bekannt und dort teilweise zusammen mit weiteren Waffen als Waffengarnitur überliefert. Für die Ansprache als Waffe und nicht als Werkzeug spricht bei dieser Form auch die leichte Ausführung mit einem dünnen Blatt und schwachen Randleisten. Beide Typen fanden sich oft in Gewässern, sodass eine Funktion als Opfer- oder Weihegabe vermutet wird.

EVA CICHY

45 Absatzbeil

[
Raffenburg, Hohenlimburg, 1835
Spate Bronzezeit, ca. 1.500–1.000 v. Chr.
L 16,5 cm B 5,5 cm
]

Zu den frühesten bekannt gewordenen archäologischen Funden auf dem heutigen Hagener Stadtgebiet gehört das 1835 nach der Überlieferung durch Fürst Emil Friedrich zu Bentheim-Tecklenburg (1765–1837) auf der Raffenburg bei Hohenlimburg entdeckte Absatzbeil. Die hochmittelalterliche Ruine mit einem an der Kernburg gelegenen hohen Felsen als Aussichtspunkt war für den Fürsten ein bevorzugter Aufenthaltsort. Heute erinnert ein Gedenkobelisk auf dem Felsen an den letzten souveränen Regenten in der 1808 aufgelösten und dem französischem Großherzogtum Berg zugeschlagenen Grafschaft Limburg.

Die Beilklinge gelangte nach ihrer Auffindung zunächst in das im 18. Jahrhundert entstandene Kunst- und Naturalienkabinett des Fürstenhauses auf Schloss Hohenlimburg bzw. im Schloss Rheda, um 1937 dem neu gegründeten Museum Hohenlimburg überlassen zu werden. Bei dem Fundstück handelt es sich um ein sogenanntes Absatzbeil. Dieser Beiltyp kam gegen Ende der frühen Bronzezeit auf. Namensgebend ist ein Absatz parallel zur Schneide auf der Mitte der Beilklinge; das Widerlager für die Schäftung sollte einer Spaltung des Holms vorbeugen. Ein großer Teil der westfälischen Funde, so auch im Raum Hagen, ist diesem Beiltyp zuzuweisen.

In Westfalen ist die Form des „nordwestdeutschen schlichten Absatzbeils" besonders häufig gefunden worden. Bislang sind über 60 Exemplare bekannt geworden, darunter wenigstens vier Fundstücke aus dem Raum Hagen. Das vorliegende Exemplar repräsentiert den Typus Kappeln, der mit knapp 30 Beilen ebenfalls häufig vertreten ist. Der zwischen 1.500 bis 1.000 v. Chr. verbreitete Typ Kappeln gilt allgemein aufgrund häufig beobachteter Abnutzungsspuren als „Arbeitsbeil".

Auffällig ist, dass eine größere Anzahl der westdeutschen Exemplare aus Gräbern und zwar besonders häufig aus Frauengräbern stammt. Dies führt zu der Vermutung, dass diese Beile häufig von Frauen als Werkzeug benutzt wurden und ihnen dann auch mit ins Grab gegeben wurden. Die westfälischen Stücke stellen die südlichsten Funde dieses Typs dar.

Das Exemplar von der Raffenburg weist als Besonderheit eine seitliche Öse auf. Ob sie ein zusätzliches Mittel war, um die Schäftung zu sichern, ist umstritten. So finden sich an abgenutzten Beilklingen auch nicht durchstoßene Ösen; folglich wurden sie für eine Schäftung nicht unbedingt benötigt. Diese eher seltenen Absatzbeile mit Öse finden sich über ganz Nordwesteuropa verteilt, ein weiteres Exemplar mit Öse wurde um 1860 bei Hagen-Helfe gefunden.

EVA CICHY

Auf dem Felsen an der Raffenburg wurde 1837 ein Obelisk zur Erinnerung an den Fürsten Emil Friedrich errichtet. Aufnahme 1932. Stadtarchiv Hagen.

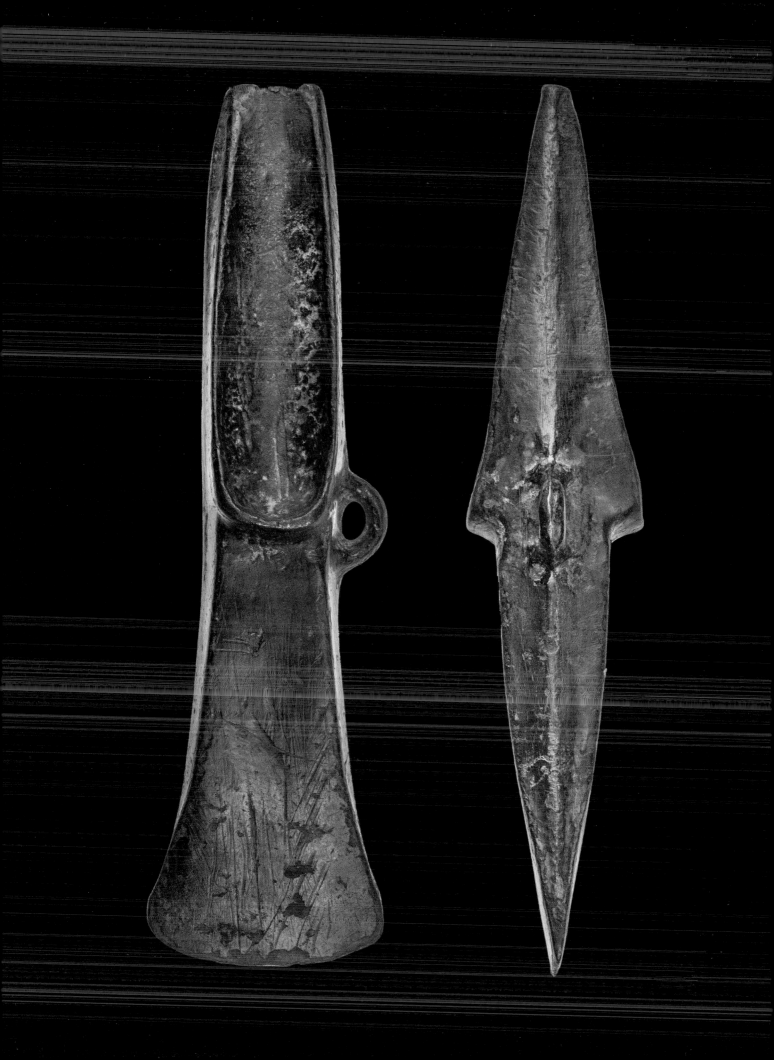

46 Lappenbeile

Brenscheid, Herscheid, 1934
Späte Bronzezeit, um 1.300 bis 1.100 v. Chr.
oben: L 15,8 cm B 4,3 cm Dm 4,3 cm 488 g, unten: L 17,1cm B 4,6 cm Dm 3,1 cm 411 g

1934 wurden nahe der kleinen im Ebbe-Gebirge südöstlich von Herscheid gelegenen Ortschaft Brenscheid unter nicht näher bekannten Umständen zwei sogenannte Lappenbeile gefunden. Beide Beilklingen gelangten daraufhin in das „Sauerländische Museum für Vor- und Frühgeschichte" in Hagen. Dort wurden sie in der Ausstellung zur Bronzezeit in einer Vitrine neben weiteren Fundstücken aus der Region präsentiert.

Von Lappenbeilen wird gesprochen, wenn die Randleisten (S. 114) eine Neigung nach innen aufweisen. Sie sind dann auch meist kürzer und höher als Randleisten. Eine Gliederung der Lappenbeile in verschiedenen Varianten erfolgt nach der Position ihre „Lappen": „unterständige", „mittelständige" und „endständige" Lappenbeile werden anhand ihrer Position am Beilkörper unterschieden. Im Vergleich zu anderen Regionen sind Lappenbeile in Westfalen nicht besonders häufig. Kibbert meinte zu dieser Beobachtung: „umso mehr pflegte der ‚verschlossene Westfale' seine schlichten nordwestdeutschen Absatzbeile [...] man hielt zäh am Alten fest." (Kibbert 1984, 17).

Die beiden Beilklingen sind unterschiedlichen Typen zuzuordnen. Das eine Exemplar ist ein ober- bis endständiges Lappenbeil der Form Geseke-Biblis, das andere Fundstück ein südostmitteleuropäisches mittelständiges Lappenbeil der Form Čaka. Während die Form Čaka an den Beginn der jüngeren Bronzezeit zu datieren ist (um 1.300 v. Chr.), ist der Typ Geseke-Biblis etwas jünger (um 1.100 v. Chr.).

Auffällig ist die besonders beim Čaka-Beil vorhandene schwarze Färbung, die vom Schicksal der beiden Beilklingen im Zweiten Weltkrieg herrührt. Am Abend des 15. März 1945 brannte das Hagener Vorgeschichtsmuseum bei einem Luftangriff aus. Der Brandschutt wurde 1947 von der Stadtverwaltung an den Lüdenscheider Sammler Walter Sönneken verkauft. Beim Durchsuchen des Schutts fand Sönneken auch die beiden Beilklingen, die er 1978 wieder zurück an die Stadt Hagen verkaufte. Anhand von Aufzeichnungen aus den dreißiger Jahren konnte ihr Fundort lokalisiert werden.

EVA CICHY

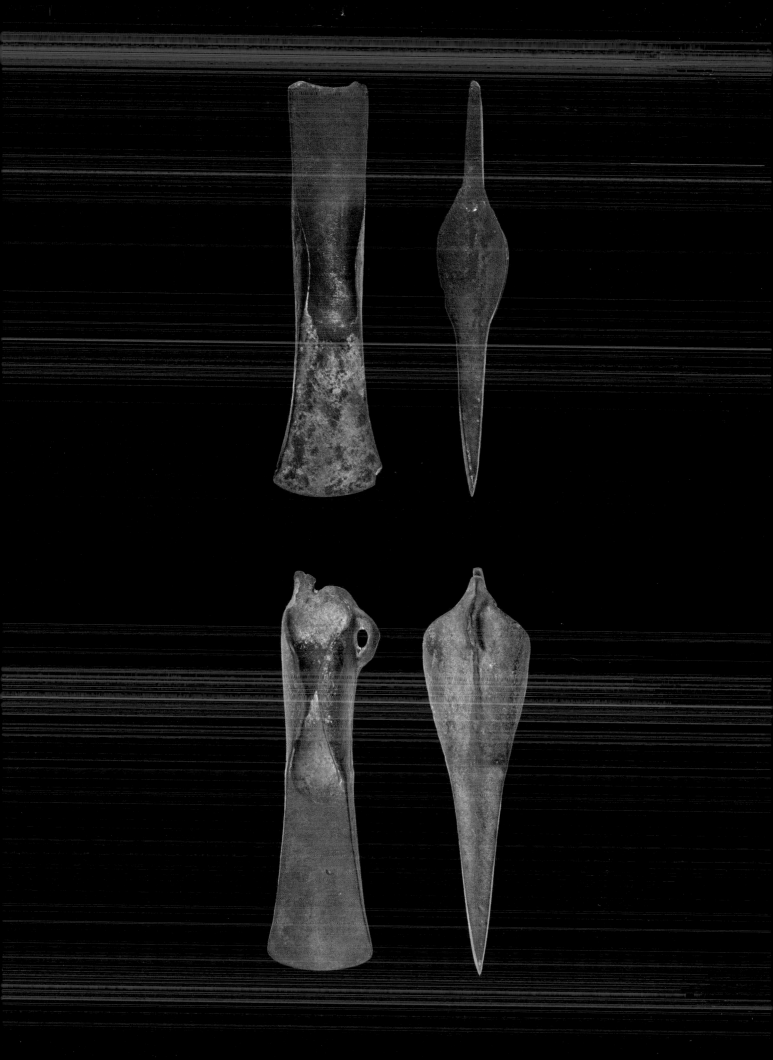

47 Knaufhammeräxte

[oben: Schwelm, L 14 cm Dm 5 cm; unten links: Hagen-Fley;
unten rechts: Hagen-Boelerheide
Jüngere / Späte Bronzezeit, um 1.100–500 v. Chr]

Fels- und Feuerstein wurden bis weit in die Metallzeiten zur Herstellung von Pfeilspitzen, Dolchen, Beilklingen und Äxten verwendet. Viele Werkzeuge und Hilfsmittel des Alltags, wie Getreidemahlsteine – beispielsweise aus Ruhrsandstein – oder einfache Geräte zum Schneiden und Bearbeiten von Holz, Knochen und Leder, bestanden in der Bronze- und Eisenzeit weiterhin aus Stein. Selbst in historischer Zeit gehörten Steinartefakte zur wichtigen Ausrüstung, etwa für Feuerzeuge und für den militärischen Einsatz. In den Armeen vom frühen 18. bis in das erste Viertel des 19. Jahrhunderts sowie für die Jagd wurden in den Steinschlössern von Gewehren und Pistolen besonders bearbeitete "Flintensteine" verwendet; bis zur Einführung von Percussionswaffen um 1840 war ihre Herstellung ein blühender, auch für den Export nach Übersee arbeitender Industriezweig in Frankreich, Tirol, Galizien, Dänemark und England. Der Produktion von normierten und standardisierten „Flintensteinen" durch europäische Lieferanten vom 17. bis in das frühe 19. Jahrhundert lag schätzungsweise bei 500 Millionen Stück.

Zu den auffälligen Fundstücken aus der Jüngeren und Späten Bronzezeit im mittel- und nordwestdeutschen Raum zählen die als nackengebogene Knaufhammeräxte bezeichneten Axtklingen. Zwei in der Bohrung gebrochenen Schneidenteilen aus dem Fleyer Wald sowie von der Boelerheide in Hagen ist eine vollständig erhaltene Knaufhammeraxt aus Schwelm gegenübergestellt. Alle drei Funde bestehen aus kristallinem Felsgestein vermutlich skandinavischer Herkunft.

Während die Schwelmer Axtklinge aus einem homogen strukturierten, gneisartigen Gestein gefertigt wurde, sind die beiden Hagener Fundstücke aus einem grobkristallinen Gestein mit herausgewitterten Kavernen gearbeitet. Die Verwitterung der beiden Schneidenteile verweist auf eine längere Liegezeit an der Oberfläche, das größere Stück wurde auf einem Weg im Fleyer Wald, nahe dem Polizeipräsidium an der „Hohenleye", gefunden.

Hinweise auf den Zusammenhang und Aussagen über die ursprüngliche Funktion geben alle drei als Lesefunde geborgenen Objekte nicht. Möglicherweise handelte es sich um Grabbeigaben.

RALF BLANK

48 Schwertklinge

Sonderhorst, Iserlohn-Oestrich
Mittlere / Jüngere Bronzezeit, ca. 1.500–1.100 v. Chr.
L 46,3 cm B 2,4 cm

Frühe Metallwaffen sind eine besondere archäologische Fundgattung. Zum einen lassen sie einige Überlegung zur sozialen Stellung des Schwertträgers oder ihrem allgemeinen Symbolgehalt zu, dann sind es Objekte, die unter handwerklichen Gesichtspunkten viel erzählen, und zudem sind es in Westfalen durchweg Importe, die häufig weiträumige Kontakte der damaligen Menschen belegen, wie die drei Langschwerter vom Hagener Kaisberg illustrieren. Entsprechend selten ist diese Fundgattung in Westfalen; insgesamt sind für die westfälische Bronzezeit nur gut 30 Schwertfunde bekannt.

Zu diesen seltenen Funden gehört auch eine bronzene Schwertklinge, die schon 1928 beim „Entsteinen eines Ackers" auf dem Nordwesthang der Bergkuppe Sonderhorst östlich Iserlohn-Oestrich aufgelesen wurde. Das Stück ist noch 46,3 cm lang und hat sowohl an beiden Enden als auch an der Klinge etwas gelitten. Es handelt sich um ein sogenanntes Griffplattenschwert, d. h. der organische Griff wurde mittels Nieten an dem leicht verbreiterten, halbrunden Ende (Griffplatte) des Schwertes fixiert; zwei erhaltene Nietlöcher sind ausgebrochen. In dieser Art der Befestigung unterscheidet sich das Iserlohner Schwert von jenen vom Hagener Kaisberg, da es sich dort um Griffzungenschwerter handelt, d. h. hier wurden Griffschalen in die ausgezogene Griffverlängerung der eigentlichen Schwertklinge eingelegt und vernietet. Letztlich ist diese Verbindung wesentlich stabiler und zeitlich auch später anzusetzen als die Griffplattenschwerter.

Jan-Heinrich Bunnefeld, der sich in seiner Magisterarbeit in Münster mit den westfälischen Schwertern der Bronzezeit beschäftigt hat, konnte das Iserlohner Exemplar keinem besonderen Typ zuweisen, erkennt aber Beziehungen ins südliche Mitteleuropa. Er datiert das Stück in die mittlere Bronzezeit („Hügelgräberbronzezeit") und den Beginn der jüngeren Bronzezeit („Urnenfelderzeit"), also etwa zwischen 1.500 und 1.100 v. Chr.

Die spärliche Fundgeschichte des Stückes erlaubt leider keine Aussage, ob es sich hierbei um den Grabfund aus einem zerpflügten Hügelgrab – die es in der Region gibt – oder um eine rituell begründete Deponierung am Fuße des Sonderhorstbergs handelt. Die überlieferte „Entsteinung" des Fundackers könnte auf die zerpflügte Steinabdeckung eines Grabhügels hinweisen, die für bronzezeitliche Grabhügel nachgewiesen ist. Zudem sind derartige Griffplattenschwerter durchaus als Teil der Grabausstattung gefunden worden.

Leider wird man die genauen Befundzusammenhänge wie bei so vielen Altfunden nicht mehr rekonstruieren können. Ohne diesen für Archäologen wichtigen Befundzusammenhang sind solche Funde somit letztlich „nur" Antiquitäten, weil ihre Aussagekraft deutlich geschmälert ist.

MICHAEL BAALES

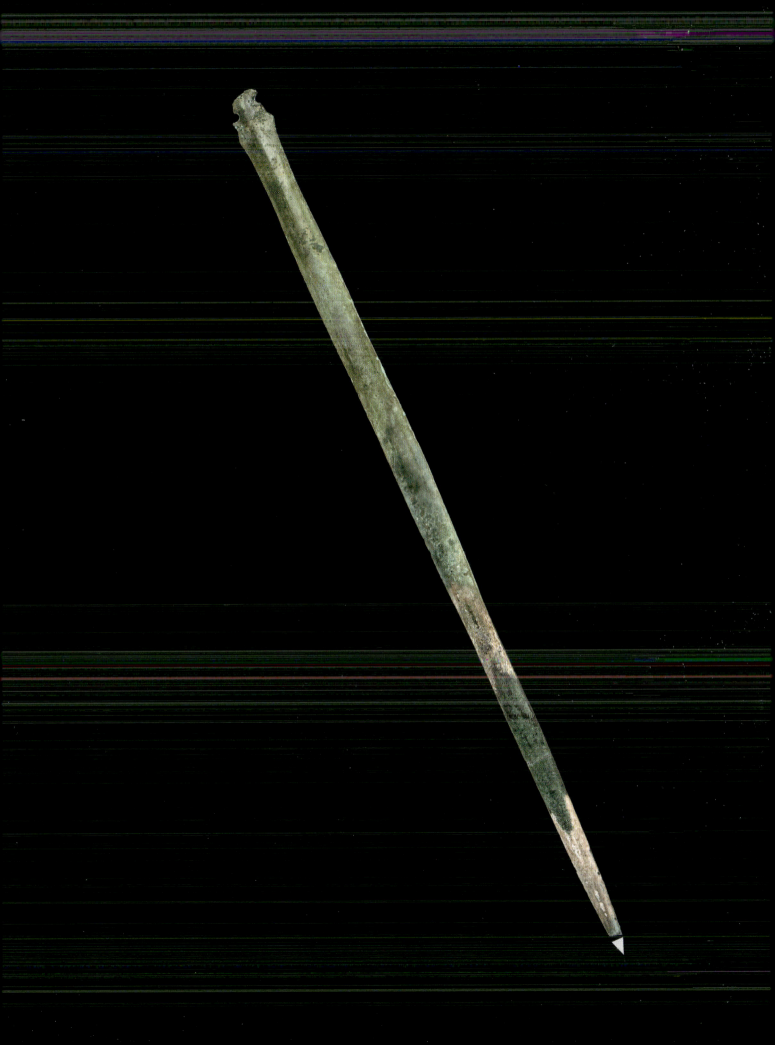

49 Speerspitze

„Uhufelsen", Hemer-Deilinghofen
Jüngere Bronzezeit, um 1.100–800 v. Chr.
L 13,0 cm B 3,6 cm H 2,4 cm

In den achtziger Jahren des 20. Jahrhunderts kam im Bereich der Karstformation des Uhufelsens im Hönnetal bei Hemer-Deilinghofen mindestens ein bemerkenswertes Fundstück zutage. Die näheren Fundumstände sind nicht bekannt. Das Fundstück wurde durch Kletterer beim Besteigen des Felsens – angeblich im Felsen steckend – entdeckt.

Der Überlieferung nach soll am Fuße des Uhufelsens eine weitere, am Oberteil jedoch beschädigte Lanzen- oder Speerspitze aufgefunden worden sein. Teile des Uhufelsens wurden im 19. Jahrhundert beim Bau der Eisenbahn und des durch den Felsen führenden Tunnels verändert. Daher sind das ursprüngliche Aussehen der Felsformation und die genaue Fundsituation unklar. Die Felsformation liegt am Eingang des sich an dieser Stelle nach Süden in Richtung Balve zu einem Canyon verengenden Talabschnitts der Hönne.

Eine funktionale Abgrenzung zwischen Lanzen- und Speerspitze ist schwierig, wobei die Größe und Form in diesem Fall eine Nutzung als Sperrspitze nahelegt. Die Form der Speerspitze ist symmetrisch, sie besitzt eine kräftige Mittelrippe, am Ende der runden Tülle sind zwei gegenüberliegende Schaftlochungen vorhanden. Auf der Oberfläche ist eine dunkelgrüne Patina vorhanden, wie sie bei vielen nahe der Oberfläche im Karst des Massenkalks entdeckten Fundstücken vorkommt. Von ihrer Form lässt sich die Speerspitze in die jüngere bzw. späte Bronzezeit einordnen.

Ob es sich um einen versteckten Hort oder um eine Weihegabe aus kultisch-rituellen Gründen, was die Fundsituation an einer am Eingang zum canyonartigen Hönnetal gelegenen Felsformation andeuten könnte, oder aber um eine beim Abwurf verlorene Waffe handelt, hätte sich vielleicht bei der Auffindung durch eventuell vorhandene Beifunde oder andere Hinweise am Fundort klären lassen. Die in diesem Fall offenen Fragen zeigen wieder einmal, wie wichtig die Dokumentation der Fundsituation und die sofortige Benachrichtigung der Bodendenkmalpflege sind.

RALF BLANK

Der „Uhufelsen" im Hönnetal.
Postkartenansicht um 1935.

50 Fuchsstadt-Tasse

Fundort unbekannt
Späte Bronzezeit, ca. 1.100 v. Chr.
Bronzeblech, Dm (Mündung) 15,4 cm H 5,4 cm

Nach zweijähriger Vorbereitungszeit eröffnete die Stadt Hagen im Juli 1938 in der gründerzeitlichen Villa der Unternehmerfamilie Altenloh in der unteren Elberfelder Straße das „Sauerländische Museum für Vor- und Frühgeschichte – Haus der Vorzeit". In dem großzügig bemessenen Museumsgebäude wurden nicht nur Funde aus dem Stadtgebiet und der Region, sondern auch zahlreiche durch die Museumsleitung angekaufte Objekte aus allen Teilen des Deutschen Reiches gezeigt. Ein Teil der Ausstellungsstücke stammte auch aus jüdischen Sammlungen.

So stand der Hagener Museumsdirektor Dr. Gerhard Brüns (1907–1981) auch mit dem Bielefelder Vorgeschichtssammler Siegfried Junkermann (1872–1944) in Kontakt. Nach mehreren Besichtigungsterminen bei Junkermann sowie gegenseitigem Schriftverkehr erwarb die Stadt Hagen zahlreiche archäologische Objekte aus dessen Sammlung. Der Großteil gelangte 1939 bei der Flucht des engagierten Heimatforschers, der in den zwanziger Jahren die ersten mittelsteinzeitlichen Fundplätze in Ostwestfalen entdeckt hatte, in das Städtische Museum in Bielefeld.

Unter den für das Hagener Vorgeschichtsmuseum angekauften Funden befanden sich Steingeräte, Metallobjekte und Keramikgefäße, darunter auch zwei getriebene Bronzeblechtassen, zumindest davon eine vom Typ Fuchsstadt. Während die zweite, auf der Wölbung mit einer umlaufenden Buckelreihe versehene Tasse wohl 1945 verloren ging, blieb das als Bronzeblechtasse vom Typ Fuchsstadt anzusprechende Gefäß erhalten. Allerdings veränderten durch einen Luftangriff am Abend des 15. März 1945 entstandene Brand- und Hitzeschäden das ursprüngliche Aussehen des Fundstücks.

Bronzeblechtassen vom Typ Fuchsstadt, benannt nach einem Fundort in Hessen, besitzen eine weite Verbreitung. Sie reicht von Bayern über Sachsen und Sachsen-Anhalt über Niedersachsen, Brandenburg und Mecklenburg bis nach Dänemark. Ihre Form leitet sich von den goldenen Henkeltassen der griechischen Bronzezeit ab. Unsere Bronzeblechtasse, deren Fundort sich bislang nicht klären ließ, zeigt alle für diese Tassenform typischen Merkmale, wie etwa den genieteten Henkel, den Trichterhals und den gewölbten Standring.

Das besondere Fundstück verweist nicht nur auf die Bestände des 1938 eröffneten und sieben Jahre später durch Bomben zerstörten Vorgeschichtsmuseums in Hagen. Die Bronzeblechtasse steht auch exemplarisch für die nationalsozialistische Sammlungspolitik in archäologischen Museen, die jüdische Sammler ebenfalls ausplünderte – auch Siegfried Junkermann musste sich unter Druck von seinen Funden trennen. In Hagen wurde mit den erworbenen Gegenständen vor dem pseudowissenschaftlichen Hintergrund von Rasse, Blut und Boden eine mit dem NS-Regime ideologisch konforme Ausstellung aufgebaut.

RALF BLANK

Die Fuchsstadt-Tasse (rechts) 1938 in einer Vitrine im Hagener Vorgeschichtsmuseum.

51 Nierenring

[
Raffenburg, Hohenlimburg
Ältere Eisenzeit, 8. bis 6. Jahrhundert v. Chr.
Zinnbronze, Dm ca. 8 cm, 100 g
]

Die Ruine Raffenburg bei Hagen-Hohenlimburg liegt versteckt im Wald und ist vielen Hagenern kaum bekannt. Denjenigen aber, die von ihr wissen, ist sicher nicht bewusst, dass die mittelalterliche Ruine zugleich auch eine seltene, wie wichtige Fundstelle eines ältereisenzeitlichen Fundes ist.

Es handelt sich um einen massiven und nierenförmigen Ring aus Bronze. Das Design des Armrings leitet sich von offenen Bronzeringen ab, deren abgeplattete Enden zusammengebogen und so verschlossen wurden. Das Hagener Stück weist neben den profilierten sowie runden Verschlussknoten auch parallele Riefen am Ring auf, die aber nicht den gesamten Ringkörper bedecken.

Bemerkenswert ist, dass teilweise identische Parallelen weit entfernt in Norddeutschland und Dänemark gefunden wurden. Diese werden als Nierenringe bezeichnet und datieren grob in den Zeitraum zwischen dem 8. und 6. Jahrhundert v. Chr. – das ist der Zeitraum, in dem im westfälischen Mittelgebirgsraum die Eisenzeit begann, während hoch im Norden die Bronzezeit noch Jahrhunderte andauern sollte.

Mit Beginn der Eisenzeit in Westfalen wurden erstmals auch die bis dahin unbesiedelten, waldreichen Mittelgebirgslagen von Bauern aufgesucht, die dort in Einzelgehöften lebten und mit Befestigungen viele Bergkuppen bewehrten. Der Hagener Nierenring fand sich 1991 in einer Schutthalde der Burgruine. Das Stück beweist – wie auch einige weitere prähistorische Funde – die Anziehungskraft des Berges mit seinen zahlreichen Spalten und Höhlen schon in früheren Jahrhunderten. Hinweise auf eine ältereisenzeitliche Vorgängeranlage für die mittelalterliche Burg in Form von Geländestrukturen fehlen aber gänzlich. Dazu kommt, dass der Fund eines Nierenrings so weit südlich seines Hauptverbreitungsgebiets sehr ungewöhnlich ist.

Vorstellbar ist, dass er auf die Bergkuppe aus religiösen Gründen vergraben oder niedergelegt wurde – ein Brauch, den wir seit der Bronzezeit im westfälischen Mittelgebirge immer wieder antreffen. Denkbar ist aber auch, dass der Ring aus dem Schutt der mittelalterlichen Burg selbst stammt. Die hochmittelalterliche Anlage der Kölner Erzbischöfe wurde 1288 eingenommen und – nach einer Instandsetzung – bis in die zweite Hälfte des 14. Jahrhunderts genutzt. Die gesellschaftliche Elite des Mittelalters hatte weitreichende Kontakte und pflegte sie auch mit exklusiven Geschenken, wie antiken Objekten oder Reliquien, die zumeist aus Ausgrabungen in prähistorischen Stätten stammten. Es ist daher durchaus denkbar, dass ein bronzezeitlicher Armring beispielsweise als Geschenk aus dem Norden an einen adeligen Angehörigen der Besatzung auf der Raffenburg gelangte. Bei der Teilzerstörung 1288 wurde der deutliche ältere Nierenring dann Teil ihres Schutts – bis er 1991 unerwartet wiederentdeckt wurde.

EVA CICHY / MANUEL ZEILER

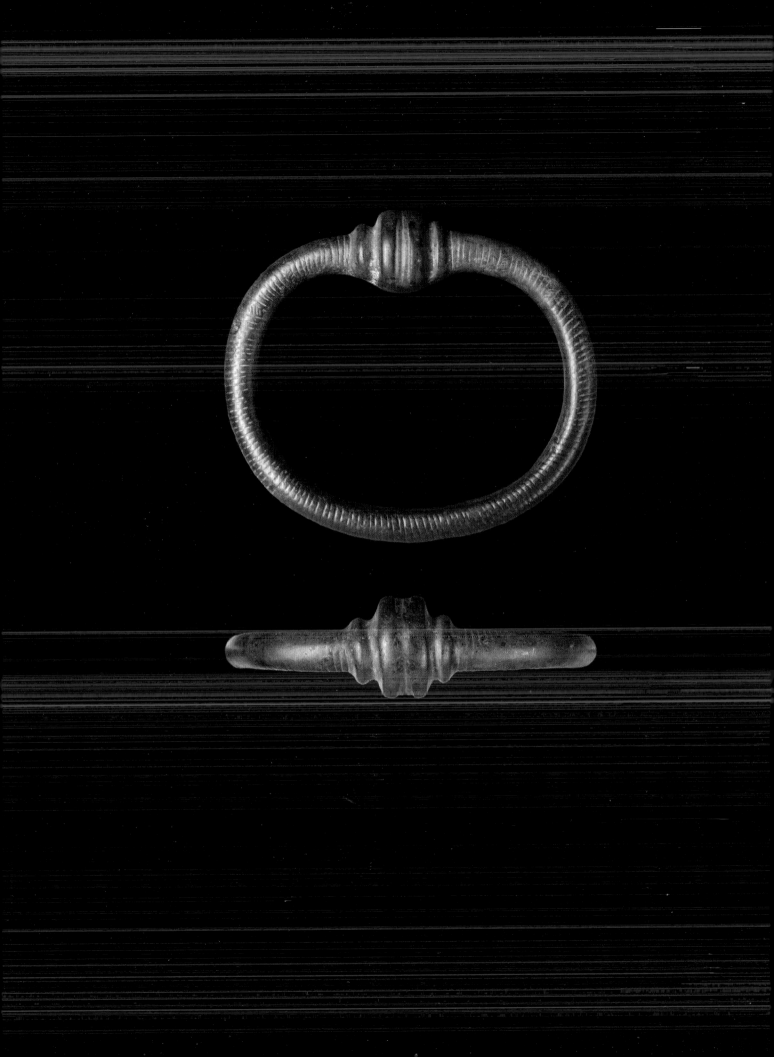

52 Langschwerter

[
Kaisberg, Hagen-Vorhalle
Späte Bronzezeit, ca. 1.000–800 v. Chr.
Bronze
]

Waffenfunde der vorrömischen Metallzeiten (Bronze- und Eisenzeit) sind in Westfalen immer noch eine Besonderheit. Einer der bei weitem bedeutendsten Funde dieser Art gelang dabei bereits vor knapp 150 Jahren am Fuß des Kaisbergs nördlich Vorhalle. Beim Bau der Eisenbahnlinie von Vorhalle nach Dortmund wurden hier 1876, die näheren Fundumstände sind leider unbekannt geblieben, drei vollständige Bronzeschwerter gefunden. Und obwohl sie – sehr wahrscheinlich – zusammen niedergelegt worden waren, die Archäologen sprechen dann von einem „Hortfund", gelangten alle drei – zwei über „rheinische Umwege" – in unterschiedliche Museen (Ruhr Museum Essen, LWL-Museum für Archäologie Herne, Museum der Grafschaft Mark Burg Altena); das war früher durchaus üblich. Heute gibt es aber einige sehr gute Kopien, sodass manch ein Museum vermeintlich alle drei Originalstücke wieder zusammen präsentieren kann.

Die drei Schwerter sind nicht vollständig; es fehlen die Griffplatten aus organischem Material, die, falls einst überhaupt vorhanden, längst vergangen sind. Die Griffplatten waren auf den sogenannten Griffzungen der Schwerter mit den teilweise erhaltenen Nieten befestigt, die mit den Schwertklingen in einem Stück zusammengegossen worden waren. Es handelt sich also um „Griffzungenschwerter", die jeweils über 90 cm lang sind und über 1 kg wiegen. Es sind prunkvolle Stücke, die auch Verzierungen tragen, die vor allem auf und unterhalb der Griffzungen eingepunzt (eingeschlagen) bzw. ziseliert sind.

Die Verzierungs- und Fertigungsweise zweier Schwerter ähneln sich sehr, sodass für diese von demselben Waffenschmied als Hersteller ausgegangen werden darf. Diese beiden Schwerter gehören zum Typ „Großauheim, Variante Kesselstadt", der vom Pariser Becken im Westen bis Nordostdeutschland und dem Balkan im Osten nachgewiesen ist. Ein gewisser Fundschwerpunkt des Typs Großauheim insgesamt liegt am unteren Main und dem angrenzenden Rheintal. Von noch weiter entfernt kam das dritte Schwert nach Westfalen, der dem „Typ Mâcon" zugerechnet wird und der auch in Burgund seinen Fundschwerpunkt hat. Dieser Typ ist primär auf Frankreich beschränkt, der Fund vom Kaisberg eine Ausnahme.

Die Analyse der Schwertformen unterstreicht, dass die damaligen Menschen in Westfalen – zumindest mittelbar – weiträumige Kontakte unterhielten, wie dies für viele urgeschichtliche Epochen nachzuweisen ist. Wir befinden uns mit den drei Schwertern in der jüngeren Bronzezeit um ca. 1000 – 800 v. Chr. (späte Urnenfelderzeit, Phase Hallstatt B 1-3 bzw. Periode IV und V nach Otto Montelius). Ob hier am Kaisberg ein durchziehender Händler seine wertvolle Ware versteckte, oder ob – was schon häufiger belegt werden konnte – diese außergewöhnlichen Objekte rituell deponiert wurden, muss nicht zuletzt aufgrund der mangelnden Kenntnisse über ihre Auffindesituation offenbleiben.

Es wird sogar diskutiert, ob diese Schwerter gar nicht für einen tatsächlichen Einsatz als Waffen gefertigt wurden, da die Griffpartien im Vergleich zur Länge der Schwertklingen recht klein sind. Vielleicht dienten sie als eine Art Statussymbol/Abzeichen oder sie wurden direkt für ihren Einsatz als „Opfergabe" gefertigt. 2018 kam ein etwas älteres Griffzungenschwert – ein süddeutscher Import – bei Minden in einem Grab zutage, der bisher jüngste Fund eines Schwertes dieser Art in Westfalen.

Nur etwa 60 jüngerbronzezeitliche Prunkschwerter sind für den Raum von Frankreich bis nach Nord-Polen und den Karpaten bzw. dem Balkan bekannt. Es handelt sich bei den drei Stücken aus Hagen-Vorhalle also um besondere archäologische Kostbarkeiten.

MICHAEL BAALES

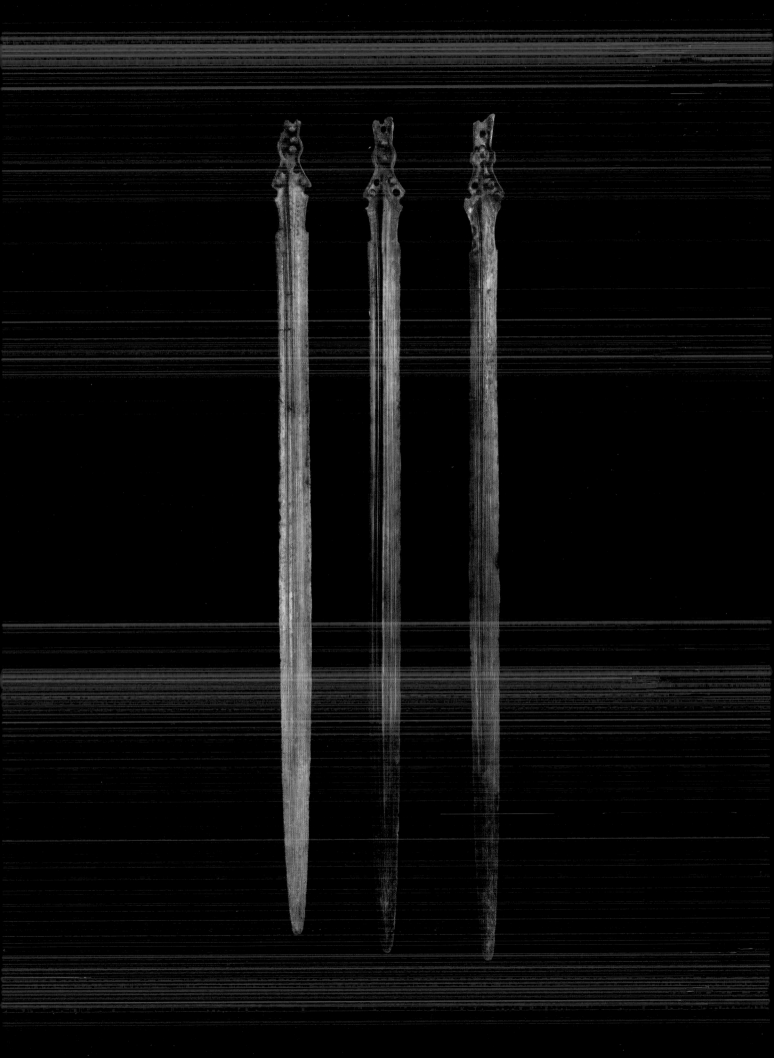

Eisenzeit

Nach der Bronzezeit ist auch die nächstjüngere Epoche der Menschheitsgeschichte nach einem Metall benannt: Eisen. Dieses Metall lässt sich zu Geräten oder Waffen formen, die ebenso hart wie Bronze sein können, aber zugleich auch wesentlich flexiblere Eigenschaften haben. Beispielsweise können aus Bronze nie Sensenklingen oder belastbare Drähte erzeugt werden. Der Grund hierfür liegt darin, dass Eisengeräte durch intensives Schmieden hervorragende Eigenschaften erhalten, was bei Bronzeobjekten nicht möglich ist. Folglich löste Eisen allmählich Bronze während der Eisenzeit als Werkmetall ab und neue Innovationen hatten bahnbrechende Wirkung: Mit Erfindung der Sense wurde die Grünlandwirtschaft möglich, die Futterbevorratung vereinfacht, Areale hierzu in Wiesen gewandelt und die Viehzahlen erhöht. Noch bedeutender waren massive Eisenbleche, die an die Hakenspitzen der hölzernen Hakenpflüge gesteckt wurden: Sie ermöglichten erstmals, auch schwierige Böden effektiv zu beackern. Dies führte zur Ausweitung des Ackerbaus in bislang ungenutzte Lagen und zu einem Bevölkerungswachstum.

Im Raum Hagen begann die Eisenzeit erst ungefähr im 8. Jahrhundert v. Chr. Zuvor hatte das neue Metall bereits im Nahen Osten sowie im südlichen Europa Einzug gehalten.

Im südlichen Ruhrgebiet und dem nordwestlichen Sauerland bedeutete das neue Metall zunächst keine Zäsur: Die Menschen lebten weiterhin als Bauern und erwirtschafteten ihre Lebensgrundlage selbst mit Ackerbau und Viehzucht. Es dauerte Jahrhunderte, bis das neue Metall Alltagsgut wurde, und dann den Lauf der Geschichte änderte: Spätestens im 4. Jahrhundert v. Chr. weiteten die Menschen ihr Siedlungsgebiet in die Mittelgebirge hinein aus – sie beackerten nun auch die schweren Mittelgebirgsböden und die Bevölkerung wuchs. Die neuen Gebirgsbauern lebten in kleinen Einzelgehöften, die windgeschützt an den Mittelhängen lagen. Die Toten wurden samt ihrer Kleidung verbrannt und an exponierter Stelle bestattet. Auf vielen Bergkuppen errichteten die Menschen beeindruckende Befestigungen, wie beispielsweise auf dem Minnerberg im Volmetal bei Hagen-Ambrock und dem Burgberg im Lennetal bei

Iserlohn-Oestrich. Die Befestigungen waren Konstruktionen aus Holz und Erde, die nach der Eisenzeit zu Wällen verfielen, daher bezeichnet man diese Bodendenkmäler Wallburgen. Wenige dieser Wallburgen waren Siedlungen, vielmehr wurden diese Orte als Versammlungsstätten für religiöse Feiern oder als militärische Stützpunkte genutzt. Da der archäologische Forschungsstand zu den meisten Wallburgen sehr begrenzt ist, bleiben hier noch viele Fragen für zukünftige Forscherinnen und Forscher offen.

Das Gebiet des heutigen Hagen war zur Eisenzeit eine Grenzregion: Während der Mittelgebirgsraum kulturell sehr aus südlichen Gebieten beeinflusst wurde, schloss er nördlich an die Altsiedellandschaft des heutigen Ruhrgebietes an. Dort dominierten wiederum Kultureinflüsse aus dem Niederrheingebiet. Diese Unterschiede wurden besonders deutlich in den letzten Jahrhunderten v. Chr., als südlich des Sauerlandes, im Mittelrheintal sowie bis Mittelhessen hinein die keltische Zivilisation existierte. Sie war durch vorstaatliche Gemeinschaften mit stadtartigen großen Siedlungen, blühender Wirtschaft und später auch durch Münzwesen charakterisiert. Nördlich des heutigen Hagen bestanden demgegenüber kleinbäuerliche Gemeinschaften ohne stadtähnliche Zentren fort. Folglich belegen alle fassbaren Einflüsse der Eisenzeit im Raum Hagen auch Südeinflüsse: Beispielsweise stammt eine keltische Münze, die auf dem Minnerberg gefunden wurde, aus dem Trierer Raum, oder ein Halsringfragment, mutmaßlich aus einem Brandgrab im Milchenbachtal bei Hagen-Holthausen, findet gute Vergleiche in Nordhessen, Wittgenstein oder dem Sieg-Mündungsgebiet. Deswegen wird in der Forschung diskutiert, ob die Menschen, die in der Eisenzeit erstmals den Hagener Raum besiedelten, aus dem Süden einwanderten.

Eisenzeitliche Siedlungsbereiche im Raum Hagen lagen vor allem auf den Flussterrassen der unteren Lenne und im Volmetal. In Hagen-Herbeck konnte 2010–2012 ein größeres Gebiet untersucht werden, das Siedlungsbefunde – Pfostenspuren von Gebäuden und Abfallgruben – von der jüngeren Bronzezeit über die mittlere und späte Eisenzeit bis in die römische Kaiserzeit und das Frühmittelalter lieferte. Aus mehreren Höhlen im nordwestlichen Sauerland, so auch bei Hagen-Hohenlimburg, sind eisenzeitliche Funde bekannt. Ob sie dort aus kultischen Gründen oder aber als Beigaben für Bestattungen niedergelegt wurden, lässt sich wegen der meist nicht dokumentierten Fundsituation nicht klären.

MANUEL ZEILER

Eisenzeitliche Keramik aus Höhlen des Hönnetales im Museum Wasserschloss Werdringen.

53 Plattenfibel

Oeger Höhle, Hohenlimburg
Ältere Eisenzeit, ca. 600 v. Chr.
Bronze, Dm 1,8 cm

Als Johann Carl Fuhlrott im Jahre 1860 die am Fuße einer Fels-formation an der Lenne – dem „Oeger Stein" – gelegene Oeger Höhle bei Hagen-Hohenlimburg besuchte, fand er nicht mehr die ursprüngliche Landschaftssituation vor. Vorplatz und Eingangs-bereich der Oeger Höhle waren durch Sprengungen für den Stra-ßenbau und für einen benachbarten Steinbruch bereits weitge-hend zerstört bzw. verschwunden. Künstlerische Ansichten, wie eine um 1810 entstandene Gouache von Johann Heinrich Bleu-ler, und Überlieferungen aus dem frühen 19. Jahrhundert bele-gen die schwierige Zugänglichkeit der Oeger Höhle. Sie war nicht über einen Weg entlang der Felsformation, sondern nur mit einem Kahn oder schwimmend über die Lenne erreichbar. Seit 1974 ist die Oeger Höhle, die seit prähistorischen Zeiten bis in die Frühe Neuzeit immer wieder aufgesucht wurde, durch eine mächtige Betonwand verschlossen und ist nur noch für wissen-schaftliche Untersuchungen zugänglich.

An dem felsigen Hang rechts neben dem früheren Eingang zur Oeger Höhle wurde um 1955 ein kleines, aber sehr bedeutendes Fundstück entdeckt. Es handelt sich um eine bronzene, im Durch-messer etwa 1,8 cm messende runde Gewandspange. Vom Typ entspricht sie einer sogenannten Plattenfibel, genauer gesagt, eine aus einem dünnen Bronzeblech gefertigte Zierscheibe mit einer Nadelkonstruktion. Zierscheibe und Nadel sind mit einer Niete miteinander verbunden, wobei der Niet in Form eines klei-nen Buckels auch zugleich den Mittelpunkt der Scheibe markiert. Fünf konzentrische Kreise, die mit einem spitzen Gegenstand in das Bronzeblech geritzt wurden, gruppieren sich um die mittig angeordneten Niete.

Zusammen mit weiteren eisenzeitlichen Fundobjekten aus den Höhlen Südwestfalens ist die kleine Gewandspange von der Oeger Höhle ein sehr deutlicher Hinweis auf weitreichende Kon-takte zwischen der eisenzeitlichen Bevölkerung in Westfalen und den fernen Regionen in Nord-, Ost- und Südeuropa. Denn die Plat-tenfibel stammt nicht aus der Hand eines lokalen Handwerkers.

Sie gelangte stattdessen vor rund 2.600 Jahren während der ausgehenden Älteren Eisenzeit als Import aus dem südostalpinen Hallstattraum zur Oeger Höhle.

Als seltenes Importstück galt die kleine Plattenfibel bei ihren früheren Besitzer*innen sicherlich als Rarität und besaß auch einen entsprechenden ideellen Wert. Es ist davon auszugehen, dass sie nicht am Fundort außerhalb der Höhle – beispielsweise beim Tragen des Gewands – achtlos verlorenging. Vielmehr dürfte sie während der Straßenbau- und Steinbrucharbeiten im 19./20. Jahrhundert aus dem Bereich des früheren Höhlenein-gangs vor die Höhle verlagert worden sein.

Damit reiht sich die kleine Plattenfibel in die vielfältigen und herausragenden Funde der Eisenzeit aus den südwestfälischen Kulturhöhlen ein. Sie standen im Zusammenhang mit einem möglichen Totenkult, der in den Höhlen und in ihrem Umfeld vollzogen wurde.

INGMAR LUTHER

Blick ins Lennetal bei Limburg, rechts der Oeger Stein mit der Oeger Höhle. Gouache nach einer Vorlage von Johann Heinrich Bleuler in Feuer-thalen, Schweiz, um 1810, Stadtmuseum Hagen.

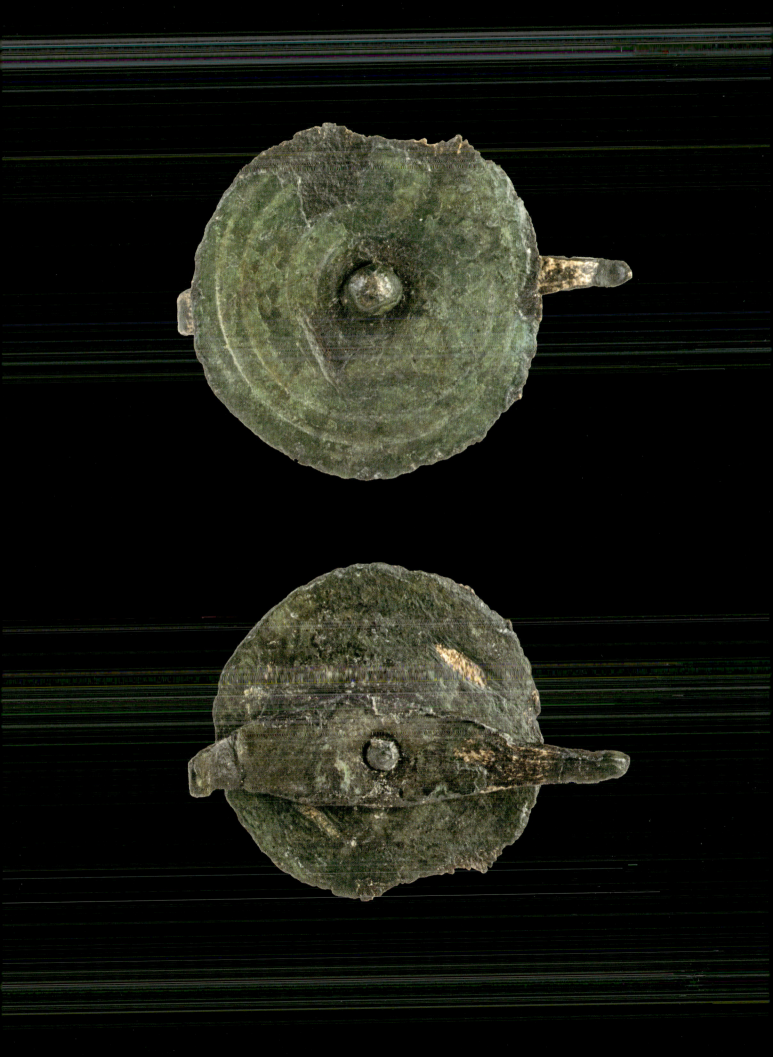

54 Entenfigur

Große Burghöhle, Hönnetal, Deilinghofen
Ältere Eisenzeit, 800 bis 400 v. Chr.
Bronze, H 3,2 cm L 2,2 cm

Gerade einmal 0,7cm breit, 2 cm hoch und knapp 3,1 cm lang ist der kleine Gegenstand, den Horst Dobberstein 1967 in der Großen Burghöhle bei Hemer-Deilinghofen fand. Bei dem Objekt handelt es sich um eine bronzene Entenfigur, die in die ältere Eisenzeit (etwa zwischen 800 und 400 v. Chr.) datiert. Halbkreisförmige Rillen auf dem Kopf der Plastik deuten die Augenwülste an und feine Kreuz- und Querrillen zieren den Schnabel und die Schwanzpartie. In der Mitte des Rückens befindet sich ein 1,5 mm großes Nietloch. Offenbar war die kleine Tierplastik ursprünglich einmal auf einem Gegenstand befestigt gewesen.

Die kleine Bronze-Ente wurde nicht von einem lokal ansässigen Handwerker gefertigt, sondern vielmehr wird ihr Ursprung im südlichen Mitteleuropa zu suchen sein. Dort sind Wasservogeldarstellungen, wie das Vogelgefäß aus Bökány-Mindszent in Ungarn und die Rassel aus dem ebenfalls ungarischen Királyszentistván bereits aus der Frühbronzezeit bekannt. Verschiedentlich kombiniert mit Schiffen und der mittels Radkreuzmotiven beziehungsweise mit konzentrischen Kreisen dargestellten Sonne bildeten sie bereits in der Mittleren Bronzezeit das am häufigsten verwendete Bildmotiv, die Vogel-Sonnen-Barke. Dieses zeigt ein geschwungenes Schiff mit Sonnenscheibe, dessen Steven in Vogelköpfen auslaufen. Die Barke mit der in Glaubens- und Göttervorstellungen verankerten Motivik ziert in Form von Zeichnungen, Gravuren und Punzbilder beispielsweise Rasiermesser, Schutzwaffen, Beinschienen, Fibeln oder Gefäße.

Weitere derartige Ziermuster sind nur wenige Kilometer entfernt vom Fundort unseres Bronze-Entleins zu finden. Die bronzezeitliche Bronzeamphore aus dem sauerländischen Gevelinghausen bei Meschede, die als Import aus dem Süden nach Westfalen gelangte und in der Eisenzeit als Urne „nachverwendet" wurde, ist mit einem gepunzten Vogel-Sonnen-Barken-Motiv verziert. Vogelmotive finden sich aber auch als plastische Zierelemente auf Gefäßrändern oder an Miniaturwagen, wie dem Vogelwagen aus Ton von Dupljaja oder dem bronzenen Kessel-

wagen von Acholshausen bei Würzburg. Nördlich der Alpen sind solche Ritualwagen mit Vogelprotomen (vorderer Teil eines Vogels, der als Dekor an einem anderen Objekt angebracht ist) oder Teile von diesen aus mehreren spätbronzezeitlichen Gräbern bekannt, die aufgrund ihrer Grabausstattung wohl einer elitären Bevölkerung zuzuordnen sind. Es ist denkbar, dass inhaltlich sowohl in den Vogel-Sonnen-Barken, als auch in den Miniaturwagen eine Darstellung der Reise der Sonne gesehen werden kann. In unterschiedlichen Kulturen und Regionen sind dabei die (Wasser-)Vögel mit Glaubens- und Göttervorstellungen verankert.

Auch in der älteren Eisenzeit bleibt der Wasservogel, teilweise auch als Junktur von Vogel und Rind, ein häufig verwendetes Bildmotiv. Von den Handwerkern in Westfalen wurde diese Motivik jedoch nicht verwendet. So verwundert es nicht, dass sich die nächsten Parallelen zu dem Bronze-Entlein aus der Großen Burghöhle nicht in der näheren Umgebung, sondern erst in Österreich im ältereisenzeitlichen Gräberfeld von Hallstatt finden. Zwar gibt es mit der Bronze-Ente aus einem Brandgrubengrab der jüngeren Eisenzeit aus Hiddenhausen eine weitere Wasservogelfigur, doch unterscheidet sich dieses Figürchen in seiner Ausführung auch qualitativ von dem deutlich besser gearbeiteten Fund aus der Burghöhle.

Es ist davon auszugehen, dass die kleine Bronze-Ente vermutlich aus dem östlichen frühkeltischen Raum nach Westfalen importiert wurde. Ob die Entenplastik dabei fest vernietet auf einem Gegenstand wie einem Votivwagen oder an einem Gefäßrand in die Große Burghöhle gelangte, lässt sich nicht mehr klären. Es wäre auch denkbar, dass die kleine Figurine als pars pro toto, also als Teil eines Ganzen und damit als Einzelstück Einzug in die Höhle fand, wie es auch aus spätbronzezeitlichen Elitengräbern bekannt ist.

INGMAR LUTHER

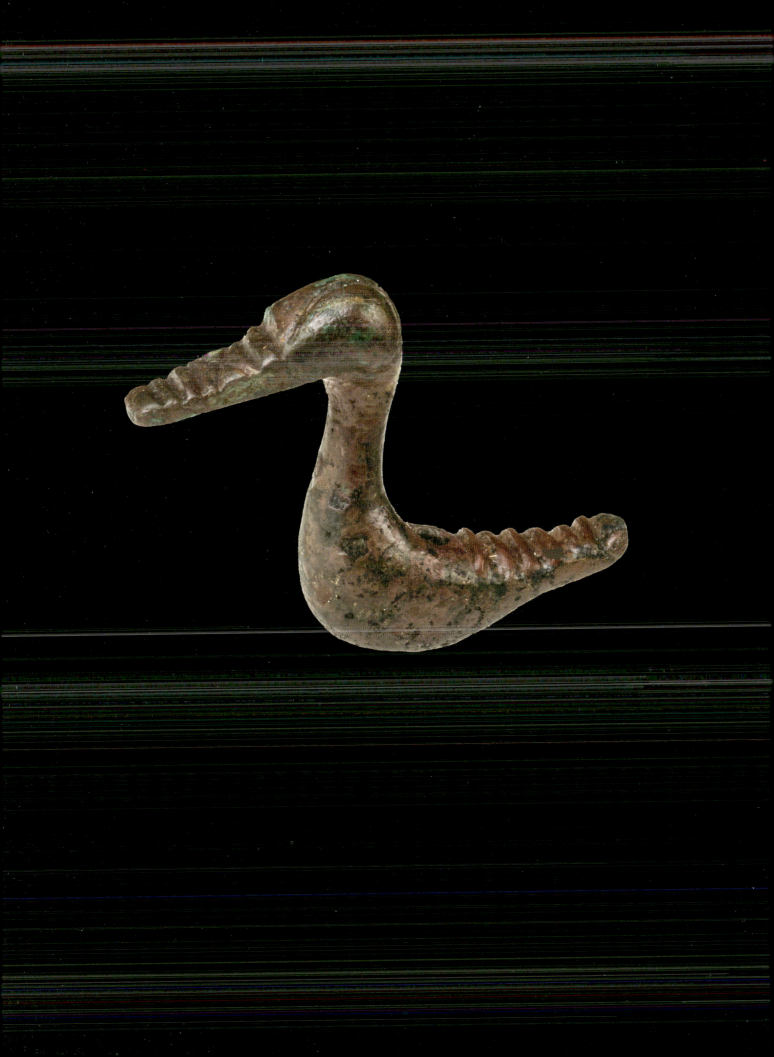

55 Wendelhalsring

„Am Strang", Hagen-Haßley
Ältere Eisenzeit, ca. 550 v. Chr.
Zinnbronze, erhaltene Länge 5 cm

In der älteren Eisenzeit, ca. ab 800 v. Chr., besiedelten erstmals allmählich Bauern systematisch den westfälischen Mittelgebirgsraum und bauten Befestigungen auf Bergkuppen. Durch zahlreiche Ausgrabungen im besser erforschten Hessen und dem Sieg-Mündungsgebiet deutet sich an, dass die frühen Siedler Teil hierarchisch gegliederter Gesellschaften waren. Eine Unterscheidung zwischen privilegierten und weniger privilegierten Menschen erfolgte bislang über die Grabausstattung der Bestatteten, denn die Toten der älteren Eisenzeit wurden zusammen mit persönlicher Ausrüstung oder Schmuck begraben – und dieser Schmuck zeigte die gesellschaftlichen Unterschiede auf.

An der Spitze der Gesellschaft standen im derzeitigen Forschungsstand Gruppen, die nach ihrem Tod verbrannt wurden und deren reiche Bekleidung ebenfalls ein Raub der Flammen wurde. Besonders die sogenannten Wendelhalsringe bezeichneten diese Elite.

Von der Flur „Am Strang" im Milchenbachtal südlich von Hagen-Haßley stammt das Fragment eines solchen Wendelhalsrings. Er wurde von geschickten Handwerkern gefertigt, indem zunächst ein offener Halsring aus Bronze gegossen wurde, der bis auf seine Enden im Querschnitt kreuzförmig war. Nun wurde der Ring erhitzt und abschnittsweise Partien tordiert oder in entgegengesetzter Richtung erneut gedreht. Durch die Wiederholung dieser Deformierungen in immer anderen Abschnitten des Ringes entstand so eine gedreht-wellige Oberflächenoptik, die dem Ring seinem Namen gab.

Das Hagener Ringfragment ist verbrannt, was vermuten lässt, dass es aus einem Brandgrab stammte. Leider handelt es sich um einen Lesefund, weshalb die Fundumstände problematisch, der Fundkontext zerstört und die Lokalisierung ungenau sind. Daher kann nicht mehr geklärt werden, ob bei Hagen-Haßley eines der seltenen ältereisenzeitlichen Gräber einer Bestatteten mit Wen-

delhalsring war. Immerhin lässt das Ringfragment noch gut erkennen, dass er zu Lebzeiten seines Besitzers häufig getragen wurde: Die Innenseite des Ringes ist abgenutzt.

Schließlich ist noch auf eine Besonderheit des Hagener Rings einzugehen: Seine Gestaltung findet sich nämlich vergleichbar bei wenigen anderen Wendelhalsringen im Mittelgebirgsraum wieder. Diese stammen aus Ostwestfalen (Petershagen-Seelenfeld u. Petershagen-Neuenknick) und lassen weitreichende kulturelle Verbindungen am Beginn der ältereisenzeitlichen Aufsiedlungsphase erkennen.

MANUEL ZEILER

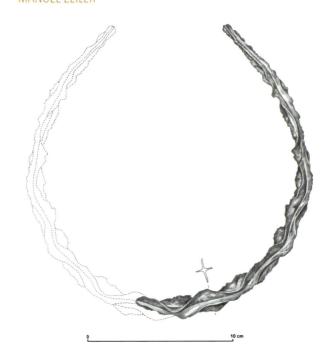

Die Zeichnung dieses besser erhaltenen westfälischen Wendelhalsrings lässt erahnen, wie auch das Hagener Schmuckstück einmal ausgesehen haben wird.

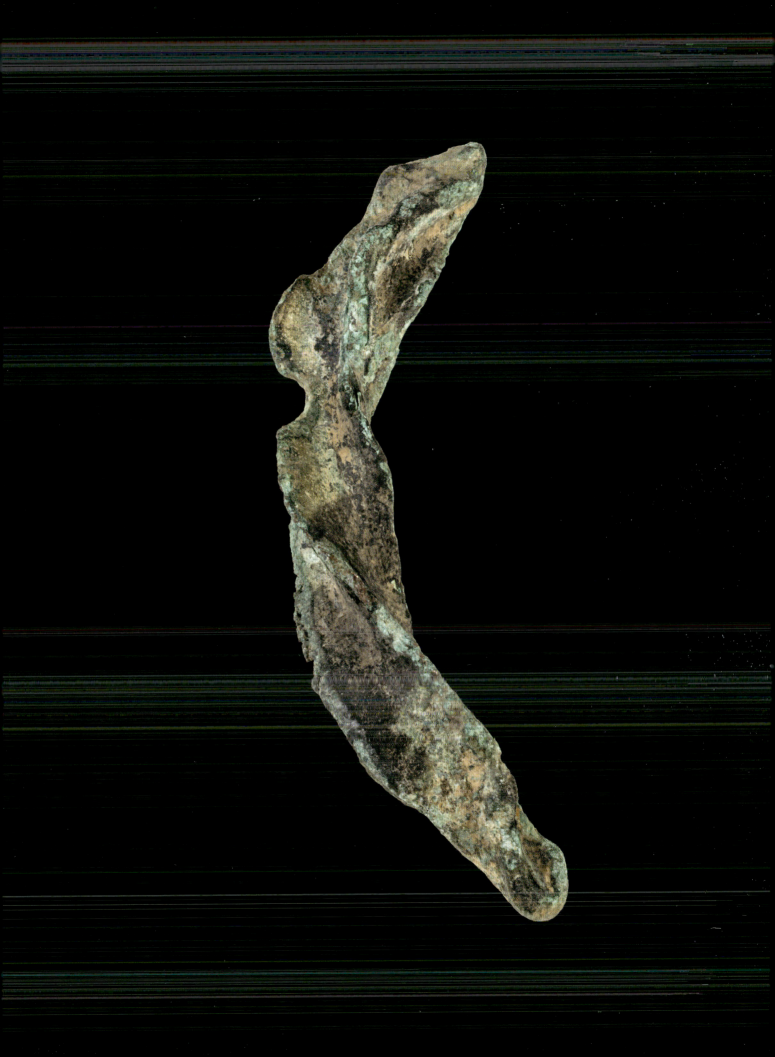

56 Gefäß mit Kreisstempel-Verzierung

Karhofhöhle, Hönnetal, Balve
Ältere Eisenzeit, um 500 v. Chr.
H 16,0 cm Dm (Mündung) 13,0 cm

Wie fast alle der sogenannten Kulturhöhlen in Westfalen fiel auch die Karhofhöhle bei Balve im Hönnetal dem Forscherdrang von privaten Fossiliensuchern, Geologen und Heimatforschern des 19. und 20. Jahrhunderts zum Opfer. Dabei war der Forscherdrang so groß, dass eine wissenschaftliche Dokumentation der „Ausgrabungen" überhaupt nicht oder nur in Form kurzer Notizen stattfand. Die Folge war, dass ein großer Teil der Kulturzeugnisse ohne Beobachtung der Fundsituation zerstört wurden, sodass heute viele der Höhlenfunde in den Museen nur zusammenhanglos vorliegen.

Unter den zahlreichen Funden, die bei solchen Aktivitäten geborgen wurden, befinden sich unter anderem die Rand-, Wand- und Bodenscherben eines Tongefäßes. Sie liefern aufgrund ihrer spezifischen Form ausreichende Hinweise, um das ehemalige Gefäß rekonstruieren zu können. Es handelt sich um einen kleinen, etwa 16 cm hohen Topf mit flach geschwungener Form. Aus dem oberständigen Bauchumbruch geht der schwach zur Mündung hin aufbiegende Gefäßrand hervor, der mit eingedrückten Fingertupfen versehen ist.

Die Wandung des Gefäßes hat der Töpfer mit zahlreichen runden Eindrücken verziert. Hierfür wurde ein runder Gegenstand, beispielsweise ein dünner Ast oder Knochen, tief in den weichen Ton des Gefäßes gedrückt. Wirkt die Anordnung der Verzierung zuerst willkürlich, so fällt bei eingehender Betrachtung auf, dass der Töpfer offensichtlich die Eindrücke gezielt in den Ton gepresst hat, um dadurch optisch den zonalen Gefäßaufbau zu betonen. Denn unmittelbar unter dem Gefäßrand hatte er einen etwa 2,5 cm breiten Streifen ohne Verzierung gelassen.

Aus Westfalen sind flächige runde Eindrücke als Zierform auf Gefäßen der beginnenden Eisenzeit nicht belegt. Erst mit der Späthallstattzeit um 500 v. Chr. setzen die ersten flächigen Stempelmuster ein, die aus einfachen Stempeln oder Kreis- bzw. Würfelaugen bestehen und mit parallel verlaufenden Rippen oder Riefen kombiniert sein können. Hierbei handelt sich um Muster vom Typ Amöneburg, benannt nach einem Fundort bei Marburg in Hessen. Mit der ausgehenden Frühlatènezeit und der Mittellatènezeit, also im zeitlichen Umfeld der sogenannten Braubacher Stempelverzierung, treten die flächigen Ziermuster häufiger auf.

Fest steht, dass es sich bei der Verzierung auf dem Topf aus der Karhofhöhle im Hönnetal nicht um ein Braubacher Stempelmuster handelt, auch eine Zuweisung zum Typ Amöneburg ist nicht gesichert. Vielmehr handelt es sich stattdessen um eine sogenannte Marne-Verzierung. Ihr Verbreitungsschwerpunkt ist in Frankreich zu suchen und datiert in einen Zeithorizont, der am Übergang zur jüngeren Eisenzeit steht. Damit liefert der mit Kreisstempeln verzierte Topf aus der Karhofhöhle, dessen nächste Parallelen sich in der Großen Burghöhle und der Balver Höhle im Hönnetal sowie in der Keramik des eisenzeitlichen Siedlungsplatzes bei Hagen-Herbeck finden (S. 160), einen Beleg für die weitreichenden Kontakte der Menschen der Eisenzeit in Westfalen nicht nur nach Süden, sondern auch nach Westen.

INGMAR LUTHER

Die Karhofhöhle bei Balve im Hönnetal.

57 Schale

Große Burghöhle, Hönnetal, Hemer-Deilinghofen
Ältere Eisenzeit, um 500 v. Chr.
H 9,0 cm Dm 13,8 cm

Die schwarze Farbe, die glänzend polierte Oberfläche und die wellenförmig angeordnete Ritzdekor-Verzierung heben eine Rand- und Wandscherbe aus der Großen Burghöhle im Hönnetal hervor. Sie gehören zu einer Schale, die Dank der Scherbengröße und ihrer charakteristischen Form eine Rekonstruktion des Gefäßes ermöglichte. Bei dem Fundstück handelt es sich um eine etwa 9 cm hohe Schale mit geschweiftem Oberteil. Die Schulterpartie der Schale weist eine steile, flach geschwungene Form auf und der Mündungsdurchmesser entspricht in etwa dem maximalen Durchmesser des Gefäßes. Die Ritzdekor-Verzierung – auch Kammstrichzier genannt – ist unter der Schulter des Gefäßes angebracht, während die Schale im oberen Teil zum Rand hin verzierungslos ist.

Aus einer eisenzeitlichen Siedlung bei Bad Salzuflen-Wüsten liegt ein Gefäßfragment mit einem ähnlichen Ziermuster vor. Schalen mit geschweiftem Oberteil sind für die gesamte Eisenzeit nachgewiesen. Aufgrund des wellenförmigen Kammstrichmusters, das in der älteren Eisenzeit noch nicht verwendet wird, ist es möglich, die Schale aus der Großen Burghöhle in die fortgeschrittene Mittlere Eisenzeit bzw. in die Späte Eisenzeit zu datieren.

Der überwiegende Teil der umfangreichen Keramikfunde aus der Großen Burghöhle ist durch eine uneinheitlich rötlichbraune Farbe und geglättete oder flüchtig verstrichene Gefäßoberflächen gekennzeichnet. Die Gefäße, wie Becher, kleine und große Töpfe, Schalen, Schüsseln und Teller, wurden für den alltäglichen Gebrauch getöpfert und in einfachen Feldbrandöfen gebrannt. Die kleine Schale ist nicht mit den übrigen Gefäßen unter „normalen" Bedingungen im Ofen hergestellt worden. Vielmehr wurde der Töpferrohling in einem aufwendigeren Brennverfahren während konstant sauerstoffarmer Atmosphäre gebrannt, wodurch die Gefäßoberfläche eine einheitlich schwarze Farbe erhielt. Außerdem scheint der Töpfer sehr großen Wert auf die Herstellung einer glänzenden, poliert wirkende Oberfläche gelegt zu haben.

Ähnliche Schalen sind zum einen aus früheisenzeitlichen Schichten aus Mittelhessen, zum anderen aus jüngeren Zeithorizonten aus Nordhessen, wie etwa aus dem Gräberfeld von Vollmarshausen bei Kassel bekannt. Im Gegensatz zu der Schale aus der Burghöhle, wurde die glänzende Oberfläche bei den hessischen Stücken durch eine Graphitierung, das Aufbringen von Graphit auf die Gefäßoberfläche, erreicht. Graphit stand als lokal anstehender Rohstoff in Westfalen jedoch nicht zur Verfügung und hätte importiert werden müssen. Womöglich kannte der Töpfer der Burghöhlenschale die hessischen Gefäße und versuchte durch eine sorgfältige Tonaufbereitung und Oberflächenpolitur diesen glänzenden Effekt zu imitieren. Offensichtlich wurde diese kleine Schale aus der Großen Burghöhle für einen besonderen Anlass, der wahrscheinlich mit einem (Bestattungs- oder Opfer-)Ritus verbunden war, speziell hergestellt und in der Höhle deponiert.

INGMAR LUTHER

Der Zugang zur Großen Burghöhle bei Deilinghofen im Hönnetal.

58 Vasenfußfibel

Große Burghöhle, Hönnetal, Hemer-Deilinghofen
Mittlere Eisenzeit, ca. 570–330 v. Chr.
Bronze, L 5,2 cm

Bei den Ausgrabungen in der Großen Burghöhle im Hönnetal konnten unter anderem zahlreiche Schmuck- und Trachtbestandteile geborgen werden. Neben Arm- und Halsreifen und Ohrringen mit Bernsteinperlen, die als reine Schmuckgegenstände anzusprechen sind, fanden sich auch Gewandnadeln sowie mehrere Gewandspangen, sogenannte Fibeln. Hierbei handelt es sich um Gewandschließen, die sich in ihrer Funktion gut mit einer Sicherheitsnadel vergleichen lassen und deren Funktion das Verschließen bzw. das Zusammenhalten von Gewändern und Stoffbahnen war. Neben dem funktionalen Charakter dienten Fibeln auch als Schmuckaccessoire, vergleichbar mit einer Brosche, welches gleichermaßen von Frauen wie von Männern im zivilen und auch militärischen Alltag getragen wurde.

Nadeln und Fibeln waren je nach Kultur, Zeit und Region in ihrer Ausformung den wechselnden Modeerscheinungen unterworfen, wodurch sich ein variantenreiches Formenspektrum entwickelte. Ähnlich wie Münzen eignen sich daher diese Funde gut zur feinchronologischen Datierung von archäologischen Fundschichten und Fundkomplexen. Etwa Ende des 7. Jahrhunderts vor Christus löste die Fibel die „einfache" Gewandnadel aus Bein oder Metall ab. In Westfalen ist erst ab der mittleren Eisenzeit (ca. 570–330 v. Chr.) eine Zunahme der Verbreitung von Fibeln nachweisbar.

Die vorliegende Fibel aus der Großen Burghöhle lässt sich dem sogenannten Frühlatèneschema zuordnen und datiert etwa in das dritte bis erste Jahrhundert vor Christus. Damit fällt der Fibeltyp in eine Zeit, in der in Westfalen ein tiefgreifender gesellschaftlicher Umbruch einhergeht. Aus der östlichen Latènekultur und dem hessisch-thüringischen Mittelgebirgsraum gelangen neue Impulse über Süd- und Ostwestfalen in die Region und setzen eine Entwicklung in Gang, die auch als „Latènisierung" bezeichnet wird.

Kennzeichnend für diese Fibeln vom Frühlatèneschema ist, dass sie unverkennbar in der keltischen Stiltradition der ausgehenden Frühlatènezeit stehen, jedoch eine „örtliche" Herstellung erkennen lassen. Bei dem rund 7 cm langen Fund handelt es sich um eine sogenannte Vasenfußfibel. Namensgebend für diesen Fibeltyp ist die vasenähnliche Verzierung der Fibel. Hierbei handelt es sich um eine – meist aufgesteckte – Verdickung zwischen zwei Scheiben am Vasenfuß. Eine mehrfach gewundene Spirale und eine außen verlaufende Sehne sind charakteristisch. Zwar fehlt bei dem Burghöhlenfund die Nadel und auch von der Spirale ist nur noch eine Windung erhalten, dennoch kann der Fund aufgrund seiner Vasenfußzier eindeutig dem Fibeltyp zugeordnet werden.

Die nächste Parallele stammt aus der Rösenbeckerhöhle bei Brilon, ebenfalls eine Höhle mit zahlreichen eisenzeitlichen Relikten, sowie aus Lünen-Beckinghausen und Bergkamen-Oberaden. Über die Fragmente von Vasenfußfibeln aus der Hünenburg in Ostwestfalen führt die Spur über zahlreiche Fibelfunde von den eisenzeitlichen Höhensiedlungen wie dem Christenberg, dem Dünsberg, dem Brülerberg oder Holzhausen-Oberwald in die Lahn-Dill-Region, wo Fibeln dieses Typs als eine Leitform für diese Zeitstufe gelten.

INGMAR LUTHER

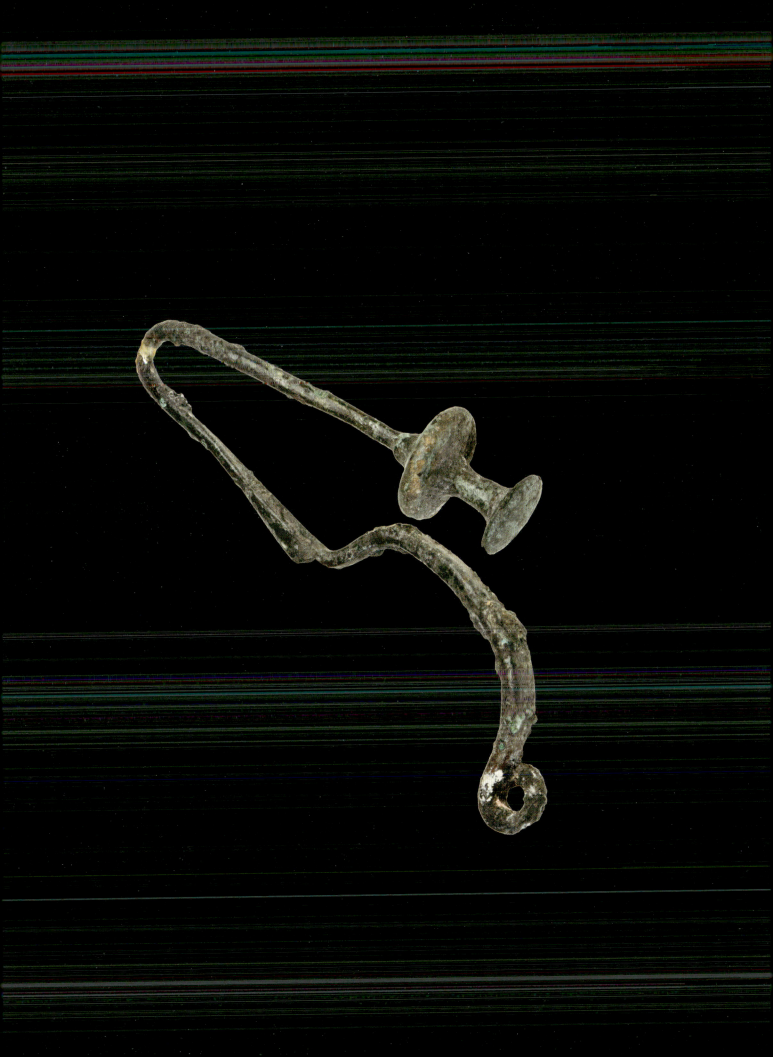

59 Tüllenbeil mit Resten der Holzschäftung

Große Burghöhle, Hönnetal, Hemer-Deilinghofen
Jüngere Eisenzeit, um 250 v. Chr.
Eisen, Holz (inkohlt), Getreide (inkohlt), Sinter, L 12,5 cm B 5,0 cm 556 g

Dass die sogenannten Kulturhöhlen des Hönnetals im 19. und frühen 20. Jahrhundert nach modernen Maßstäben eher durchwühlt denn ausgegraben wurden, verleitete zwischen 1965 bis 1990 einige Heimatforscher in den überwiegend gestörten Höhlensedimenten, eine Nachsuche vorzunehmen, um archäologische Funde zu entdecken. Allerdings wurden bei diesen Aktivitäten nicht nur umgelagerte Kulturschichten durchsiebt, sondern auch mangels Kenntnissen nicht erkannte, noch vorhandene ungestörte Befunde freigelegt und zerstört.

Auch bei dem hier vorgestellten Gegenstand, einem Tüllenbeil mit Resten der hölzernen Schäftung, könnte es sich um einen Fund handeln, der aus einer solchen intakten archäologischen Schicht „entnommen" wurde. Eine dicke Korrosionsschicht ummantelt den Eisenfund, darin sind Holzkohle, verkohlte Getreidekörner und Sinterstücke regelrecht angebacken. Auf den ersten Blick wirkt das Fundstück wie ein einfacher Metallklumpen. Doch bei näherer Betrachtung fällt auf, dass es sich bei dem Fund um ein eisernes Tüllenbeil handelt, in dessen Tülle sich noch die Reste des Schäftungszapfens erhalten haben.

Um einen festen Halt der eisernen Beilklinge auf dem hölzernen Holm zu gewährleisten, wurden die Beilklingen auf die feuchten und aufgequollenen Hölzer gesetzt. Sie wurden auch im erhitzten Zustand auf den trockenen Holm gezogen. Da sich bei dem Fundstück aus der Großen Burghöhle das Holz nur innerhalb der Tülle erhalten hat, lassen sich keine weiteren Aussagen hinsichtlich Winkel und Art der Schäftung oder über die Verbindung zum Stiel treffen. So bleibt es unklar, ob es sich um eine Quer zum Holm geschäftete Dechsel- oder aber um eine parallel geschäftete Beilklinge gehandelt hat.

Aus welchen Gründen blieb das Holz in der Tülle des Höhlenfundes erhalten? Zweifellos lag der Fund in der Nähe von Feuer, sodass der hölzerne Beilholm durchkohlt wurde. Dadurch wurde die Zersetzung des in der Tülle der Beilklinge befindlichen Schäftungsholzes gestoppt. Die Beilklinge lag vor ihrer Auffindung in einer etwa 80 cm mächtigen Kulturschicht, die Scherben eisenzeitlicher Gefäße, Knochen und weitere Metallobjekte enthielt.

Die im Höhlensediment dunkle, durch die Ausgräber des späten 19. und frühen 20. Jahrhunderts in der Großen Burghöhle erwähnte Schicht war mit großen und kleinen Holzkohlestücken sowie zahllosen verkohlten Getreidekörnern durchsetzt. Die Mächtigkeit dieser Schicht und die darin enthaltenen archäologischen Funde aus unterschiedlichen bronze- bis eisenzeitlichen Zeitabschnitten legen nahe, dass die für Wohnzwecke ungeeignete Große Burghöhle über einen längeren Zeitraum immer wieder als Brandplatz und zur Deponierung von Gegenständen genutzt wurde. Ähnliche Beobachtungen sind auch für andere Kulturhöhlen in Westfalen und darüber hinaus belegt. Denkbar wäre es, dass die Menschen der vorrömischen Metallzeiten im Rahmen ritueller Handlungen die Große Burghöhle aufgesucht hatten – sei es um Kontakt mit der Ahnenwelt oder den Göttern aufzunehmen oder bei Bestattungszeremonien.

Die Erhaltungschancen von solchen urgeschichtlichen Hölzern waren, sofern die Relikte nicht unter Luftabschluss in feuchten Horizonten – wie sie in Seen, Flüssen und Mooren vorhanden sind – die letzten Jahrtausende lagerten, sehr gering. Gelegentlich treten in Bereichen mit Feuchtbodenmilieu auch Funde mit Holzerhaltung, wie beispielsweise die urnenfelderzeitlichen Tüllenbeile aus der Lahn bei Dutzendorf in Hessen und der Enns bei Lorch in Oberösterreich, zutage. Für Südwestfalen stellt das Tüllenbeil mit Holzresten aus der Großen Burghöhle jedoch bislang eine Ausnahme dar.

INGMAR LUTHER

60 Glasarmring

Hagen-Herbeck
Späte Eisenzeit, 3.–2. Jahrhundert v. Chr.
Glas, L 3,5 cm

2008 bis 2010 wurden bei zwei Grabungskampagnen der LWL-Archäologie für Westfalen gegenüber dem Gut Herbeck in Hagen-Herbeck Flächen für ein neues Gewerbegebiet untersucht. Dabei konnte ein während der vorrömischen Eisenzeit mehrphasig genutztes Siedlungsareal angeschnitten werden. Die bei den Grabungen gesicherten Befunde reichen von Pfostenspuren der Hausgrundrisse bis hin zu Siedlungsgruben, die Keramik und andere Objekte aus Stein und Metall enthielten.

Unter den zahlreichen Fundstücken ist auch das Fragment eines kobaltblauen Glasarmrings mit fünf Rippen und gelber Fadenauflage. Für diesen vor allem im keltischen Gebiet verbreiteten Typ gibt es nur vereinzelte Nachweise in Westfalen. Obwohl das Fundstück aus einer wegen ihrer Keramikfunde eher frühmittelalterlichen Siedlungsgrube geborgen wurde, lässt sich das Glasringfragment in die späte Eisenzeit von der Mitte des dritten bis zur Mitte des ersten vorchristlichen Jahrhunderts datieren.

Der in Hagen-Herbeck entdeckte Glasarmring war zweifellos ein Importstück. Kobaltblaue und farblose Glasarmringe mit Rippen und Fadenauflagen fanden sich besonders häufig im keltischen Oppidum bei Manching in Bayern. In der Forschung wird vermutet, dass ein großer Teil der unter anderem in Westfalen und im Rheinland gefundenen, hauptsächlich wohl von Frauen getragenen Glasarmringe in Manching hergestellt wurden. Für die in Westfalen und im Rheinland gefundenen Glasarmringe wird auch eine Produktion im nördlichen Rheinland und im heutigen niederländischen Raum diskutiert. Ob die dort verwendete Glasmasse ebenfalls aus dem rheinischen-niederländischen Bereich stammte, also aus lokalen Rohstoffen erzeugt wurde, oder aber aus dem keltischen Gebiet importiert wurde, lässt sich nur durch naturwissenschaftliche Methoden klären.

Die Herstellung von Glasarmringen setzte ab 250 v. Chr. ein. Es war ein spezielles Verfahren, bei dem die erhitzte Glasmasse über dem Feuer geschleudert und durch eine Schablone nahtlos zu einem Ring mit glatter Innen- und profilierter Außenseite verbunden wurde. Gegen Ende der Fertigung wurde vor dem Erkalten der Glasmasse eine Verzierung eingeprägt oder aber – wie bei unserem Fundstück sowie bei einem kobaltblauen, rundprofilierten Glasringfragment vom Burgberg bei Letmathe-Oestrich – eine gelbe Fadenauflage aufgebracht.

Unter den aus Westfalen bislang bekannten eisenzeitlichen Glasarmringen nimmt der Fund aus Hagen-Herbeck eine besondere Stellung ein. Das Ringfragment ist hier der erste bekannte Fund des Typs mit fünf Rippen und gelber Fadenauflage. Andere in Westfalen bislang gemachte Funde dieses Typs tragen keine Fadenauflage. Doch nicht nur deshalb ist das Fragment des Glasarmrings aus Herbeck eine Besonderheit, sondern auch wegen seiner Auffindung in einer mutmaßlich frühmittelalterlichen Siedlungsgrube.

MIRJAM KÖTTER

Fragment eines kobaltblauen Glasarmring mit gelber Auflage und rundem Querschnitt. Burgberg bei Letmathe Oestrich; L 4,5 cm Dm 0,8 cm

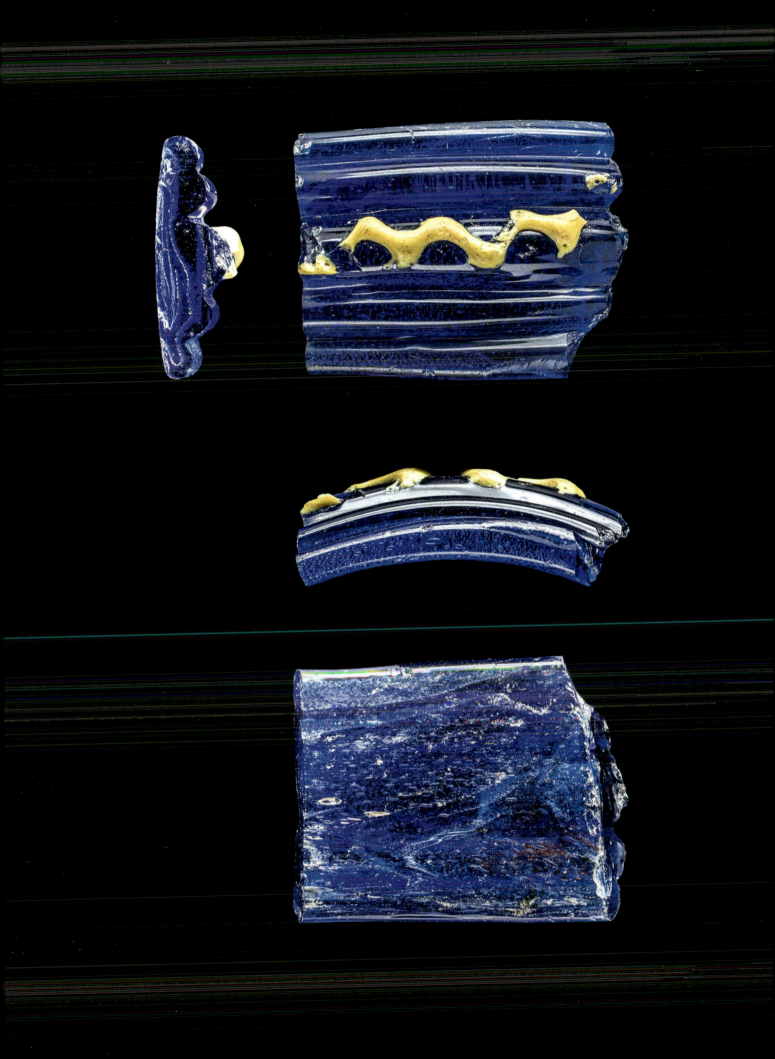

61 Becherförmiges Gefäß

Burgberg, Letmathe Oestrich
Mittlere / Jüngere Eisenzeit, um 250 v. Chr.
H 19,5 Dm 12,5 cm

Der Burgberg bei Letmathe-Oestrich mit seinem etwa 100 m über der Lenne liegenden Plateau zählt zu den wichtigsten archäologischen Fundplätzen in Westfalen. Die Vorteile der exponierten Lage wussten bereits Neandertaler und die Menschen der spätpaläolithischen Federmessergruppen zu schätzen. Zahlreiche Funde aus der Jungsteinzeit, der Bronze- und der Eisenzeit sowie des Mittelalters belegen, dass das Plateau nahezu durchgehend als Siedlungsplatz genutzt wurde. Die Frankfurter Künstlerin Ursula Magdalena Reinheimer (1777–1845) hielt 1802 einen Blick von der Ahm bei Hohenlimburg auf die ursprüngliche Landschaft des Burgbergs fest. Auf dem heute im Städel Museum in Frankfurt am Main verwahrten Gemälde wirkt der Burgberg wie ein monolithischer Felsblock, der das verengende Lennetal beherrscht. Von den malerischen Klippen und Felsgruppen hat nur das Ensemble „Pater und Nonne" die Zerstörungen im 19. und 20. Jahrhundert überdauert.

Im August 1982 hatte Horst Klötzer die Möglichkeit, unmittelbar südlich am Ostring der frühmittelalterlichen Wallanlage eine durch den Pflug beschädigte Grube zu dokumentieren. In der knapp 190 x 270 cm großen Vertiefung, deren Sohle rund 50 cm in den anstehenden Fels eingelassen war, lagen neben unzähligen verkohlten Getreidekörnern, Holzkohle und gebranntem Rotlehm auch die Scherben von mehreren eisenzeitlichen Gefäßen, wie von Schalen mit einer kurvigen Kammstrichverzierung. Unter der Keramik fanden sich auch mehr als 80 rötlich-braune, zusammenpassende Rand-, Wand- und Bodenscherben mit einer geglätteten Oberfläche. Die Rekonstruktion ergab ein eingliedriges becherförmiges Gefäß mit einem schwach gewölbten Bauch. Der steile Rand ist mit Fingereindrücken, sogenannten Randtupfen, verziert, ansonsten fehlt jedes weitere Dekor. Aufgrund der Vergesellschaftung mit weiterer Keramik in der Siedlungsgrube, vor allem der kammstrichverzierten Schalen, dürfte das Gefäß in die mittlere bis jüngere Eisenzeit datiert werden.

Bei dem aus zahlreichen Scherben zusammengesetzten Gefäß handelt es sich um Keramik, wie sie typischerweise immer wieder bei Ausgrabungen von eisenzeitlichen Siedlungen gefunden wird. Solche Töpfe, Schalen, Schüsseln und Becher waren „Massenware" mit entsprechend kurzer „Lebenszeit". Die Siedlungsgrube ist nicht der einzige eisenzeitliche Befund auf dem Burgberg. Neben einem eisernen Tüllenbeil, zwei Fragmenten von Glasarmringen und weitere Keramikscherben lieferten auch die heute zerstörte Martinshöhle am Osthang des Burgbergs und die Grürmannshöhle am Fuße der Felsgruppe „Pater und Nonne" eisenzeitliche Funde. Natürlich stellt sich auch die Frage, ob die bislang in das Frühmittelalter datierte Wallanlage zumindest einen eisenzeitlichen Vorgänger besaß. Um diese interessante Möglichkeit zu klären, sind jedoch weitere umfassende Untersuchungen notwendig.

INGMAR LUTHER

Blick von der Ahm bei Hohenlimburg ins Lennetal und auf den Burgberg bei Oestrich 1802; Ursula Magdalena Reinheimer (1777–1845). Öl/Leinwand, 71,4 cm x 55,5 cm.

62 Regenbogenschüsselchen

Bochum-Ehrenfeld
Jüngere Eisenzeit, ca. 50–25 v. Chr.
Kupferpotin, Dm 1,0 cm (unten), 1,7 cm (oben)

Am 12. Mai 1935 feierte Hohenlimburg die Einweihung des Heimatmuseums. Unter der Regie der NSDAP fand eine große Veranstaltung statt. Aufmärsche und Paraden von SA, SS und anderen Parteigliederungen wechselten sich mit Reden der örtlichen Parteiführer, des Vorsitzenden des Vereins für Orts- und Heimatkunde und damaligem Museumsträger, Rektor Hermann Esser (1875–1935), und des Landeshauptmanns in der Provinz Westfalen, Karl-Friedrich Kolbow (1899–1945) ab. Die Gründung des Museums war eigentlich bereits 1927 erfolgt. Nach ihrer Machtübernahme 1933 förderte die NSDAP die Einrichtung von kommunalen Heimatmuseen. In Hohenlimburg sollte das Heimatmuseum auch die ideologischen Grundlagen des Nationalsozialismus vermitteln.

Unter den zur Eröffnung des Heimatmuseums in Hohenlimburg am 12. Mai 1935 geladenen Gästen war auch der Museumsleiter Josef Spiegel (1901–1984) aus der Nachbarstadt Schwerte. Der gelernte Reichsbahnarbeiter hatte sich seit 1927 in den Fachgebieten Vorgeschichte und Numismatik einen Namen als Sammler und Forscher gemacht.

Spiegel kam nicht ohne ein Gastgeschenk zur Museumseröffnung nach Hohenlimburg. Er überreichte dem Vereinsvorsitzenden und Museumsgründer Hermann Esser zwei sogenannte Regenbogenschüsselchen. Die beiden aus einer Buntmetalllegierung mit hohem Zinnanteil (Kupferpotin) bestehenden keltischen Münzen stammen aus einem bedeutenden westfälischen Schatzfund. Dieser Fund wurde bereits im Mai 1907 bei Erdarbeiten für die Erweiterung der Gleisanlagen des Hauptbahnhofs, westlich des Endbogens der Ehrenfeldstraße in Bochum entdeckt. Das zugehörige, 1935 längst verschollene Keramikgefäß enthielt 538 Regenbogenschüsselchen aus Silber und Kupferpotin. Doch gelangte der Schatzfund nach seiner Entdeckung in den Münzhandel sowie in mehreren Privatsammlungen, wo ein Großteil verlorenging oder verstreut wurde. Selbst das Bochumer Museum besaß – wie sein Leiter Bernhard Kleff 1930 beklagt hatte – nur einzelne Originalstücke in seinem Bestand.

Die sogenannten Regenbogenschüsselchen gehören zur keltischen Währungsgruppe der „Statea" des Typs „Bochum". Sie datieren in die zweite Hälfte des letzten vorchristlichen Jahrhunderts. Dieser Typ gehört zu den häufigeren keltischen Fundmünzen in Westfalen. Mehrere Funde in eisenzeitlichen Siedlungen im Hellwegraum könnten auf eine Funktion als Scheidemünze bzw. Kleingeld hindeuten sowie Hinweise auf eine damals existierende Geldwirtschaft geben. Auf der konvexen Seite der Münzen sind ein dreiseitiges Triquetrum sowie eine Art Lorbeerkranz, der bei der kleineren Münze von drei Kugeln flankiert wird, zu sehen. Die konkave Seite zeigt jeweils bis zu sechs Kugeln und als mutmaßliches Zeichen des Prägeorts ein O.

Obwohl die beiden Regenbogenschüsselchen aus Bochum nicht im Zusammenhang mit Hagen stehen, sind die bemerkenswerten zwei Fundstücke mit der Hagener Museumsgeschichte verbunden.

RALF BLANK

Eröffnung des Heimatmuseums in Hohenlimburg am 12. Mai 1935.

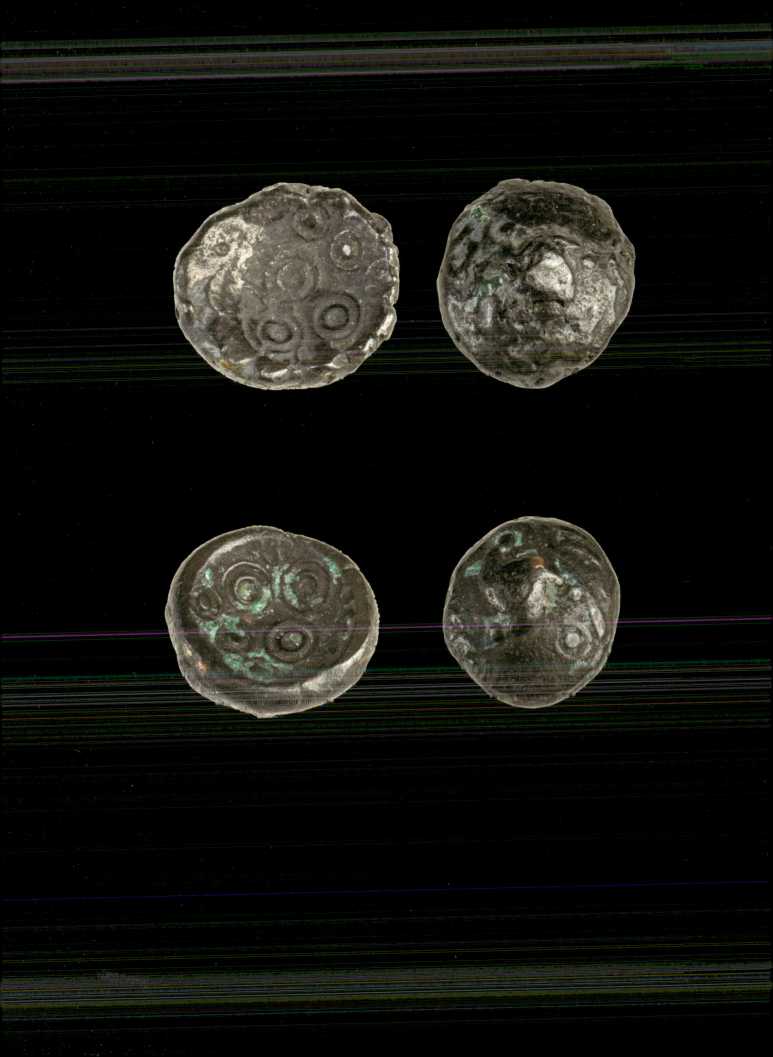

63 Keltische Münze

Wallanlage Minnerberg, Hagen-Ambrock
Treverer, ca. 90–50 v. Chr.
Remi-Potin (Scheers), Dm 1,2 cm

Nahe dem Ribberthof in Hagen-Dahl befindet sich der 229 m hohe Minnerberg. Er ist durch imposante Wallstrukturen charakterisiert, die bis auf die steile Südostflanke ca. 1,7 Hektar des Berges einfassen. Die Wälle entstanden dadurch, dass eine ehemalige Befestigung, bestehend aus einer Holzkonstruktion mit Erdverfüllung oder Erdanschüttung, verfiel. Den Wällen ist ein Graben vorgelagert und der äußere Wall weist eine deutlich geringere Höhe als der Innere auf. Die als „Minnerburg bei Ambrock" bekannte Wallburg überragt das Volmetal und überblickt nur einen kurzen Talabschnitt von Hagen-Dahl bis Ambrock und eine Fläche von gut zwei Quadratkilometern.

Über die Wallburg ist nur wenig bekannt. 1935 führte der Hagener Museumsdirektor Dr. Gerhard Brüns eine größere Grabung durch. Bis auf die Struktur des Wall- und Grabensystems lieferte diese Kampagne kaum Ergebnisse. Der bekannte Heimatforscher Dr. Manfred Sönnecken entdeckte 1954 Scherben auf dem Berg, die in das 10. bis 11. Jahrhundert datieren. Deswegen galt die Wallburg fortan als mittelalterlich – bis zum Frühjahr 2018: Das Orkantief Friederike fegte über das Land, entwurzelte viele Bäume und richtete enorme Waldschäden an. Auch der Wald auf dem Minnerberg war betroffen und die LWL-Archäologie für Westfalen begutachtete die Schäden und sondierte Windbrüche mit dem Metalldetektor. Überraschend fand Thomas Poggel eine Münze, die den mittelalterlichen Datierungsansatz nicht bestätigte, sondern deutlich älter ist.

Die kleine Münze ist schalenförmig. Sie besteht aus einer Bronzelegierung mit hohem Zinnanteil (Potin). Auf der Vorderseite ist ein nach links schreitender Mann mit Zopf, der in der linken Hand einen keltischen Halsring (Torques) und in der rechten Hand einen Speer hält. Der Kopf des Mannes ist als Kreisauge verknappt wiedergegeben. Auf der Rückseite ist ein Phantasietier mit Paarhufen und geöffnetem Maul, über und unter dem sich schlangenartige Wesen befinden.

Die Münze datiert in die späte Eisenzeit, ungefähr zwischen 90 und 50 v. Chr. und wurde im Gebiet der Treverer geprägt: Dort, zwischen Maas und Rhein, lebten zu diesem Zeitpunkt verschiedene keltische Gemeinschaften. Sie wurden bekannt durch die Berichte Gaius Julius Cäsars über seine Feldzüge gegen die Gallier, während derer die Treverer zumeist als Gegner Roms in Erscheinung traten. Im sechsten Jahrzehnt v. Chr. trat ein weiterer kriegerischer Akteur auf die Bühne: Die Sueben – ein römischer Sammelbegriff für Gemeinschaften rechts des Rheins – standen über Jahre in Konflikt mit Rom und den Treverern.

Nahm ein suebischer Krieger die Münze mit in seine Heimat und verlor sie auf dem Minnerberg? War der Minnerberg eine eisenzeitliche Befestigung? Zwei von vielen Fragen, denen zukünftige archäologische Forschungen in Hagen nachgehen müssen.

MANUEL ZEILER

Schrägluftaufnahme der von mehreren Wällen und Gräben umgebenen Befestigung auf dem Minnerberg bei Ambrock, Baoquan Song, 26.6.2008

64 Speerspitze

Haldener Bach, Hagen-Halden
Eisenzeit, 800 v. Chr.–0
Eisen, L 29 cm B 3,8 cm G 290 gr

Rund 250 m von der heutigen Quelle des Haldener Bachs entfernt legte Rudolf Midwer (1920–2010) am 24. April 1954 im Garten seines Hauses in der Flensburger Straße 40 einen Zierteich an. Dabei entdeckte er ein Eisenobjekt im Bachgrund, das er der Stadtverwaltung meldete. Der Vermessungsinspektor und ehrenamtliche Beauftragte für Bodendenkmäler in Hagen, Johann Janßen (1900–1990), identifizierte das rostige Eisenteil sogleich als Lanzenspitze aus der Eisenzeit.

Das Fundstück besteht aus einer Schäftungstülle mit daran angesetztem Klingenblatt. Dieses ist weidenblattförmig und wird durch einen flach-dachförmigen Querschnitt charakterisiert, der aber nur einseitig erkennbar ist. Die Angriffswaffe konnte sowohl geschleudert (Speer) als auch beim Nahkampf zum Fechten oder Stechen (Lanze) eingesetzt werden. In diesem Fall diente sie wegen der relativ kleinen Klinge wahrscheinlich eher als Speer.

Die Hagener Waffe gehört formal zu den Spitzen mit schmalen Blatt und mittellanger Tülle, ein Typ, der während der gesamten Eisenzeit gebräuchlich war. Deswegen und weil sie ohne einen archäologisch datierbaren Kontext entdeckt wurde, kann die Waffe nur grob in die Eisenzeit (800 v. Chr. bis zur Zeitenwende) datiert werden.

Bemerkenswert ist aber der Fundort der Waffenspitze. Aus seinem näheren Umfeld ist keine eisenzeitliche Siedlung – die archäologischen Befunde bei Herbeck (S. 160) liegen rund 4 km entfernt in östlicher Richtung – oder ein Friedhof dieser Zeitstellung bekannt. In derartigen Fundzusammenhängen werden beispielsweise in Schmiedewerkstätten oder als Grabbeigaben gelegentlich auch Speerspitzen entdeckt. Die große Waffe ging vermutlich aber auch nicht einfach verloren. Denkbar wäre, dass der geschleuderte Speer in der Bachniederung aufkam und nicht mehr gefunden sowie geborgen wurde.

Wahrscheinlicher wäre aber ein anderer Erklärungsansatz, denn die Nähe des Waffenfundes zur Bachquelle ist mit Blick auf Vergleichsfunde durchaus auffällig. Der Haldener Bach trat ehemals nahe zur Kuppe des Höhenzuges auf, der von Lenne im Osten und Volme im Westen umflossen wird. Unweit südlich der Fundstelle führte die kürzeste Verbindung zwischen den Tälern quer über diesen Höhenzug vorbei – eine Route, die heute noch ungefähr der Verlauf der Bundestraße 7 wiedergibt. Somit könnte die Fundstelle bzw. ihr Umfeld aus verkehrsgeographischer Sicht in der Eisenzeit von Bedeutung gewesen sein.

In vorgeschichtlicher Zeit stellten Bergkuppen und Quellen ebenso wie Höhlen und Felsen häufig bedeutende Orte für religiöse Vorstellungen dar. Sie waren Mittler zwischen dem Diesseits und der Anderswelt und archäologisch sind hunderte dieser Orte der Eisenzeit bekannt, wo, aus heute nicht mehr klar rekonstruierbaren Motiven, Werkzeuge, Schmuck, aber auch Waffen niedergelegt wurden. Somit ist auch für Hagen am wahrscheinlichsten, dass diese Waffe absichtlich nahe der Quelle oder im Bach versenkt wurde und durch Bodenbewegungen über die Jahrtausende bis zur wenig bachabwärts gelegenen Fundstelle gelangte.

MANUEL ZEILER

65 Luppe aus Verhüttungsexperiment

[Luppe, Stahl, Schlacke, Holzkohle
L ca. 25,0 cm]

Im Sommer 2017 und 2018 rauchte auf dem Gelände des LWL-Freilichtmuseums Hagen ein ganz besonderer Ofen: Archäologen der LWL-Archäologie für Westfalen, des Deutschen Bergbau-Museums Bochum, der Ruhr-Universität Bochum und weiterer Forschungspartner hatten hier den Superlativ der eisenzeitlichen Hüttentechnologie nachgebaut. Es handelte sich um einen Verhüttungsofen der Eisenzeit, wie er im Siegerland die letzten drei Jahrhunderte vor Christi Geburt betrieben und vielfach durch archäologische Ausgrabungen entdeckt wurde. Mit diesen birnenförmigen Öfen gewannen die eisenzeitlichen Hüttenleute Stahl in großen Mengen – die Siegerländer Verhüttungsöfen waren die größten ihrer Epoche in Mitteleuropa.

In den Öfen wurde stark eisenhaltiges Erz erhitzt und bei Temperaturen um die 1100°C sowie bei sauerstoffarmer Atmosphäre umgewandelt. Dabei wird das Eisen vom Nebengestein getrennt. Letzteres rann in Form von Schlacke nach unten. Diesem Rinnen verdankt der Ofentyp seinen Namen: Rennofen. Während aber die Theorie über die chemischen Abläufe im Ofen kein Geheimnis ist, so war bis zur Durchführung des Experimentes unbekannt, wie denn die Verhüttung praktisch durchzuführen ist oder wie aufwendig sie war. Denn mit dem Ende der Eisenzeit ging diese Technologie verloren und es wurde fortan über 1000 Jahre lang mit viel kleineren und ineffektiveren Anlagen Eisenerz verhüttet.

In einem archäologischen Experiment bauten die Forscher den Ofen und betrieben ihn 2017 und 2018 jeweils über Tage und Nächte. Der Ofenbau mit Lehm und Tonerde verschlang Wochen, seine Trocknung Monate und sein Betrieb Tonnen an Brennholz: Da die eisenzeitliche Vermeilerung von Holz zu Holzkohle im Siegerland archäologisch nicht nachgewiesen ist, verwendeten die Archäologen im Experiment Holz. Es konnte sowohl im Experimentofen vermeilert werden als auch ohne vorherige Vermeilerung erfolgreich als Brennstoff verwendet werden.

Die eigentliche Verhüttung in dem großen Ofen funktionierte ohne den Einsatz künstlicher Gebläse und verlief nach mehreren Probephasen erfolgreich: Neben Schlacken bargen die Forscher nämlich auch mehrere Luppen aus dem Ofen. Diese Luppen enthalten neben Schlacken und Holzkohlen massive Zonen von Eisen. Analysen erbrachten, dass es sich um Stahl handelt, der nun zu Barren oder Geräten ausgeschmiedet werden kann. Dieses positive Ergebnis belegte, dass es dem archäologischen Experiment gelungen war, den seit 2000 Jahren vergessenen Verhüttungsprozess zu rekonstruieren. Und noch mehr: Die Experimente belegten, dass in den eisenzeitlichen Siegerländer Öfen kontinuierlich verhüttet werden konnte – eine technische Leistung, die bis zu den Experimenten als Innovation des Hochmittelalters galt.

JENNIFER GARNER / MANUEL ZEILER

66 Siedlungskeramik

Hagen-Herbeck
Vorrömische Eisenzeit, um 550–200 v. Chr.

Das eisenzeitliche Siedlungsareal liegt auf der Mittelterrasse der Lenne in unmittelbarer Nachbarschaft zum mittelalterlichen Adelssitz Haus Herbeck. Die Anlage eines Industriegebiets führte 2008 bis 2010 zur ersten größeren Flächengrabung auf Hagener Stadtgebiet. Bei der archäologischen Untersuchung wurden zahlreiche Befunde von der jüngeren Bronzezeit über die Eisenzeit bis in das Hochmittelalter freigelegt. Auf dem insgesamt vier Hektar großen Grabungsgelände zeigten sich die unterschiedlichen Siedlungsphasen u.a. durch die Bodenspuren von Abfallgruben und Pfostenbauten. Die Befunde und die zeitlich einzuordnende Keramik geben ein gutes Bild von einer fast kontinuierlichen Nutzung des Areals seit zumindest der jüngeren Bronze- und älteren Eisenzeit über die jüngere Eisenzeit bis in die Römische Kaiserzeit und das Frühmittelalter.

Dass sich die Menschen auf den mit Lösslehm überdeckten Flussterrassen im unteren Lennetal niedergelassen hatten, war sicherlich kein Zufall. Entlang der heutigen Autobahnen A 45 und A 46 sowie der Bundesstraße B 7 verliefen alte Transportwege. Die „Eisenstraße" führte vom Hellweg nach Süden über Hagen entlang der Volme durch das Sauerland bis in das Siegerland, wo bereits in vorgeschichtlicher Zeit sowohl Eisenerz abgebaut als auch verhüttet wurde, und das Rhein-Main-Gebiet. Ein zweiter Fernweg erreichte aus dem Rheinland – die sogenannte Kölnische Straße – über das Bergische Land kommend entlang der Ennepe den Hagener Raum. Von dort war es möglich, entweder über das Ruhrtal zum Hellwegraum und weiter bis nach Berlin oder aber über Hohenlimburg und Iserlohn nach Hessen und Sachsen zu gelangen. Diese Strecken funktionierten in beide Richtungen, so dass seit dem Spätmittelalter der Transport von Waren und Gütern über die Verbindungen einen immer größeren Umfang annahm. Die Trassen der Eisenbahnlinien, Autobahnen und Fernstraßen orientierten sich im 19. und 20. Jahrhundert an den wahrscheinlich bereits in prähistorischer Zeit genutzten Verkehrsachsen.

Einen Großteil der zahlreichen Funde der Grabungskampagnen in Herbeck macht die Keramik aus. Diese wird, solange sie sich nicht eindeutig als importierte Drehscheibenware der späten Kaiserzeit und des Frühmittelalters einsortieren lässt, allgemein als vorgeschichtlich eingestuft. Die handgetöpferte Keramik kann aufgrund ihrer Machart häufig nicht eindeutig datiert werden. Im Fundmaterial weisen Gefäßscherben vielfach Verzierungen und Formen auf, die sie einer bestimmten Zeitstellung und kulturellen Einordnung zuweist. Die abgebildete Keramik besitzt unter anderem Kreis- und Stempeldekor, wie er aus der älteren und mittleren Eisenzeit in Südwestfalen auch aus den Höhlen im Hönne- und Lennetal bekannt ist. Andere Gefäßreste verweisen auf die jüngere Eisenzeit, was den Rückschluss zulässt, dass die Lenneterrasse bei Herbeck während der Eisenzeit über mehr als 300 Jahre – vermutlich sogar noch länger – immer wieder besiedelt wurde. Die Grabungsbefunde bei Herbeck zeigen wahrscheinlich nur einen Ausschnitt aus der früheren Siedlungskammer im unteren Lennetal zwischen dem Burgberg bei Letmathe-Oestrich über Hohenlimburg bis zur Flussmündung in die Ruhr unterhalb der möglicherweise bereits zur Eisenzeit befestigten Hohensyburg.

MIRJAM KÖTTER

Grabungsbefund in Hagen-Herbeck: eisenzeitliche Keramik in einer Siedlungsgrube.

Römische Kaiserzeit

Die Anfänge der Römischen Kaiserzeit in Westfalen sind zeitlich mit den Jahrzehnten zwischen 12 vor und 16 nach Christi Geburt gleichzusetzen. Damals scheiterten Roms Versuche, das von germanischen Stämmen bewohnte Gebiet bis zur Elbe zu unterwerfen, um dort eine reguläre römische Provinz zu errichten. Das Ende der Römischen Kaiserzeit fällt mit dem Erlöschen der römischen Herrschaft am Rhein und dem Beginn der Völkerwanderungszeit im späten 4. und im Verlauf des 5. nachchristlichen Jahrhunderts zusammen. Aus archäologischer Sicht ist jedoch festzustellen, dass bei der als Bodenfund überlieferten Sachkultur die Kontinuitäten oftmals überwiegen. Als Epoche ist die Römische Kaiserzeit vor allem dadurch gekennzeichnet, dass unsere Region nun im Randbereich des römischen Weltreiches liegt und somit ins Licht der schriftlichen Überlieferung tritt. Die historischen und ethnographischen Quellen sind jedoch nicht als wissenschaftliche Abhandlungen im modernen Sinne zu werten, sondern bedürfen einer sorgfältigen Quellenkritik. Die Bezeichnungen der verschiedenen germanischen Stämme auf rechtsrheinischem Gebiet sind überliefert: Sie standen als die eigentlichen „politischen" Akteure mit dem Römischen Reich auf dem linksrheinischen Gebiet in einer wechselvollen Beziehung. In der Archäologie wird die recht einheitliche Sachkultur in diesem Gebiet, zu dem auch der heutige Hagener Raum gehört, traditionell als „rheinwesergermanisch" bezeichnet. Dabei ist fraglich, inwieweit seine Träger zu allen Zeiten tatsächlich den von den römischen Schriftstellern verwendeten Oberbegriff „Germanen" akzeptiert haben.

Archäologische Objekte aus der Römischen Kaiserzeit auf Hagener Stadtgebiet gehen von ihrer Zahl nur wenig über die in diesem Band besprochenen Fundstücke hinaus. Zu deren Einordnung sowie zum damaligen Besiedlungsbild sind daher beim jetzigen Quellenstand nur Spekulationen möglich, die auch auf Erkenntnissen in der weiteren Umgebung beruhen. Die Zeit der augusteisch-frühtiberischen Germanenfeldzüge haben im Hagener Raum keine deutlichen Spuren hinterlassen. Der Hauptvormarschweg und die Logistikachse mit den Truppenlagern verlief entlang der Lippe, während die die Ruhrschiene keine entsprechenden Befunde aufweist. Das heißt jedoch nicht, dass sich die Römer nicht für die Mittelgebirgszone interessiert hätten. Zumindest vorübergehend fand eine wirtschaftliche Erschließung statt: Belegt ist zum Beispiel der Abbau von Bodenschätzen wie Bleierz. Der einzige in diese Zeit datierbare Hagener Fund, eine in diesem Band nicht vorgestellte Fibel aus Hagen-Herbeck, kann nicht als Hinweis auf die Anwesenheit römischer Truppen gewertet werden.

Nach dem Abbruch der Feldzüge gegen das germanische Gebiet bildete der Raum zwischen Lippe und Ruhr sowie die sich angrenzenden Gebiete eine Art erweiterte „Kontaktzone" östlich des Rheins. Sie wurde von Rom nicht direkt beherrscht, deren Bevölkerung war aber auf komplexe, noch nicht bis in alle Einzelheiten verstandene Weise mit der linksrheinischen Provinz verbunden. Auch wenn viele kulturelle Eigenheiten wie zum Beispiel die Siedlungsweise und die Methoden des Hausbaus weitgehend beibehalten wurden, fanden wegen der günstigen verkehrlichen Anbindung über die Flüsse und den Hellweg römische Sachgüter im Laufe der Zeit immer stärkere Verbreitung. Dazu zählen zum Beispiel die beiden Bronzemünzen des 1. Jh. n. Chr. aus Dahl und aus Garenfeld, aber auch Scherben eines römischen Keramikbechers aus Herbeck. Das Beigabegefäß eines Brandschüttungsgrabes aus Herbeck ist der einzige „einheimische" Keramikfund der mittleren Kaiserzeit in Hagen.

Die Bevölkerung des Grenzvorlandes war dann auch der Träger des Stammesverbandes der „franci", der in der späten Kaiserzeit – nach Mitte des 3. Jh. n. Chr. – zwar wesentlich zum Niedergang der Macht des Römischen Reiches beitrug, der zugleich aber auch zunehmend in dessen Militär und Verwaltung integriert wurde. Gerade in dieser Zeit ist der Anteil an „römischem" Fundmaterial, darunter Münzen, Drehscheibenkeramik und Glas, auf den Siedlungsplätzen zwischen Lippe und Ruhr besonders hoch. In diese Zeit gehören der einzige kaiserzeitliche Siedlungsbefund in Hagen, eine Brandschicht mit spätkaiserzeitlicher Keramik und einem Spinnwirtel in Elsey, die beiden spätkaiserzeitlichen Goldmünzen vom Schlossberg in Hohenlimburg und aus Vorhalle, mehrere Bronzemünzen sowie einheimische Tracht- und Reitzubehörteile.

Das Gebiet vom Niederrhein entlang der mitten durch den Lippe-Ruhr-Raum bis nach Ostwestfalen führenden Fernverbindung des Hellwegs weist eine ganze Reihe von kaiserzeitlichen Fundplätzen auf. An Siedlungsplätzen im westfälischen Teil sind zum Beispiel Castrop Rauxel-Ickern, Dortmund-Oespel, Kamen-Westick oder Soest-Ardey zu nennen, als untersuchtes Gräberfeld Dortmund-Asseln. Im Gegensatz dazu ist der südlich angrenzende Mittelgebirgsraum bislang relativ arm an kaiserzeitlichen Funden. An Fundplätzen lässt sich nur die archäologisch untersuchte Siedlungskammer Balve-Garbeck anführen, wo neben Siedlungen der vorrömischen Eisenzeit und des Frühen Mittelalters auch eine frühkaiserzeitliche Siedlungsphase durch Ausgrabungen erfasst wurde.

Die Frage, ob die Fundregion Hagen eher der „Hellwegzone" oder dem Mittelgebirgsraum zuzurechnen ist, kann auf Grundlage der wenigen Funde derzeit noch nicht beantwortet werden. Die bisher einzige größere Flächengrabung durch die LWL-Archäologie für Westfalen hat 2008 bis 2010 nur Siedlungsbefunde und Funde der vorrömischen Eisenzeit und des Frühen Mittelalters freigelegt. Die dabei angetroffene Urnenbestattung gibt den Hinweis, dass der Platz auch eine von der damaligen Grabungsfläche nicht erfasste kaiserzeitliche Siedlungsphase besaß. „Horizontalstratigraphien", bei denen die eigentlichen Hausstandorte von der vorrömischen Eisenzeit bis ins 4. nachchristliche Jahrhundert mehrfach verlagert wurden, sind durch große Flächengrabungen andernorts bereits belegt. Dieses Besiedlungsmuster konnte in Hagen-Herbeck nur ansatzweise erfasst werden.

In der Umgebung von Hagen wurden weitere kaiserzeitliche Einzelfunde aufgelesen, beispielsweise als Lesefunde in Breckerfeld und Schwerte-Ergste eine Statuette des Kriegsgotts Mars bzw. der Siegesgöttin Victoria, die beide eher ins 2. bis 3. nachchristliche Jahrhundert datieren. Im Raum Hagen sind auf

den Flussterrassen und den Hochflächen entlang der Lenne, Volme und im mittleren Ruhrtal folglich noch weitere kaiserzeitliche Siedlungsstellen zu erwarten, die von ihrer Lage und Größe vielleicht wie die spätkaiserzeitliche Siedlung in Überruhr-Hinsel bei Essen vorstellbar sind. Das aktuelle Fundbild zur Römischen Kaiserzeit im Raum Hagen spiegelt lediglich den derzeitigen Forschungsstand wider. Es ist vermutlich nur eine Frage der Zeit und womöglich auch des Zufalls, bis es sich durch weitere Befunde, die beispielsweise bei der Prospektion und Grabungen auf neuen Gewerbe- und Wohngebieten erschlossen werden, verdichtet und schärft.

EVA CICHY / ROBERT FAHR

67 As des Vespasian

[
„Am Kahlenberg", Hagen-Garenfeld
74 n. Chr., Münzstätte Rom
Bronze, Dm 2,5 cm
]

Die Münze wurde bei der Prospektion von steinzeitlichen Fundplätzen auf der Hauptterrasse oberhalb der Lenne in Hagen-Garenfeld aufgelesen. Abgesehen von wenigen vorgeschichtlichen Keramikscherben, die sich nicht genau einordnen lassen, sind aus Garenfeld bislang keine weiteren kaiserzeitlichen Funde bekannt. Wie die Münze dort in den Boden gelangt war, bleibt daher spekulativ.

Bei der Fundmünze handelt sich um ein As des Kaisers Vespasian (9–79 n. Chr., reg. 69–79), das im Jahr 74 n. Chr. in der stadtrömischen Münzstätte geprägt worden ist. Die Münze ist abgegriffen, war also bereits umgelaufen, bevor sie in den Boden geriet. Die Vorderseite zeigt das Porträt des Kaisers im Profil. Die Umschrift zählt die verschiedenen Ehrentitel auf, die Vespasian zum Prägezeitpunkt führte und ermöglicht dadurch eine genaue Datierung. Imperator, Caesar und Augustus (IMP CAESAR AVG) bilden die normale Kaisertitulatur. Die Censur (CENS) übte Vespasian im Jahr 73 aus, zum fünften Male Consul (COS V) war er im Jahr 74. Die Rückseite zeigt die schreitende Spes (Hoffnung) zwischen den Buchstaben SC (Senatus Consulto).

Vespasians Münzporträts ist anzusehen, dass er bereits fortgeschrittenen Alters war, als er im Jahre 69, also rund fünf Jahre vor dem Prägezeitpunkt unserer Münze, den Kaiserthron bestieg. Seine zehnjährige Regentschaft war von Anstrengungen ausgefüllt, das durch den vorangegangenen Bürgerkrieg erschütterte Imperium politisch, militärisch und finanziell zu stabilisieren. Seine Münzprägungen verdeutlichen seine Herrscherideologie. Er präsentiert sich als konservativer, volkstümlicher Staatsmann altrömischen Zuschnitts und das Bildprogramm der Münzrückseiten verkündet die Rückkehr von Hoffnung (Spes), Glück (Felicitas) und Gleichmut (Aequitas), um nur einige Motive zu nennen.

Das in Bronze geschlagene As zählt zu den kleinsten römischen Münznominalen und wurde – anders als Silber- oder Gold-münzen – nicht in erster Linie zur Wertaufbewahrung oder in großen Wirtschaftstransaktionen verwendet, sondern kursierte im alltäglichen Zahlungsverkehr. Asses sind dementsprechend innerhalb der Provinzen des Römischen Reiches geläufigste Fundmünzen des nachchristlichen 1. Jh.; vor allem auf gut erforschten Militärplätzen sind zum Teil viele hundert Exemplare gefunden worden.

Auch im rechtsrheinischen Gebiet sind unter Augustus geprägte Asses häufig vertreten. Sie gehen meist auf die Anwesenheit römischer Truppen in der Region in der Zeit um Christi Geburt zurück. Dagegen kommen während der Regierungszeit Vespasians geprägte Bronzemünzen deutlich seltener vor. Zu dieser Zeit bestanden in Westfalen keine dauerhaften römischen Militärlager mehr, und wohl auch kein Anschluss an die römische Geldwirtschaft. Einzelfunde wie in Hagen-Garenfeld gelangten wohl als Verluste oder aber in Siedlungen und Gräbern in den Boden.

ROBERT FAHR

68 Fußschale

„Im Spieck", Hohenlimburg-Elsey
Späte Römische Kaiserzeit, 4. Jahrhundert n. Chr.
Terra Nigra-Keramik, H 9,3 cm Dm 15 cm (Schulter)

In demselben Fundkontext wie ein einheimischer Topf (S. 168) und ein großer Spinnwirtel wurde auch eine sogenannte Terra Nigra-Fußschale angetroffen. „Terra Nigra" ist keine antike Bezeichnung, sondern ein in der archäologischen Keramikforschung eingebürgerter Oberbegriff für eine Tafelgeschirrgattung der römischen Kaiserzeit. Sie geht letztlich auf keltische Traditionen der vorrömischen Eisenzeit zurück. Die Keramik ist durch eine grau oder schwarz schimmernde Oberfläche gekennzeichnet, die durch sorgfältige Glättung und eine sauerstoffarme Brennatmosphäre im Brennofen erzeugt wurde. Die Herstellung solcher Gefäße war technologisch relativ anspruchsvoll. Sie setzte, abgesehen von der Kenntnis der Töpferscheibe, eine aufwendige Vorbereitung des Tons und eine Beherrschung der Feuerführung während des Brandes voraus.

Die Hagener Schale ist ein klassischer Vertreter des sogenannten Typs Gellep 273. Die Typenbezeichnung verweist auf das Gräberfeld des römischen Kastells Krefeld-Gellep. Der Typ tritt dort in Gräbern des 4. nachchristlichen Jahrhunderts auf. Er ist gekennzeichnet durch eine hellgrau schimmernde, mit Kerbbandstreifen verzierte Oberfläche, eine abgesetzte Randlippe und einen zylindrischen, zumeist durch Rillen profilierten Standfuß. Man möchte vermuten, dass solche Schalen vorwiegend als Trinkgefäße verwendet wurden, auch wenn für diese Annahme gesicherte Erkenntnisse fehlen.

Eine große Zahl von Fußschalen ist kürzlich naturwissenschaftlich analysiert worden. Dabei stellte sich heraus, dass der äußerlich sehr einheitliche Typ Gellep 273 tatsächlich auch geochemisch ziemlich homogen ist. Wahrscheinlich wurde er also in einem einzigen Töpfereibetrieb hergestellt oder in mehreren Betrieben, die auf dieselbe Tonlagerstätte zurückgriffen und exakt dieselbe Technik anwendeten. Der Ort dieser Produktion ist bislang noch unbekannt.

Fußschalen des Typs Gellep 273 machen auf germanischen Fundplätzen an Ruhr und Lippe einen großen Teil der Drehscheibenkeramik des 4. Jahrhunderts aus. Sie sind aber auch links des Rheins bis in die südlichen Niederlande verbreitet. Das Verbreitungsbild ist somit ein Indiz für einen größeren kulturellen Kommunikationsraum, in dem die „römisch-germanischen" Unterschiede bereits zunehmend verwischt waren, der aber noch von der politischen Grenze des Römischen Reiches am Rhein durchschnitten wurde.

ROBERT FAHR

69 Keramikgefäß

„Im Spieck", Hohenlimburg-Elsey
Späte Römische Kaiserzeit, 4. Jahrhundert n. Chr.
H 19,5 cm Dm 27,5 cm (Schulter)

Wo sich heute in Elsey im Hagener Stadtbezirk Hohenlimburg der Parkplatz eines Supermarktes befindet, wurde 1950 im Bereich der Straße „Im Spieck" eine neue Werkshalle der Firma Elektro- und Gasarmaturenfabrik GmbH (EGA) errichtet. Bei den tiefreichenden Bauarbeiten kam in ca. 1 Meter eine auffällige Brandschicht zutage. In ihr entdeckte der Maurerlehrling Herbert Lübke mehrere Scherben und stellte sie glücklicherweise auch sicher. An einem Steilhang fand sich eine 1,10 m lange Schicht von 0,3 m Mächtigkeit, in der auch noch zwei auffällig glatte Steine auffielen, bei denen es sich um Wetzsteine handelte.

Über mehrere Stationen erreichte die Nachricht von dem Fund schließlich den Hohenlimburger Museumsleiter Johannes Bönner, der umgehend zur Baustelle eilte. Leider hatten die Maurer aber schon tatkräftig weitergearbeitet und die Fundschicht war bereits zerstört. So bleiben uns lediglich die Funde, darunter auch eine römische Schale (S. 166) und ein großer Spinnwirtel, zur Einordnung dieser Entdeckung.

Zwei der Scherben vom Rand und vom Bodenstück gehören zu einem Gefäß, das für eine bessere Präsentation im Museum rekonstruiert wurde. Der Topf mit s-förmigem Profil und deutlich betontem Gefäßrand lässt sich einer für die römische Kaiserzeit typischen Form zuordnen. Bis heute wird die kaiserzeitliche Keramik in unserer Region, die der sogenannten rhein-weser-germanischen Kultur, nach den Formen benannt, die der Prähistoriker Rafael von Uslar 1938 definiert hatte.

Das Gefäß gehört in Uslars Form IV: große Gefäße mit eindeutig zueinander abgesetzter Schulter, Hals und Rand. Vergleichbare Töpfe sind ausschließlich aus Siedlungsbefunden bekannt, aus Gräbern sind sie nicht überliefert. Das gibt uns einen Hinweis darauf, was sich vor rund 1.600 Jahren unter dem heutigen Supermarktparkplatz befunden haben muss –

eine „germanische" Hofstelle der römischen Kaiserzeit. Ein Glück, dass der Auszubildende so genau hingesehen hat!

EVA CICHY

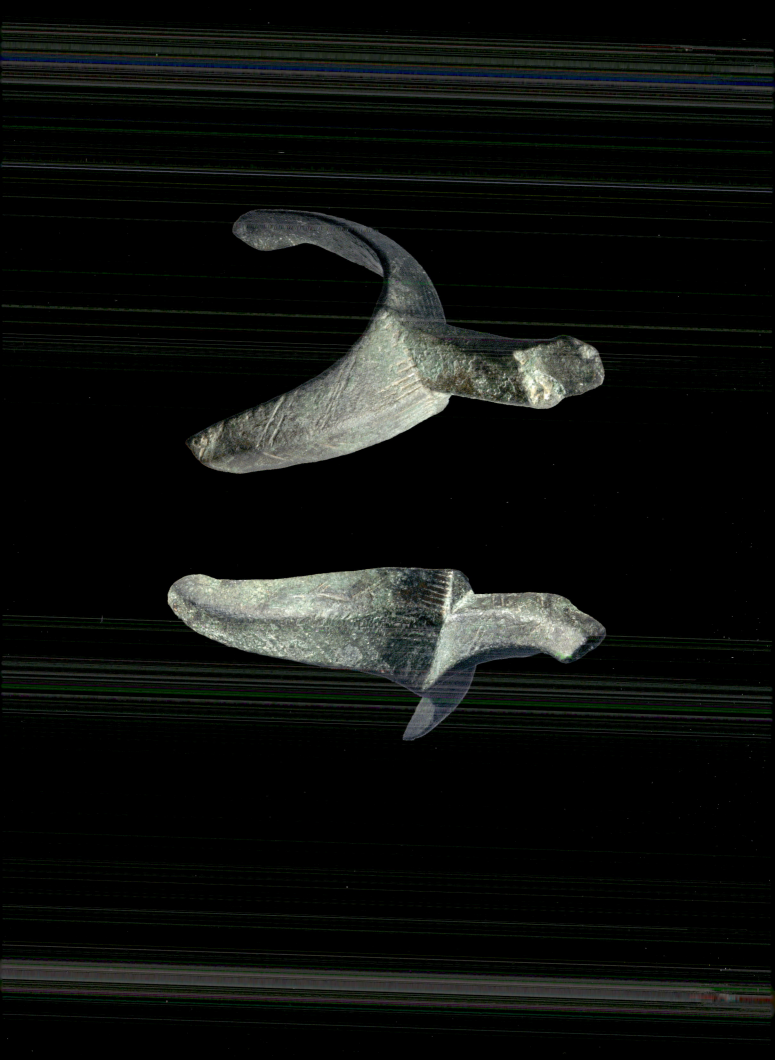

71 Als Urne verwendetes Schulterabsatzgefäß

Hagen-Herbeck
Römische Kaiserzeit, 2./3. Jahrhundert n. Chr.
H 13,5 cm Dm 19 cm

Bei den Grabungskampagnen 2008 bis 2010 beim mittelalterlichen Adelssitz Herbeck im unteren Lennetal kamen Siedlungsspuren aus verschiedenen Epochen zutage (S. 160). Aber nur ein freigelegtes Grab zeugte davon, dass an diesem Ort auch Menschen bestattet worden waren. Während die mehr als 500 Gruben auf die intensive Besiedlung des Platzes in der Bronzezeit, der Eisenzeit und dem Frühmittelalter verwiesen, ist die Bestattung in die römische Kaiserzeit zu datieren. Sie ist dem Typ des Brandschüttungsgrabes mit Urne zuzuordnen: also eine tönerne Urne, die in eine Grube gesetzt wurde, und der Scheiterhaufenrest wurde zusätzlich eingefüllt. In der römischen Kaiserzeit gab es keine einheitliche Form der Bestattung, sondern eine Vielzahl von Möglichkeiten, wie ein Grab angelegt werden konnte.

Zunächst wurden die Toten mit ihrer Kleidung und Beigaben auf einem Scheiterhaufen verbrannt. Aus dem Brandschutt wurden dann die verbrannten Knochenreste herausgelesen. Der Leichenbrand wurde in einem organischen Behältnis aus Leder, Holz oder Stoff bzw. in einem tönernen oder ganz selten metallenen Gefäß bestattet. Schließlich hob man eine Grube aus, in die man das Behältnis und die Rückstände des Scheiterhaufens inklusive verbrannter Beigaben, wie Perlen- oder Metallschmuck, gab.

Das handgeformte, vollständig erhaltene und als Urne verwendete, durch Feuer- und Hitzeeinwirkung sekundär gebrannte Gefäß entspricht der Form Uslar II. Dieser Typ wird durch seinen Schulterabsatz charakterisiert. Das Gefäß weist einen abgesetzten und im Inneren hohlen Fuß auf, das Unterteil ist verziert mit Kanneluren. Vergleichbare Gefäße dieses Typs werden in das 2./3. Jahrhundert n. Chr. datiert. Sie finden sich in ostwestfälischen Gräbern, am Niederrhein, in Franken und auch in Sachsen-Anhalt.

Ob es sich dabei um eine isolierte Einzelbestattung handelt, lässt sich nicht mit Sicherheit sagen. Das Grab wurde nahe der südlichen Grenze des Grabungsareals aufgedeckt. Es wäre naheliegend, dass sich außerhalb der untersuchten Fläche noch weitere Gräber befinden. Kaiserzeitliche Gräberfelder wurden häufig in Gewässernähe und auch in Höhen-/Hanglagen angelegt. Auch wies das Gelände früher eine deutliche Hanglage auf, mit dem westlich der Untersuchungsfläche verlaufenden Ölmühlenbach ist in ca. 100 m Entfernung von dem Grab heute noch ein Gewässer vorhanden.

EVA CICHY

72 Goldmünzen

Römische Münzen werden immer wieder im Raum Hagen gefunden (S. 164). In der Nähe des Gutshofs Bühren im Volmetal bei Hagen-Rummenohl tauchte im Jahre 1913 bei Erdarbeiten ein kleiner Münzschatz auf, der (mindestens) 15 Münzen aus Silber und Bronze vom 1. bis 4. nachchristlichen Jahrhundert umfasste. Ein weiterer, vor 350 n. Chr. vergrabener und in einem Keramikgefäß wenigstens 60 spätrömische Bronze- und Silbermünzen enthaltender Schatzfund wurde 1890 beim Bau des Postgebäudes in Vogelsang im Ennepetal zwischen Gevelsberg und Haspe entdeckt. Leider wurden diese beiden Schatzfunde nach ihrer Entdeckung auseinandergerissen, sodass nur wenige Münzen bzw. Abgüsse in Museen und Sammlungen überliefert geblieben sind.

Unter den Münzfunden im Raum Hagen aus römischer Zeit fallen zwei Solidi auf. Der in Gold geprägte Solidus wurde 309 von Kaiser Konstantin eingeführt und blieb vom spätrömisch-byzantinischen Reich über das Frühmittelalter bis zum Beginn des 12. Jahrhunderts eine Art Leitwährung für die europäischen Reiche.

Der erste Solidus wurde im Dezember 1933 von Wilhelm Boecker auf dem Grundstück Steinuferweg 10a am Osthang des Schlossbergs in Hohenlimburg gefunden. Der Avers zeigt den Kaiser im für römische Münzprägungen klassischen, nach rechts blickenden Profil, das Revers zeigt ihn mit einem besiegten Gegner am Boden. Es handelt sich um eine Prägung des von 395 bis 408 regierenden oströmischen Kaisers Flavius Arcadius. Die Regierungszeit des als schwach charakterisierten Kaisers war geprägt von Krisen, die als Folge der Hunnen- und Goteneinfälle ins Reich entstanden. Für die Beurteilung des Münzfundes interessant sind auch zwei spätrömische Kupfermünzen, die 1951 nahe dem Fundort der Goldmünze aufgefunden wurden. Dabei handelt es sich um einen Antonian des von 268 bis 270 regierenden Kaiser Marcus Aurelius Claudius II. Gothicus sowie um die

Münze eines Sohnes des Kaisers Konstantin I. (reg. 306–337; gen. „der Große"). Deuten die Funde auf einen im Boden des Schlossbergs verborgenen Münzschatz hin?

Der Fundort der zweiten Goldmünze liegt am südöstlichen Fuß des Kaisbergs in Hagen-Vorhalle. Sie fand sich 1952 bei Erdarbeiten im Garten der damaligen Dienstvilla des Direktors der Stahlwerke Brünninghaus an der Brünninghausstraße. Der Solidus wurde 393 bis 395 in der Münzstätte Sirmium während der Regierungszeit des 379 bis 395 regierenden oströmischen Kaisers Theodosius I. geprägt, dem Vater des vorgenannten Flavius Arcardius. Theodosius, der militärisch und administrativ erfolgreich auftrat, gelang die Stabilisierung des Reiches. Anders als bei dem Solidus aus Hohenlimburg sind vom Fundort der Vorhaller Goldmünze bislang keine weiteren Fundstücke bekannt geworden.

RALF BLANK

Mittelalter

Das gerne auch als „Dunkle Epoche" bezeichnete, sicherlich aber deutlich "farbenfrohere" Mittelalter umfasst die Zeit zwischen dem Ende der Antike und dem Beginn der Frühen Neuzeit, also ungefähr die Zeit zwischen dem 6. und 15. Jahrhundert nach Christus. Diese Zeitspanne lässt sich sowohl kultur- und religionsgeschichtlich als auch archäologisch und kunsthistorisch verorten. Neben diesen unterschiedlichen Blickwinkeln muss der Beginn und das Ende des Mittelalters auch unter regionalen Entwicklungen betrachtet werden.

Ein wesentlicher Faktor für weitgreifende Veränderungen im europäischen Mittelalter gegenüber dem bis dahin mächtigen Römischen bzw. Byzantinischen Reich war die Ausbreitung des Christentums. Der christliche Glaube wurde zur vorherrschenden Religion und beeinflusste schließlich auch Staatsführung, Wirtschaft, Gesellschaft, Kunst und Kultur. Im deutschsprachigen Raum sprechen wir von einer groben Einteilung in das Früh-, Hoch,- und Spätmittelalter. Diese Phasen sind von unterschiedlichen Siedlungsstrukturen und territorialen Verhältnissen geprägt. Archäologisch und historisch gesehen können wir das Mittelalter heute anhand von Schriftquellen, Fundobjekten und Baudenkmälern fassen. Ereignisse, die mit dem Ende des Mittelalters gleichgesetzt werden, waren die Einführung des modernen Buchdrucks 1450 durch Johannes Gutenberg in Mainz, die Eroberung der byzantinischen Hauptstadt Konstantinopel 1453 durch Fatih Sultan Mehmet und die Entdeckung der Neuen Welt 1492 durch Christoph Kolumbus

Als im Jahre 775 die im Ruhrtal im Norden von Hagen gelegene Hohensyburg von Sachsenherzog Widukind unter Karl dem Großen (ca. 747–814) durch fränkische Truppen erobert wurde, trat der Raum Hagen und damit auch Westfalen in die schriftlich überlieferte Geschichte ein. Dieses einschneidende Ereignis gilt als erste und bisher einzige frühmittelalterliche Schriftquelle aus dieser Zeit in der Region. Bis zum Ende des Frühmittelalters bleibt die urkundliche Überlieferung für den Raum Hagen sehr lückenhaft und ist auch archäologisch schwer zu fassen. Doch mit dem Beginn des Landesausbaues im zwölften Jahrhundert in

der Region durch die Kölner Erzbischöfe sowie die Grafenhäuser von Arnsberg-Werl und Altena werden auch in der Hagener Region die Schriftquellen etwas zahlreicher.

Das Frühmittelalter ist in der Region mit Einzelfunden von Keramik, Münzen und Schmuckgegenständen, aber auch mit Hinweisen auf Siedlungen vertreten. Sie stellen sich meist als lockere Anordnung verschiedener Gebäudetypen dar. Darunter waren auch Grubenhäuser, die meist zur Lagerung oder zur Ausübung von Handwerkstätigkeiten genutzt wurden. Als Wohngebäude dienten Wohnstallhäuser in unterschiedlichen Größen, die teilweise Längen über 30 m besaßen. Bei den Grabungskampagnen 2008 bis 2010 wurden in der Nähe des erstmalig im 13. Jahrhundert urkundlich erwähnten Adelssitzes Herbeck mehrere Siedlungsgruben und Keramik aus dem 6./7. Jahrhundert entdeckt. Es handelt sich bei diesem Fundplatz um einen der wenigen archäologischen Hinweise für die Zeit des Frühmittelalters in der Region. Auf der Volmeterrasse in Höinghausen bei Hagen-Delstern konnten beim Gut Kuhweide schon Ende der 1980er Jahre vergleichbare Siedlungsspuren untersucht werden.

Im Hoch- und Spätmittelalter sind es die zahlreichen Burgen, Kirchen, Klöster, wie in Herdecke, Gevelsberg und Elsey, sowie Städte und Siedlungen, die das Landschaftsbild der Region prägen. In Sichtweite gegenüber von Schloss Hohenlimburg liegt die heute als Ruine erhaltene Raffenburg auf einem Bergkegel oberhalb des Lennetals. In ihrem Umfeld sind weitere Befestigungen wie die Wallburg „Sieben Gräben", die „Rücklenburg" und die „Franzosenschanze" erhalten. Im 13. und 14. Jahrhundert bildete das untere Lennetal zusammen mit den Adelssitzen an Ruhr, Lenne, Ennepe und Volme, darunter auch das Haus Werdringen, sowie den Höhenburgen Volmarstein, Wetter und Syburg im mittleren Ruhrtal eine kleine Burgenlandschaft.

Die im Besitz der Grafenhäuser Mark und Limburg sowie der Kölner Erzbischöfe befindlichen Territorien in dieser Region wurden im 13. und 14. Jahrhundert immer wieder durch die Auswirkungen von Kriegen und Fehden erschüttert. Die Grafen von der Mark konnten ihre Landesherrschaft bis zum Ende des 14. Jahrhunderts durchsetzen, während die kölnische Herrschaft Volmarstein – bis auf die aus Reichsbesitz des frühen zwölften Jahrhunderts stammende Volmarsteiner Lehnskammer – in die Grafschaft Mark überging. Als Exklave und von Mark unabhängiges bergisches Lehen verblieb die nach 1242 auf der Grundlage von Hoheitsrechten im Gebiet der unteren Lenne gebildete Grafschaft Limburg mit dem heutigen Schloss Hohenlimburg als Residenz der Grafen von Limburg aus dem Hause Altena-Isenberg.

Aus der wichtigen Phase der Bildung und des Ausbaues spätmittelalterlicher Territorien in der Region stammen nicht nur historische Quellen, sondern auch archäologische Funde. Sie wurden vor allem auf Höhenburgen wie Schloss Hohenlimburg und der Raffenburg, aber auch bei Adelssitzen und auf Siedlungsplätzen, hier besonders bei Herbeck und auf der Kuhweide bei Delstern, und bei Klöstern wie in Elsey geborgen. Andere mittelalterliche Funde traten mehr zufällig zu Tage, darunter auch Münzen, wie sie z. B. 2009 bei Halver südlich von Hagen als Schatzfund von 236 silbernen Pfennigen aus dem zehnten und frühen elften Jahrhundert in einem Keramikgefäß entdeckt wurden.

RALF BLANK / MIRJAM KÖTTER

Das Schloss Hohenlimburg zeigt bis heute seinen Ursprung in einer 1242 erstmalig erwähnten Höhenburg. Luftaufnahme von Baoquan Song, 26.6.2008.

73 Münzfibel

Klusensteiner Höhle, Hemer-Deilinghofen
Frühmittelalter, 8.–9. Jahrhundert
Bronze, Dm 2,5 cm

Das Hönnetal zeigt sich zwischen Oberrödinghausen im Norden und Volkringhausen im Süden als ein enger, canyonartiger, von Felsformationen und Schluchten flankierter Talabschnitt. Leider wurden die zahlreichen Karsthöhlen bereits im 19. und frühen 20. Jahrhundert ausgeräumt. Neben einer Nutzung während der Steinzeit sind viele Höhlen in den vorrömischen Metallzeiten sowie in der Römischen Kaiserzeit und im Frühmittelalter durch Menschen ebenfalls aufgesucht worden. Zu dieser Zeit handelte es sich wohl auch um rituelle und kultische Deponierungen, unter anderem von menschlichen Überresten, teilweise vergesellschaftet mit Keramik, Trachtzubehör und Schmuck, Nahrungsbestandteilen und anderen Objekten.

Zu den landschaftlich besonders reizvollen Bereichen des Hönnetals zählt die Felsgruppe am Klusenstein. Die 1353 als märkische Grenzbefestigung zum kurkölnischen Territorium errichtete Burg und die am Fluss liegende Mühle waren im 19. Jahrhundert ein beliebtes Motiv von Malern der Romantik. Der Klusenstein besitzt jedoch auch einige Karsthöhlen, wie die Große Burghöhle, aus der zahlreiche bronze- und eisenzeitliche Funde stammen. Im Felsmassiv rund 250 m nordnordwestlich der Burg und rund 60 m über dem Talboden der Hönne liegt die Klusensteiner Höhle. Sie ist erst nach einer etwas beschwerlichen Kletterpartie zu erreichen, ihre Ausmaße sind gering. Es handelt sich lediglich um ein über zwei seitliche Zugänge erreichbares Felsdach, das nach dem Einsturz einer größeren Höhle übriggeblieben war.

Nach einer Grabung im Jahre 1967, die mehrere Keramikscherben lieferte, erfolgte 1983 eine weitere Untersuchung. Unter einem Versturz mit großen Felsblöcken fand sich eine Schicht, die Keramik, Holzkohle und Tierknochen enthielt. Die Keramik wirkt eisenzeitlich, auch die Verzierungen sind nicht für eine bestimmte Zeitphase signifikant, sondern durchaus langlebig.

Über der Fundschicht und dem Versturz fand sich ein rundes, damals als Plattenfibel angesprochenes Objekt aus Bronze mit beidseitig gekerbtem Rand sowie einem Nadelrast mit Halterung auf der Rückseite. Die Vorderseite zeigt ein undeutliches Profilbild, wie er Herrschermotiven auf spätantiken Münzen geläufig war: daher wird dieser Fibeltyp auch als Münzfibel bezeichnet. Ein Zusammenhang zwischen der Keramik in der Fundschicht und der Münzfibel konnte bei der Grabung nicht erkannt werden, da sie oberhalb der eigentlichen Fundschicht entdeckt wurde.

Münzfibeln treten erstmalig im 4. nachchristlichen Jahrhundert in einem spätrömisch-byzantinischen Zusammenhang auf, um auch noch für das 9. Jahrhundert belegt zu sein. Diesem frühmittelalterlichen Datierungsansatz dürfte nach Vergleichsfunden auch im Fall der Münzfibel aus der Klusensteiner Höhle gefolgt werden. Sie ist ein gutes Beispiel dafür, wie antike Vorbilder bis weit in das Frühmittelalter zu finden waren. Hinzu kommt der ungewöhnliche Fundort, ohne dass geklärt werden kann, warum die Münzfibel ausgerechnet in der kleinen Höhle abgelegt oder verloren wurde.

RALF BLANK

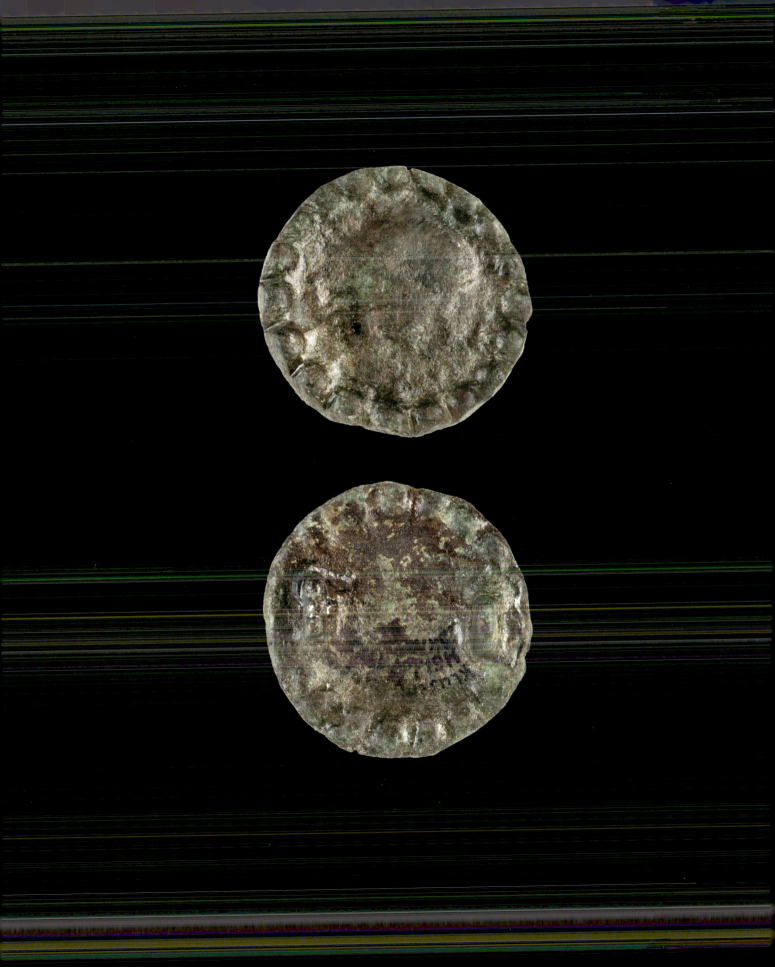

74 Bernsteinperle

Dröscheder Hardt, Iserlohn Dröschede
vorgeschichtlich
Dm 1,7 cm D 1,1 cm

Die Bernsteinperle wurde 1982 von Horst Klötzer als Lesefund auf einer Ackerfläche an der „Dröscheder Hardt" in Iserlohn entdeckt. Sie gehörte vermutlich zu einer Schmuckkette.

Die zeitliche Einordnung der Bernsteinperle gestaltet sich nicht ganz einfach. Eine erste Einschätzung ergab, dass sie aus dem 6. bis 8. Jahrhundert stammen könnte. Allerdings könnte sie auch in die vorrömische Eisenzeit eingestuft werden – Perlen dieser Art wurden über einen längeren Zeitraum hergestellt und getragen. Und auch die Umstände, unter denen sie in die Erde gekommen sind, können sehr unterschiedlich sein.

Die Kette aus Glasperlen und Bernsteinen von einem Hof in Ilse (Stadt Petershagen, Kr. Minden-Lübbecke) zum Beispiel, wurde 1926 zusammen mit bronzenen Arm-, Schläfen-, Gürtel- und Fußringen, Toilettenbesteck und Doppelspiralscheiben gefunden. Dieses reichhaltige Inventar gehörte zu Körperbestattungen und war bei ihrer Auffindung eindeutig mehreren Frauenskeletten zuzuordnen. Die Bernsteinperlen waren Bestandteil einer reichhaltigen und aufwendigen Trachtenausstattung, die so in Westfalen einzigartig war, und daher auf Frauen aus einem anderen Kulturkreis hindeutet.

Neben dieser und weiterer bekannten Grabausstattungen konnten Bernsteinperlen auch aus anderen Gründen verborgen werden. Die Anzahl von Hort- und Weihefunden geht zwar im Vergleich zur Bronzezeit stark zurück, allerdings existiert das Phänomen, Schmuckstücke sowohl aus profanen als auch aus religiösen bzw. kultischen Gründen an einem ausgewählten Ort zu deponieren, auch noch in der Eisenzeit. Häufig wurden die Perlen nicht allein, sondern mit weiteren Objekten wie Armringen oder Münzen abgelegt.

Ob es sich um eine Beigabe aus einem überpflügten Grab oder aber um einen Hortfund handelt, lässt sich bei der einzelnen Bernsteinperle von der Dröscheder Hardt ebenfalls nicht feststellen. Vom Acker sind hingegen auch weitere Funde von Perlen aus kobaltblauem Glas bekannt geworden. Doch auch sie sind langlebig und geben keinen Hinweis auf die Datierung der Bernsteinperle.

MIRJAM KÖTTER

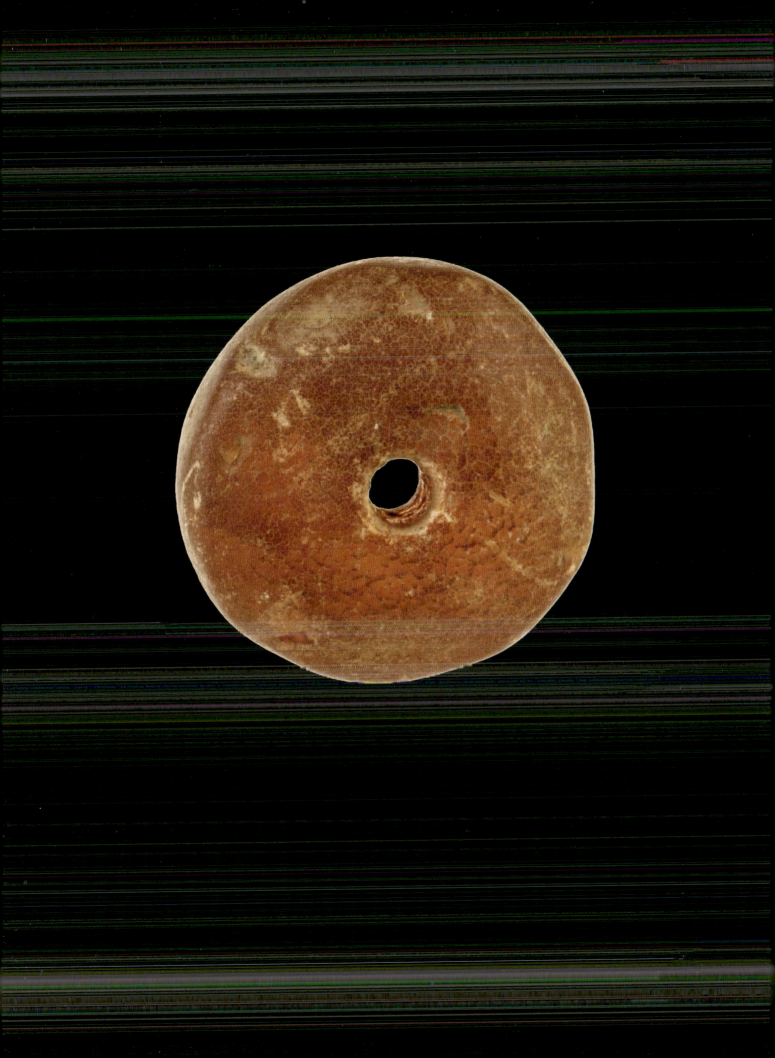

75 Plateaufibel mit Kreuz

Hagen-Garenfeld
Mittelalter, 10./11. Jahrhundert
Glas, Metall, Dm 2,0 cm

Für das Mittelalter in Hagen liegen zahlreiche Funde von Oberflächenfundplätzen vor. Sie dokumentieren eine Entwicklung seit dem 8. Jahrhundert und sind neben den Burgen und Adelssitzen wichtige Zeugnisse für die mittelalterliche Siedlungsstruktur in der Region.

Unter den vielfältigen Funden befinden sich Werkzeugteile, Beschläge und Schmuckstücke. Letztere Fundstücke konnten einen ganz profanen Zweck haben, häufig dienten sie aber auch dem Ausdruck des christlichen Glaubens und religiöser Symbolik. So auch eine Plateaufibel mit einem Kreuz aus Hagen-Garenfeld. Sie wurde als Lesefund auf einem Acker aufgesammelt, vergesellschaftet mit früh- und hochmittelalterlicher Keramik. Möglicherweise lag dort im Südwesten des alten Garenfelder Dorfes eine Siedlung oder eine Hofstelle.

Die in Grubenschmelztechnik, also einer Emailtechnik, hergestellte Plateaufibel stammt aus dem 10. bzw. 11. Jahrhundert, aus einer Zeit, als sich der heutige Hagener Raum noch im Reichsbesitz und im Besitz des Grafenhauses Werl befand. Erst zu Beginn des 12. Jahrhunderts setzte in der Region unter den Kölner Erzbischöfen und den Grafen aus den Häusern Berg und Altena ein territorialer und landesherrschaftlicher Ausbau ein, der im 13. und 14. Jahrhundert abgeschlossen war.

MIRJAM KÖTTER

76 Pinzette

Hagen-Herbeck
Merowingerzeit, 5.–8. Jahrhundert
Bronze, L 6,5 cm B 0,5 cm (Griff) bis 1,3 cm (Zangenkopf)

Aus einer Abfallgrube in der frühmittelalterlichen Siedlung beim Adelssitz Herbeck wurde die vorliegende Pinzette aus Bronze geborgen. Als sogenannte Zweckform veränderten sich derartige Pinzetten im Laufe der Zeit nur sehr wenig, sodass der Typ von der Bronzezeit bis ins Mittelalter hinein verwendet wurde. Das Fundstück aus Herbeck kann grob in die Merowinger-Zeit – vom 5. bis 8. Jahrhundert – datiert werden. Die Funktion solcher Pinzetten ist nicht eindeutig zu klären: sie dienten wohl zur Körperpflege, vermutlich wurden sie für die Entfernung einzelner Haare benutzt.

In Mittel- und Nordeuropa kommen Pinzetten seit der mittleren Bronzezeit vor. Bei den Fundstücken aus Westfalen dürften die Vorbilder im Nordischen Kreis zu suchen sein. Die Gruppe der Pinzetten mit sich allmählich verbreiterndem Schaft und eingebogenen Seitenrändern, zu denen neben dem Herbecker Stück auch ein weiteres Exemplar aus Datteln-Natrop/Clostern zählt, weist eine Fundkonzentration zwischen Weser und Elbe auf.

Die Datierung der Bronzepinzette aus Herbeck wird nicht allein dadurch erschwert, dass es sich um einen Alltagsgegenstand handelt, der sich über einen langen Zeitraum wenig verändert hat. Auch die Tatsache, dass in der gleichen Grube neben frühmittelalterlicher Keramik des 7. bis 8. Jahrhunderts auch noch eine endneolithische bis frühbronzezeitliche Flintpfeilspitze gefunden wurde, macht eine genaue zeitliche Einordnung nur schwer möglich.

Diese Datierungsprobleme sind durch Erosionsprozesse auf dem Gelände der früheren Siedlung bedingt. Die Auswertung der Grabungsergebnisse und Funde auf diesem Gebiet mussten immer unter der Berücksichtigung der veränderten Geländeoberflächen bis in jüngerer Zeit erfolgen. Als einziger Bronzefund aus der frühmittelalterlichen Besiedlung in Herbeck stellt die Pinzette auf jeden Fall ein Einzelstück dar.

MIRJAM KÖTTER

77 Bügel einer Gewandfibel

[
„Im Sibb", Hohenlimburg-Elsey
Römische Kaiserzeit / Frühmittelalter, um 500 n. Chr.
Bronze, L 5,0 cm
]

Leider ist die bei Bauarbeiten „Im Sibb" in Elsey aufgefundene Gewandfibel nicht mehr vollständig erhalten: Von ihr konnte nur noch der bronzene Bügel gefunden werden. Ursprünglich muss die Fibel einmal mit gepunzten Ornamenten dekoriert gewesen sein. Vielleicht wurde die Fibel verloren oder auch entsorgt, weil sie beschädigt worden war.

Die Fibel lässt sich grob in die späte Römische Kaiserzeit bzw. in das Frühmittelalter datieren, etwa um 500 n. Chr. Kleidungszubehör dieser Art war über alle gesellschaftlichen Schichten hinweg üblich und galt als Alltagsgegenstand. Mit Hilfe der Nadel konnten Kleidungsstücke wie mit einer Sicherheitsnadel zusammengehalten werden. Trotz ihrer Funktionalität galten sie auch als Schmuckstück und wurden in unterschiedlichen Größen und Formen hergestellt.

Anhand ihrer Typologie werden Fibeln häufig zur Datierung eingesetzt. Wird eine Fibel zum Beispiel als Grabbeigabe geborgen, kann die Ausführung auch Hinweise auf die jeweilige Stellung des Besitzers zu seinen Lebzeiten geben. Besonders auffällige und schöne Fibeln, die mit wertvollen Rohstoffen ausgeführt waren, können auf Reichtum und überregionale Beziehungen hindeuten. Alle diese Hinweise und Rückschlüsse sind bei dem Fundstück aus Elsey leider nicht möglich.

MIRJAM KÖTTER

Blick auf das Neubaugebiet und die Flur „Im Sibb" in Elsey, August 1958.

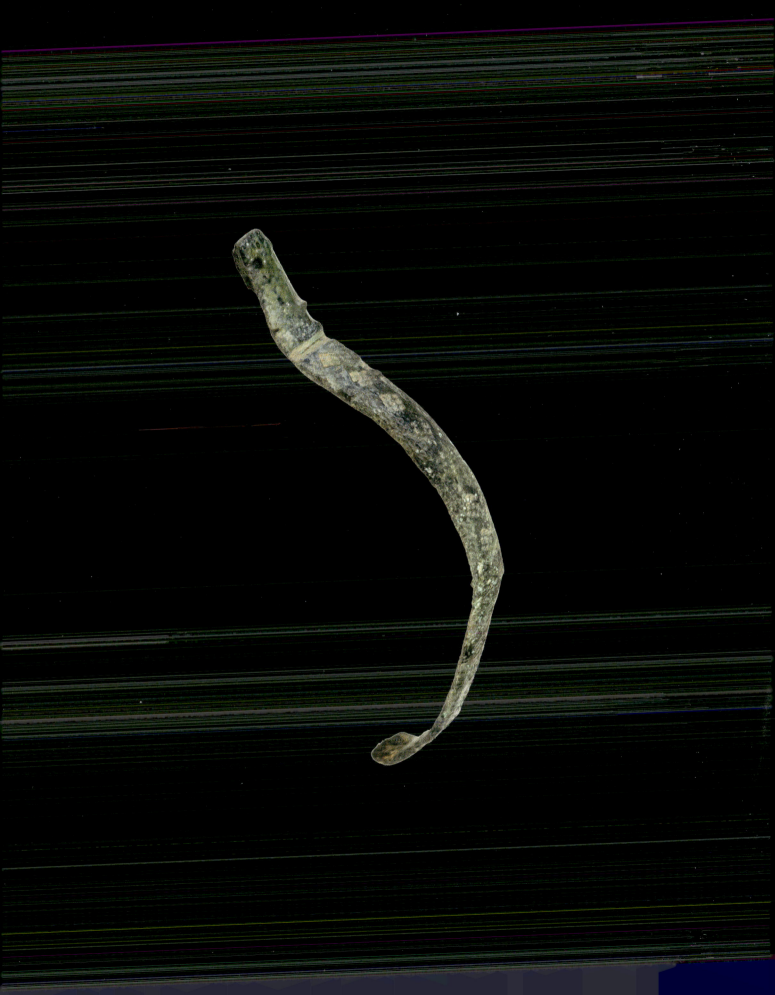

78 Keramik

[
Hagen-Herbeck
Frühmittelalter, 7.–9. Jahrhundert
]

Die bei den Grabungen in Siedlungsgruben und bei Pfostenspuren von Gebäuden auf der Lenneterrasse beim früheren Adelssitz Herbeck gefundene Keramik des Frühmittelalters aus dem 7. bis 9. Jahrhundert unterscheidet sich allein schon äußerlich von der vor Ort produzierten Irdenware. Während die Irdenware mit Rohmaterialien hergestellt wurde, die im Raum Hagen und im angrenzenden Sauerland vorkommen, repräsentiert die frühmittelalterliche Keramik die Farben und Formen, wie sie vor allem im Rheinland anzutreffen sind.

Wie das Fragment eines keltischen Glasarmrings und ein frühmittelalterlicher Gürtelbeschlag aus Herbeck, ist auch die rheinische Keramik ein Beleg für den regen Austausch und Handel von Waren über wichtige Verkehrsverbindungen, die auch über den Hagener Raum verliefen. Erstaunlich ist dabei die bei den Grabungen in Herbeck geborgene große Menge von frühmittelalterlicher Importkeramik. Ein Grund dafür könnte die meist bessere Qualität der rheinischen Ware gegenüber der vor Ort hergestellten Irdenware sein. Die auf der Drehscheibe in Serie und nach standardisierten Typen hergestellte Keramik aus den Töpfereien im Köln-Bonner Raum, darunter Paffrath, Badorf und Pingsdorf, wurde im großen Stil produziert und gehandelt. Sie fand auch ihren Weg in die frühmittelalterlichen Siedlungen im Raum Hagen, wie die Grabungsfunde in Herbeck und Delstern sowie das Fundmaterial von Prospektionen an weiteren Orten belegen.

Die importierte Keramik aus dem Rheinland unterscheidet sich bereits auf dem ersten Blick von der heimischen Ware. Während durch die Beimischung von Schiefer und Quarzen aus dem an Hagen angrenzenden devonischen Schiefergebirgsraum zum vermutlich zum Teil direkt in der Siedlung entnommenen Ton eine eher unregelmäßige und grobe Oberfläche entstand, weist die Drehscheibenware aus dem Rheinland eine zwar raue, aber regelmäßigere Struktur auf. Auch farblich setzt sich die unter hohen Temperaturen gebrannten rheinische Ware durch helle, hellgelbe und rötliche Oberflächen von der meist gräulich und schwarzen, weniger hart gebrannten handgemachten Lokalware ab.

Im Fundmaterial der frühmittelalterlichen Siedlung bei Herbeck sind meist rundliche, kugelige Topfformen für die Lagerung von Lebensmitteln und als Kochtopf über dem Feuer verbreitet. Andere Gefäßformen wie Kannen, Schüsseln und Schalen, kamen anscheinend weniger zum Einsatz bzw. lassen sich anhand der aufgefundenen Scherben nicht mehr sicher rekonstruieren.

MIRJAM KÖTTER

79 Ortband einer Schwertscheide

Haus Herbeck, Hagen-Herbeck
11./12. Jahrhundert
Bronze, L 3,9 cm B 3,6 cm D 1,2 cm

Die Mittelterrasse der Lenne in der Umgebung des im 13. Jahrhundert erstmalig urkundlich erwähnten Adelssitzes Herbeck ist ein altes Siedlungsareal. Wegen der guten Verkehrsanbindung an das Straßen- und Eisenbahnnetz sind die weiträumigen Terrassenflächen entlang der Lenne heute begehrte Gewerbe- und Wohngebiete. Da es sich um seit der Steinzeit immer wieder vom Menschen genutzte Siedlungsbereiche handelt, bedeuten Bauanfragen in bestehenden Anlagen sowie die Ausweisung als neue Gewerbe- und Wohngebiete für die Stadtarchäologie stets Herausforderungen. Durch vorherige archäologische Prospektionen sowie eine Beobachtung der Bauarbeiten muss geprüft werden, ob auf den ausgewiesenen Arealen auch Bodendenkmäler vorhanden und gefährdet sind. In der Regel ist das auf diesen Flächen immer der Fall.

Bei einer Prospektion während der Erschließung eines Gewerbegebiets tauchte 2008 auf einem bislang noch unbebauten Acker direkt neben dem Adelssitz Herbeck das hier vorgestellte Fundstück auf. Es handelt sich um ein aus Bronze gefertigtes, mit durchbrochenen und kreuzförmigen Ornamenten verziertes, leider etwas beschädigtes Ortband einer Schwertscheide aus dem 11. bzw. 12. Jahrhundert. Das Ortband schützte das untere empfindliche Ende einer oftmals hölzernen oder ledernen Schwertscheide. Wegen des unmittelbar beim Adelssitz liegenden Fundpunktes könnte ein Zusammenhang mit dieser Anlage bestehen.

Neben einer Vielzahl an vorgeschichtlichen Einzelfundstellen, die auf den Flussterrassen von Ruhr, Lenne, Ennepe und Volme nachgewiesen sind, werden – wie hier am Adelssitz Herbeck – immer wieder Siedlungsspuren aus dem Hochmittelalter entdeckt. Sie sind Zeugen des Landesausbaus vom 11. bis 13. Jahrhunderts, der im Raum Hagen unter den Kölner Erzbischöfen und den Grafen von Berg-Altena bzw. den beiden Grafenhäuser von Altena bzw. von der Mark und Altena-Isenberg erfolgte. Dabei spielten die zahlreichen kleineren Adelssitze in der Region, die von Ministerialen aus dem Niederadel bewohnt wurden, eine wichtige Rolle bei der landesherrschaftlichen Struktur und wirtschaftlichen Organisation in den Territorien.

MIRJAM KÖTTER

Der nach einem Brand 1826 neu errichtete Adelssitz Haus Herbeck im Lennetal, um 1840. Stadtarchiv Hagen

80 Importkeramik

Kuhweide, Hagen-Delstern, Mittelalter, 9.–12. Jahrhundert
oben Henkelamphore, Brühl-Pingsdorf, H 25 cm
unten Kugeltopf, Paffrath, H 18 cm

Auf der Volmeterrasse beim Gut Kuhweide in Höinghausen bei Delstern wurden 1987 bis 1989 durch die für Hagen zuständige Außenstelle Olpe der LWL-Archäologie für Westfalen mehrere Grabungskampagnen unternommen. Sie ergaben Siedlungsreste in Form von Hausgrundrissen und zahlreichen Fundobjekten aus dem 8. bis 12. Jahrhundert.

Die frühmittelalterliche Keramik lässt sich anhand ihrer Machart und Verzierungen den Töpfereien von Paffrath, Pingsdorf und Badorf zuordnen – Importware aus dem Rheinland. Mit der mittelalterlichen Siedlung auf der Kuhweide bei Delstern gibt es neben der frühmittelalterlichen Siedlung in Herbeck mindestens einen weiteren Fundort von rheinischer Importkeramik des 8. bis 10. Jahrhunderts auf Hagener Stadtgebiet.

Die Keramik aus Paffrath, Pingsdorf und Badorf unterscheidet sich vor allem durch ihre Machart. Es handelt sich um seriell und standardisiert produzierte Drehscheibenkeramik, die direkt vor Ort aus lokal vorkommenden Lagerstätten hergestellt wurde. Sie zeigen Drehriefen auf den Innenseiten der Gefäße, eine gleichmäßige Maserung und einen harten Brand.

Auf der Kuhweide bei Delstern wurden keine vollständigen Gefäße gefunden, die gefundenen Scherben können nicht immer eindeutig bestimmten Gefäßformen zugeordnet werden. So gehören mehrere Scherben zu Reliefbandamphoren aus Badorf. Gefäße aus Pingsdorf zeigen oft eine Bemalung, die auch in Delstern nachgewiesen werden kann. Neben Amphoren sind für diese Art von Importware aber auch Kugeltopfformen, Becher und Krüge typisch.

Wie in Hagen-Herbeck ist das Vorkommen von Importkeramik in Delstern ein klares Zeichen für florierenden Handel und Austausch bzw. der günstigen Verkehrsverbindung Hagens in das Umland. Die früheren rheinischen Töpferorte Badorf und Pingsdorf liegen nur ca. 75 km sowie Paffrath etwa 50 km von den frühmittelalterlichen Siedlungen in Hagen entfernt.

MIRJAM KÖTTER

Freilegung von frühmittelalterlichen Hausfundamenten in Delstern 1987.

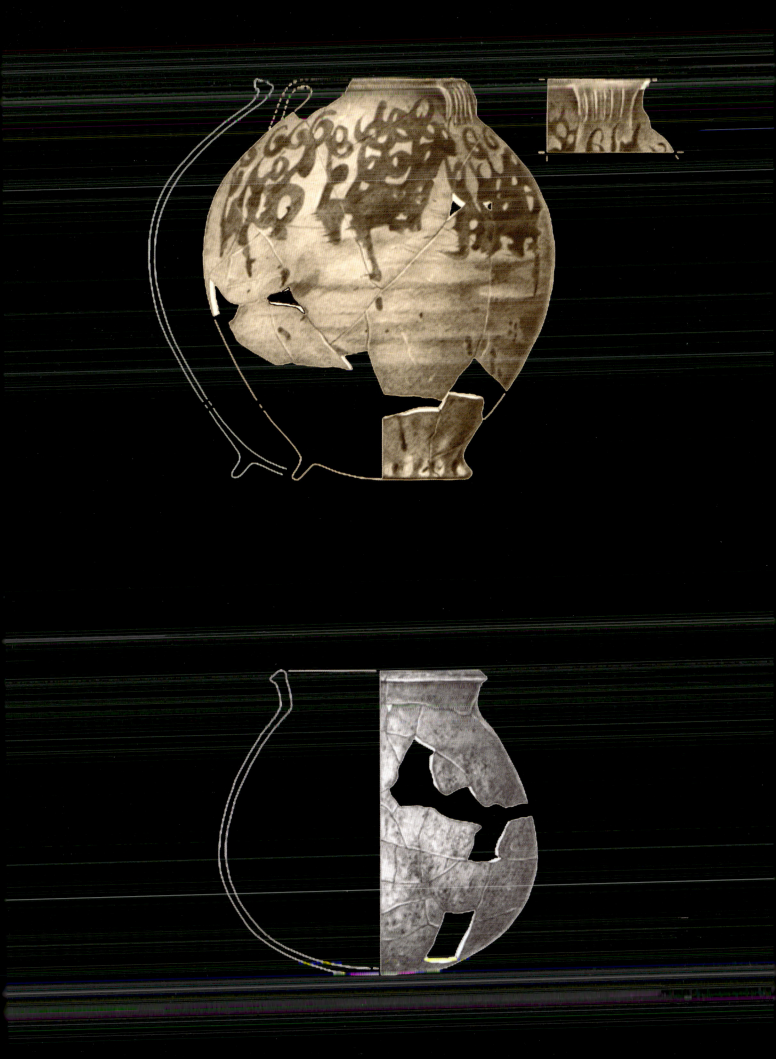

81 Münzen

Mittelalterliche Münzen finden sich immer wieder: Mal treten sie bei Prospektionen zutage, manche finden sich bei Bauarbeiten, vielfach werden sie zufällig im Garten oder bei einem Spaziergang entdeckt. Teilweise stammen sie aus entfernten Städten und wurden in unterschiedlichen Territorien des Alten Reiches geprägt. Andere geben Hinweise auf Münzstätten und Ereignisse in unserer Region, wie die beiden hier vorgestellten Fundmünzen aus Hagen.

Die kleinere, 1,4 g schwere Münze (oben) wurde 2010 beim Adelssitz Haus Herbeck gefunden. Es handelt sich um einen Denar des deutsch-römischen Königs Rudolph I. von Habsburg (1218–1291). Er regierte zwischen 1273 bis zu seinem Tod und war – nach dem Interregnum – der erste König aus dem Hause Habsburg. Der Avers zeigt den thronenden König mit Lilienzepter und Reichsapfel, auf dem Revers findet sich der Heilige Reinold im Dreieck. Dort ist auch die Münzstätte vermerkt: TREMONIA CIVIS – also Dortmund. Die königliche Münzstätte wurde im 10. Jahrhundert eingerichtet, Anfang des 16. Jahrhundert kam sie zum Erliegen. Der „Dortmunder Pfennig" war im 13. und 14. Jahrhundert wegen seiner Wertbeständigkeit vor allem in Westfalen eine bedeutende Münzwährung, die von anderen Landesherren nachgeahmt wurde.

Die zweite hier vorgestellte Münze (unten) wurde im 15. Jahrhundert geprägt und 1983 auf der Flur „Alte Stadt" in Hagen-Holthausen, zwischen der Hünenpforte und dem Raffenberg, aufgelesen. Es handelt sich um einen 0,6 g schweren Viertelgroschen, den Graf Gerhard zur Mark (1387–1461) nach 1430 in der von ihm eingerichteten Münzstätte Hörde schlagen ließ. Der Avers zeigt den gespaltenen Schild mit den Wappen von Mark und Kleve, der Revers ein Kreuz mit Vierpass im Zentrum. Gerhard hatte 1409 Ansprüche auf die Landesherrschaft über die Grafschaft Mark erhoben und lag seit 1423 mit seinem Bruder

Adolf II./IV. von Kleve-Mark in einer offenen Fehde. Im „Märkischen Bruderkrieg" war es auch im Raum Hagen zur Brandschatzung von Höfen und Wohnplätzen gekommen. Nach dem Friedensschluss 1430 überließ Adolf seinem Bruder die Nutznießung der Grafschaft, behielt aber die Oberherrschaft und den Titel. Nach Gerhards Tod erfolgte die Vereinigung der Grafschaft Mark mit dem Herzogtum Kleve.

RALF BLANK

82 Fettpfanne

Raffenburg, Hagen-Hohenlimburg
Spätmittelalter, 13./14. Jahrhundert
L 46,5 cm B 20 cm

Bei den Grabungen 1932/33 in der Kernanlage der Raffenburg kamen in den Gebäudekellern V und VI zahlreiche Fragmente von großen pfannenartigen Gefäßen aus weißgrauer, innen glasierter Irdenware zutage. Einige Scherben wurden zu zwei Gefäßen zusammengesetzt. Das kleinere Stück besitzt eine Länge von rund 50 cm, während die zweite Pfanne, die zur Hälfte erhalten ist, ursprünglich eine Länge von einem Meter besaß.

Es handelt sich um eine Art Bräter oder Fettfänger. Auf der Innenseite weisen sie eine braune bis grünliche Glasur auf. Die langestreckten, flachen Pfannen haben einen seitlichen Stielgriff, zwei kleine Füßchen und an der einen Schmalseite einen schnepfenartigen Ausguss. Am gegenüberliegenden Ende befindet sich ein eckiger durchlochter Fortsatz, der als Griff oder zur Aufhängung diente. Der Rand wurde durch schräg stehende Kerben verziert. Weitere Scherben belegen, dass sich unter den Grabungsfunden noch weitere Fragmente von etwa drei Brätern bzw. Fettfängern befinden.

Auf spätmittelalterlichen Gemälden von Küchenszenerien, etwa von David Teniers d. Ält., werden große Fleischstücke an Spießen vor dem Feuer gebraten. Unter diesen wurde in flachen Schalen das wertvolle Fett gesammelt. Mithilfe des Ausgusses konnte das Fett dann abgegossen und zum neuerlichen Begießen des Bratens verwendet werden.

Auch auf anderen Burgen im Rheinland und in Westfalen, wie die Burg Mark in Hamm oder der Husterknupp in Grevenbroich, wurden derartige Gefäße gefunden. Als Produktionsorte konnten unter anderem die Töpfereien in Mengede (Groppenbruch) bei Dortmund und in Breitscheid bei Ratingen lokalisiert werden.

EVA CICHY / RALF BLANK

Grabungsfoto 1932 mit den Hausfundamenten V, dem Fundort von „Fettpfannen".

83 Becher aus Faststeinzeug

Raffenburg, Hagen-Hohenlimburg
Spätmittelalter, 13./14. Jahrhundert
H 6,5 cm Dm (Mündung, Gefäß Links) 8,0 cm

In der Mitte des 13. Jahrhunderts gelang dem Töpferhandwerk bei dem Versuch, wasserundurchlässige Keramik herzustellen, ein erster Etappensieg. Sie brannten bei hohen Temperaturen Gefäße mit dunkelgrauer bis dunkelbrauner, sehr rauwandiger Oberfläche. Diese Keramik war nicht nur vollständig wasserdicht, sondern ermöglichte auch die Entwicklung von neuen Gefäßtypen. Wo genau es zum ersten Mal gelang, wissen wir nicht. Die längste Tradition, die besten Tone und Exportmöglichkeiten und damit die besten Voraussetzungen für Innovationen hatten jedoch im Mittelalter die Töpfereien im Köln-Bonner Raum und vor allem in Siegburg, dem wohl produktivsten spätmittelalterlichen Töpferort im Rheinland.

Bei diesem Fast- oder Protosteinzeug weist die schon sehr hoch gebrannte Keramik aber noch keinen einheitlichen Sinterungsgrad auf, es sind noch nicht alle Sandbeimengungen vollständig eingeschmolzen wie bei einem Steinzeugscherben. Im Bruch sieht man deshalb auch mehrere Farben und unterschiedliche Strukturen. Faststeinzeug kann deshalb auch auf der Oberfläche unterschiedliche Tönungen und Strukturen aufweisen. Wegen der Wasserdichtigkeit wurde vor allem Schank- und Trinkgeschirr hergestellt.

Auch im Keramikmaterial von der Raffenburg sind vor allem Becher, Krüge und Kannen vertreten. Sie haben, im Gegensatz zu dem rundbodigen Herdgeschirr, einen planen Boden. Wir sehen bei den vollständig erhaltenen Bechern aus den Grabungen 1932 bis 1935, dass sie unterschiedliche Formen aufweisen: Mal kugeliger, mal eher eiförmig, mal mit lang ausgezogenem Rand, mal ist der Rand nur kurz. Einige Becher zeigen starke Drehrillen nur im Bauchbereich, andere auch auf der Schulter. Sie wurden durchaus als schmückendes Element verstanden und eingesetzt.

Fast alle Becher besitzen einen schwach gewellten Fußring, einen sogenannten Wellenfuß. Nur das Unterteil eines Pokals fällt mit seinem ausladendem, planen Fuß aus der Reihe. Sie alle lassen sich in das 13. Jahrhundert datieren, die jüngsten (auf dem Foto rechts) vielleicht noch um 1300, bzw. in die erste Hälfte des 14. Jahrhunderts. Von den ebenfalls in großer Zahl auf der Burg ehemals vorhandenen Einhenkelkrügen zum Servieren von Getränken hat sich kein Exemplar vollständig erhalten, eine große Zahl an Rand-, Wand-Bodenscherben und Henkelfragmenten zeugen jedoch von ihnen.

EVA CICHY

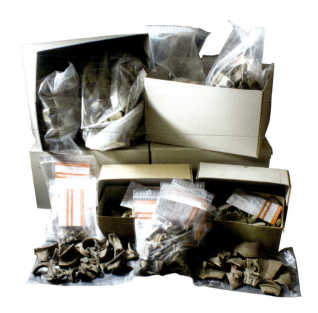

Bei den Grabungen und Prospektionen auf dem Gelände der Raffenburg wurden große Mengen mittelalterlicher Keramik gefunden.

84 Henkelkrug

Raffenburg, Hagen Hohenlimburg
Spätmittelalter, 14. Jahrhundert
Steinzeug, H 16,5 cm

Zur Wende vom 13. zum 14. Jahrhundert gelang den rheinischen Töpfern ein technischer Durchbruch. Sehr hohe Temperaturen im Töpferofen führten während des Brennprozesses zu einer Versinterung des reinen Tones, sodass er eine glasartige Struktur erhielt. Bei Irdenwaren reichte eine Temperatur von etwa 900 Grad Celsius aus, doch das Brennen von gesintertem Steinzeug benötigte eine Temperatur von um 1.200 Grad. Das Geschirr aus Steinzeug war wasserdicht und eignete sich deshalb hervorragend als Schank- und Trinkgeschirr. Zum Kochen war Steinzeug – im Gegensatz zur Irdenware – hingegen ungeeignet, da das harte Material im Feuer zerspringt.

Bei Grabungen und Prospektionen auf der Raffenburg und in ihrem Vorgelände kamen bislang zwei nur leicht beschädigte Gefäße aus Siegburger Steinzeug zutage. Die weitgehend vollständig überlieferten Gefäße – ein Henkelkrug und ein konischer Becher – haben einen hellgelben bis weißlichen Scherben, ein Teil der Oberfläche ist geflammt, also rotbraun verfärbt durch besonders hohe Temperaturen. Sie entsprechen dem Steinzeug aus dem Töpfereibezirk in der Aulgasse im rheinischen Siegburg.

Beide Gefäße wurden bei den Ausgrabungen 1932 entdeckt. Der Henkelkrug konnte im als Torhaus angesprochenen Gebäudekeller IV in der Kernburg über einer festgestampften Brandschicht geborgen werden.

Die Keramikfunde aus Steinzeug sind wie weitere Objekte ein Beleg für das Weiterbestehen der Raffenburg nach der Einnahme 1288 bis in das 14. Jahrhundert. Der Kölner Erzbischof Siegfried von Westerburg (1235–1297) hatte sich im April 1292 noch schriftlich das Recht zusichern lassen, die während der Belagerung beschädigte Raffenburg wieder zu befestigen und als kölnische Burganlage weiternutzen zu dürfen.

EVA CICHY

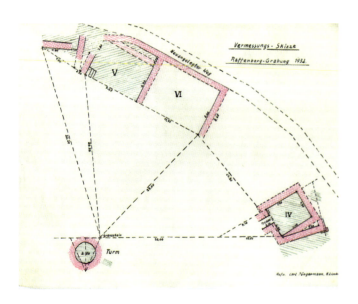

Grabungsplan von 1932 mit den Baubefunden in der Kernanlage der Raffenburg. Der Siegburger Henkelkrug wurde im „Torhaus" IV gefunden.

85 Ofenkachel

Raffenburg, Hagen-Hohenlimburg,
Spätmittelalter, 13./14. Jahrhundert
H 22 cm

Ab dem späten 12. Jahrhundert finden sich in Westfalen erste Belege für das Heizen von Räumen mit Kachelöfen. Durch diese Wärmequellen war eine rauchfreie und einigermaßen erschwingliche Heizung von Wohnräumen gefunden worden. Offenes Kaminfeuer besaß eine hohe Brandgefahr und entwickelte belastenden Rauch. Auch waren die Kamine als Wärmequelle nicht sehr wirksam, sodass sie – heute ist es nicht anders – nur nahe den Flammen spürbar waren. Deutlich effektiver waren Warmluftheizungen in der Tradition von römischen Hypokaust-Anlagen. Doch diese äußerst aufwendigen Anlagen sind für das hohe und späte Mittelalter in Westfalen selten und ausschließlich für Bauten des Hochadels, wie in Pfalzen und auf größeren Landesburgen, und in wenigen reich begüterten Klöstern überliefert.

Ein Kachelofen bot den Vorteil, dass durch die verbaute Keramik die Wärme besonders gut gespeichert und über einen längeren Zeitraum gleichmäßig abgegeben wurde. Die getöpferten spitzbodigen Topfkacheln, die häufig mit Vorratskeramik aus Irdenware verwechselt werden, wurden in eine aus Lehm aufgebaute Kuppel mit der Öffnung zur Außenseite hin eingesetzt, wodurch die wärmeabstrahlende Oberfläche vergrößert wurde. Dieser Luxus war natürlich ebenfalls zunächst nur bestimmten Gesellschaftsschichten vorbehalten, hier besonders dem Adel, Klerus, wohlhabenden Bürgern und Kaufleuten.

Bei den Grabungen und Prospektionen in der Kernanlage der Raffenburg in Hagen-Hohenlimburg fanden sich zahlreiche typische Topfkacheln. Teilweise tragen die Scherben noch Reste des durch die Hitze rotgebrannten Ofenlehms. Sie belegen die Ausstattung von zumindest einigen Räumen mit Öfen. Besonders viele Topfkacheln, die wegen einer fehlenden qualifizierten Untersuchung des Fundmaterials bislang als Vorratsgefäße gedeutet worden waren, kamen nach den Grabungsberichten in den Gebäudekellern der Häuser Nr. 5 und 6, die als früherer Palas angesehen werden, zutage.

Obwohl Ofenkacheln auf Burgen und auch in Städten häufig gefunden werden, sind die dazugehörigen Standorte in Gebäuden nur sehr selten erhalten. Über das Aussehen der frühen Öfen informieren einige historische Bildquellen: es handelte sich unter anderem um kuppelförmige Kachelöfen. Die Fundverteilung auf dem Gelände der Raffenburg könnte darauf hindeuten, dass sich Kachelöfen zumindest im Palas (Gebäude 5/6) und im sogenannten Torhaus befunden hatten. Die Ausstattung mit solchen Öfen spricht für einen hohen Wohnstandard auf dieser erzbischöflichen Burg.

Der Töpferort der Ofenkacheln von der Raffenburg ist unbekannt. In der Region ist für das 13. Jahrhundert die Töpferei von Groppenbruch bei Dortmund-Mengede wichtig. Dort wurden auch Ofenkacheln, aber auch vielfältiges Gebrauchsgeschirr aus Irdenware hergestellt. Weitere Lieferanten könnten die Töpfereien im Köln-Bonner Raum gewesen sein, was bei einer Burg der Kölner Erzbischöfe vermutlich naheliegender wäre.

EVA CICHY

Die älteste bekannte Darstellung eines Kachelofens. Umzeichnung einer Miniatur aus einer um 1250 entstandenen Würzburger Handschrift. Bayerische Staatsbibliothek München, Lat. 23256.

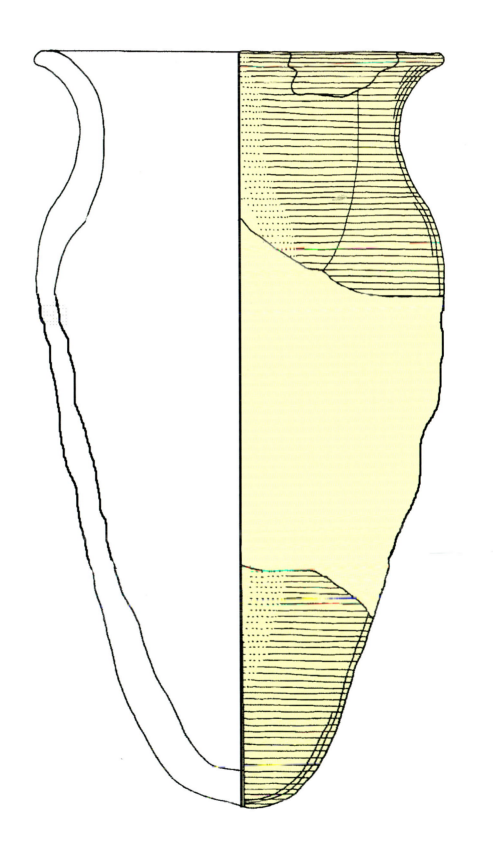

86 Überwurfriegel einer Truhe

Raffenburg, Hagen-Hohenlimburg
Spätmittelalter, 13. Jahrhundert
L 22,5 cm B 3,0 cm Dm 0,7 cm

Zur Kulturgeschichte des Wohnens auf einer mittelalterlichen Burg können archäologische Funde in der Regel nicht viel beitragen. Hauptsächlich handelt es sich – wie auch bei den Funden von der kölnischen Raffenburg – um für eine Erhaltung wenig geeignete Objekte, vorwiegend aus Holz, die bis auf Fragmente bzw. Bauteile weitgehend vergangen sind. Dazu zählen beispielsweise Beschläge, Ziernägel, Aufsatzschlösser, Schlüssel und Scharniere aus Eisen und Buntmetall. Einzelne Fundstücke sind von ihrer Form und Ausprägung wiederum so charakteristisch, dass sie sogar bestimmten Funktionsmöbeln zugeordnet werden können.

Im Grabungsaushub des Gebäudekellers von Haus 5 (Palas?) wurde rund 60 Jahre nach den Ausgrabungen ein langes geschmiedetes Eisenteil gefunden. Es weist an einem Ende eine Öse und am gegenüberliegenden Ende eine langovale Öffnung auf. Die Fläche zwischen den beiden abgesetzten Enden ist mit einer jeweils doppelten Reihe rollstempelartiger Muster verziert, die eine kreisförmige Applikation mit einem kreuzförmigen Dekor einrahmt. Von der Gestaltung vergleichbare Stempelmuster, auch wenn hier nicht unbedingt ein Zusammenhang besteht, sind unter anderem von Faststeinzeug bekannt und auch im Fundmaterial der Raffenburg mehrfach belegt.

Bei dem Fundstück handelt es sich um den Überwurfriegel einer in der Regel aus Fichenholz gefertigten Truhe. Der Überwurf befand sich an der Frontseite des Truhendeckels. Dort war er mit der oberen Öse des Riegels an einer in den Holzdeckel eingelassenen Krampe befestigt. Mit der unteren langovalen Öffnung wurde der Überwurf über einen Haken am Schlossblech z. B. durch ein Vorhangschloss gesperrt. Dieser Mechanismus ist beispielsweise an den ältesten erhaltenen Truhen in Westfalen aus dem 12. und 13. Jahrhundert vorhanden.

Leider gibt der Überwurfriegel keine sicheren Hinweise auf das Aussehen des Möbels. Aufgrund seiner Ausmaße befand er sich wahrscheinlich an einer kleineren bis mittelgroßen Truhe. Auch könnte die Verzierung auf dem Überwurf darauf hindeuten, dass das Möbel ebenfalls nicht ohne Schmuck war. Denkbar wären an mittelalterlichen Truhen nachgewiesene Eisenbänder, die mit Rundkopfnägeln – im Fundgut der Raffenburg gleich mehrfach vorhanden – auf der hölzernen Konstruktion befestigt waren. Möglicherweise handelte es sich um eine Kastentruhe, wie die im Mittelalter auch im Rheinland und in Westfalen verbreiteten Seiten- und Frontstollentruhen.

Truhen waren das typische Verwahrmöbel des Mittelalters. Sie dienten zur Unterbringung von Vorräten, von Bekleidung und Ausrüstung sowie für eine sichere Aufbewahrung von Urkunden und wertvollen Gegenständen. Die überschaubare Anzahl von erhaltenen hoch- und spätmittelalterlichen Truhen finden sich in der Regel in Kirchen, in Klöstern, historischen Rathäusern und auf Burgen. Dass unter den archäologischen Funde der erzbischöflichen Raffenburg auch Truhenmöbel nachgewiesen werden können, verwundert daher nicht.

RALF BLANK

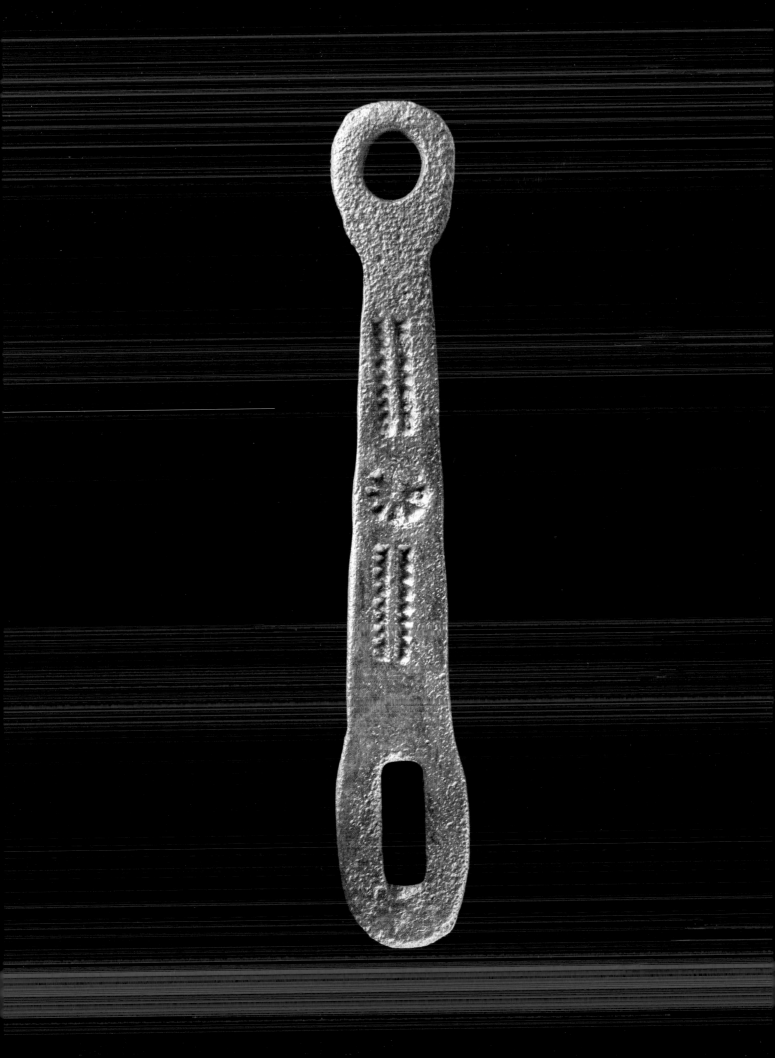

87 Radsporn

Raffenburg, Hagen-Hohenlimburg
Spätmittelalter, 13./14. Jahrhundert
L 8,5 cm B 6,2 cm

Die bei den Grabungen und in Prospektionen auf der Raffenburg in Hagen-Hohenlimburg und in ihrem Vorgelände gefundenen Sporen gehören zum ritterlichen Reiterzubehör. Der Ausspruch: „Du musst dir deine Sporen erst verdienen!" steht für das Dasein als Knappe, der erst nach Ableistung seines Dienstes zum Ritter erhoben werden konnte, um daraufhin das Schwert und die Sporen zu empfangen. Wie auch bei anderen Fundstücken, die ritterlichen Ausrüstungen zugeordnet werden können, haben wir es bei den etwa 15 von der Raffenburg bekannten Sporen um Gegenstände aus dem Besitz der früheren adeligen Burgbesatzung zu tun.

Die aufgefundenen Sporen verteilen sich auf verschiedene Typen, die sich entweder funktional oder aber von ihrer Datierung unterscheiden. Der älteste bislang bekannte Reitersporn von der Raffenburg ist ein Stachelsporn aus Buntmetall, der typologisch noch in das späte 12. und frühe 13. Jahrhundert datiert. Ihnen folgen zwei einfache Stachelsporen sowie mehrere Kugelstachelsporen, die in die erste Hälfte bis zur Mitte des 13. Jahrhunderts einzuordnen sind. Vier Fundstücke gehören zur Gruppe der Mitte des 13. Jahrhunderts aufkommenden Radsporen, darunter ein Sporn mit langem Radhalter, der sicher in das 14. Jahrhundert datiert werden kann.

Der hier vorgestellte, bei den Grabungen 1932 im Gebäuderest des Hauses 5 (Palas?) gefundene Radsporn besitzt an Stelle des Stachels ein drehbares, in einem Radhalter eingesetztes Rädchen mit fünf Spitzen. Die Bügelenden mit der Befestigung fehlen bei diesem Fundstück, auf den beiden Bügeln sowie auf dem Radhalter war der Sporn durch Strichgruppen verziert; sie sind wegen der Korrosion nur noch teilweise zu erkennen. Der Radsporn kann wegen seiner langlebigen Form in das späte 13. bis weit in das 14. Jahrhundert datiert werden.

RALF BLANK

Neben Radsporen finden sich im Fundgut der Raffenburg auch mehrere Stachelsporen, die in die 1. Hälfte bis zur Mitte des 13. Jahrhunderts datieren.

88 Pfeilspitzen und Armbrustbolzen

Raffenburg, Hagen-Hohenlimburg
Spätmittelalter, 13. Jahrhundert
Eisen, geschmiedet, L 6,5 cm bis 10,5 cm

In der Kernanlage der kölnischen Raffenburg und in ihrem Vorgelände wurden zahlreiche Waffenprojektile – über 60 werden im Museum Wasserschloss Werdringen verwahrt – in unterschiedlichen Formen und Erhaltungszuständen gefunden. Ein gutes Drittel der im Museum überlieferten Geschosse ist bis auf die Korrosion so gut wie unbeschädigt erhalten. Zahlreiche Projektile zeigen typische Gebrauchsspuren: abgeflachte Spitzen sowie gestauchte oder verbogene Tüllen. Diese Beschädigungen entstanden beim Aufprall auf harten Gegenständen. Sie geben Hinweise darauf, dass die Projektile – wahrscheinlich während der Belagerung und Eroberung der Raffenburg im Frühjahr 1288 – abgeschossen worden waren.

Dass die Raffenburg neben ihrer Funktion als erzbischöflicher Verwaltungssitz in der kölnischen Herrschaft Volmarstein auch eine militärische Funktion besaß, belegt die urkundliche Überlieferung. So muss der in einer Urkunde von 1275 unter der Burgbesatzung der Raffenburg erwähnte „Balistarius" mit dem Namen „Reiere" nicht mit einem Geschützführer von Wurfmaschinen (Bliden) gleichgesetzt werden. Er dürfte vielmehr der Kommandeur von Bogen- und Armbrustschützen – analog zu der englischen Definition eines "crossbow man" – der kölnischen Truppen auf der Burg gewesen sein. 1288 werden auf beiden Seiten – bei den Belagerern des Grafenhauses Mark und bei der erzbischöflichen Burgbesatzung – damals gebräuchliche Fernwaffen eingesetzt worden sein.

Die Unterscheidung einer Pfeilspitze für einen Bogen sowie einer Bolzenspitze für eine Armbrust ist nicht nur anhand des Fundmaterials der Raffenburg schwierig, sofern es sich nicht um „klassische" Formen handelt. Dabei können die Dimensionen der Fundstücke ein Kriterium für eine funktionale Zuordnung sein, denn grundsätzlich waren Armbrustbolzen größer und schwerer als Pfeilspitzen.

Die Armbrust setzte sich während des 13. Jahrhunderts unter Einfluss der Kreuzzüge in den europäischen Heeren durch. Der Langbogen fand hingegen nach dem erfolgreichen Einsatz durch walisische Bogenschützen im Krieg des englischen Königs Edward I. 1279 bis 1284 um Wales eine größere Verbreitung. Eine Anzahl von Bogenschützen, darunter die englischen Langbogenschützen, finden sich im 13. und 14. Jahrhundert als Söldner auch in den Truppen rheinisch-westfälischer Landesherren und Städte, etwa den Grafen von der Mark, der Erzbischöfe von Köln und der Städte Dortmund und Köln.

Auffällig im Fundmaterial der Raffenburg ist das breite Formenspektrum unterschiedlicher Projektile. Insgesamt überwiegen Geschosse mit rhombischem Kopf und langer Schäftungstülle, daneben kommen noch Formen mit einem länglich-quadratischen Blattquerschnitt vor. Seltener sind Schafttüllenspitzen mit einem kurzen, rhombischen Blatt vertreten. Interessant, weil sie Hinweise auf eine spezielle Funktion geben, sind mehrere nadelförmige Spitzen, die wohl vorwiegend gezielt von Langbögen abgeschossen wurden. Sie gelten als „Panzerbrecher", um die Panzerhemden der im 13. Jahrhundert gebräuchlichen Kettenrüstungen zu durchschlagen. Andere Geschossspitzen entsprechen von ihrer Form, dem Gewicht und der Größe den klassischen „Bodkins", wie sie vom späten 13. bis in das 15. Jahrhundert besonders von englischen Langbogenschützen verwendet wurden.

Auffällig im Fundmaterial sind einige größere und auch schwerere Projektile. Als Pfeilspitzen für Langbögen sind sie wegen ihres hohen Gewichts nicht geeignet. Doch auch als Geschossbolzen für eine herkömmliche Armbrust dürften sie nicht benutzt worden sein. In Frage kommen eher stationäre bzw. semimobile „Wallarmbrüste" und Bogengeschütze, wie sie bei Belagerungen, aber auch durch belagerte Burgbesatzungen eingesetzt wurden.

RALF BLANK

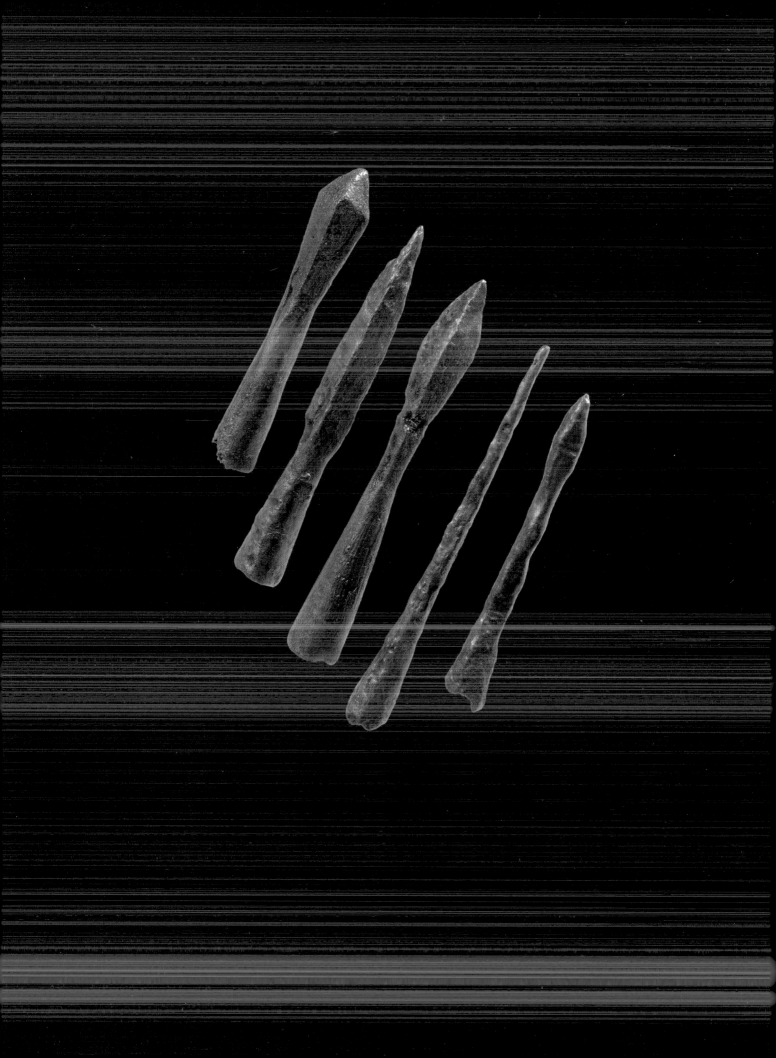

89 Kugeln von Wurfmaschinen

oben: Raffenburg, Hagen-Hohenlimburg, Kalkstein, Dm 35 cm 30 kg
unten: Schloss Hohenlimburg, Hagen-Hohenlimburg,
Ruhrsandstein, Dm 40 cm 38 Kg

Die ersten Nachrichten über den Einsatz von großen Hebelwurfgeschützen (Blide, Tribock) im deutschsprachigen Raum stammen aus den Marbacher Annalen, einer nach 1238 entstandenen Reichschronik, und beziehen sich auf die Belagerung der Burg und Stadt Weißensee in Thüringen durch Kaiser Otto IV. im Jahre 1212. Die Wurfmaschinen hatten ihre Vorbilder in der Antike – christliche Kreuzfahrer lernten sie im Arsenal der muslimischen Heere kennen. Im 13. Jahrhundert zählten Hebelwurfgeschütze – genau wie Armbrüste und Langbögen – zu den wichtigen Innovationen, durch die Kriegsführung und Belagerungstechnik verändert wurden.

Der märkische Chronist Levold von Northof berichtete, dass bei der Belagerung der kölnischen Raffenburg im Lennetal im Frühjahr 1288 durch Graf Eberhard II. von der Mark auch Wurfmaschinen eingesetzt wurden. Auch die mehrwöchige Belagerung und Einnahme der kölnischen Burg Volmarstein im Ruhrtal 1324 durch Graf Engelbert II. von der Mark und seinen Verbündeten stützte sich auf mehrere Wurfmaschinen.

Bei den Ausgrabungen in den dreißiger Jahren des 20. Jahrhunderts auf der Raffenburg fanden sich mehrere Bruchstücke und eine vollständig erhaltene Steinkugel (oben). Das Geschoss besteht aus grob behauenem und an der Oberfläche teilweise künstlich geglätteten, lokal vorkommendem Kalkstein. Eine weitere große Steinkugel (unten) stammt aus dem Sockel des Mauerecksturms auf dem unteren Burghof des Schlosses Hohenlimburg. Sie wurde aus Ruhrsandstein gefertigt und ist ebenfalls teilweise geglättet. In beiden Fälle ist anzunehmen, dass es sich um Geschosse von Hebelwurfgeschützen handelte.

Im Vorgelände der im 13. und 14. Jahrhundert mehrere Male belagerten früheren Burg Strünkede bei Herne wurden zwei grob bearbeitete Kugeln aus Ruhrsandstein von 60 cm Durchmesser und rund 60 kg Gewicht gefunden. Sie zählten zur Munition großer Bliden, wie sie im Spätmittelalter gebräuchlich waren. In den Kellergewölben der Burg Hörde bei Dortmund wurden mehrere relativ glatte und nahezu rund bearbeitete, durchschnittlich 40 cm große Steinkugeln entdeckt. Nach mineralogischen Untersuchungen bestehen sie in zwei Fällen aus Trachyt des Drachenfelsens bei Königswinter am Rhein und aus Ruhrsandstein. Ob sie als Geschosse für Wurfgeschütze oder aber bereits für ein frühes Pulvergeschütz – eine Bombarde – dienten, lässt sich nicht zweifelsfrei klären.

RALF BLANK

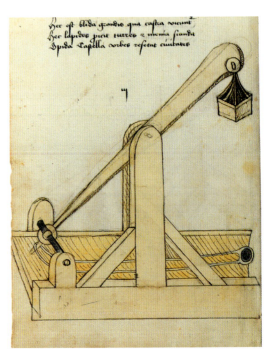

Darstellung einer Blide im „bellifortis" des Konrad Kyeser
aus dem 15. Jahrhundert.

90 Krähenfüße

Raffenburg, Hagen-Hohenlimburg
13. Jahrhundert, Eisen, geschmiedet, links: L 6,0 cm B 6,6 cm H 5,8 cm,
rechts: L 3,9 cm B 4,0 cm H 3,7 cm

In der Kriegsführung zählen die nach ihrer Ähnlichkeit mit Vogelfüßen als „Krähenfüße" bezeichneten Objekte zu den Defensivwaffen. Sie sind bereits in römischer Zeit belegt und werden bis heute verwendet. Im Laufe der Zeit haben sich Form und Größe diese Waffen kaum verändert: eine meist dreieckige Grundform mit drei bis vier hervorstehenden Dornen. Sie können durch die Hand über eine größere Fläche sowie auf Wegen und Straßen ausgestreut werden.

Die Wirkung der „Krähenfüße" war unter Umständen verheerend. Pferde und Menschen traten in die oft zusätzlich mit Kot, Resten von Gedärmen und Kadavern präparierten Dornen – sie wurden verletzt, auch Infektionen stellten sich ein. Vergleichbar mit Tretminen konnten sie vor allem bei Dunkelheit und bei naturbelassenen Oberflächen ganze Bereiche nur unter Gefahr passierbar machen.

Im weitläufigen Gelände vor der Kernanlage der Raffenburg in Hagen-Hohenlimburg fanden sich mehrere „Krähenfüße". Wegen ihrer einfachen Konstruktion konnten sie von jedem Nagelschmied schnell in großen Stückzahlen hergestellt werden. Vorstellbar ist, dass die „Krähenfüße" vor der Belagerung der Raffenburg im Frühjahr 1288 auf den Zugangswegen und in der Vorburg ausgestreut wurden, um den Belagerungstruppen das Vordringen auf die Kernburg zu erschweren.

RALF BLANK

Darstellung des Einsatzes von „Krähenfüßen" in einer 1420–1440 entstandenen Bilderhandschrift.

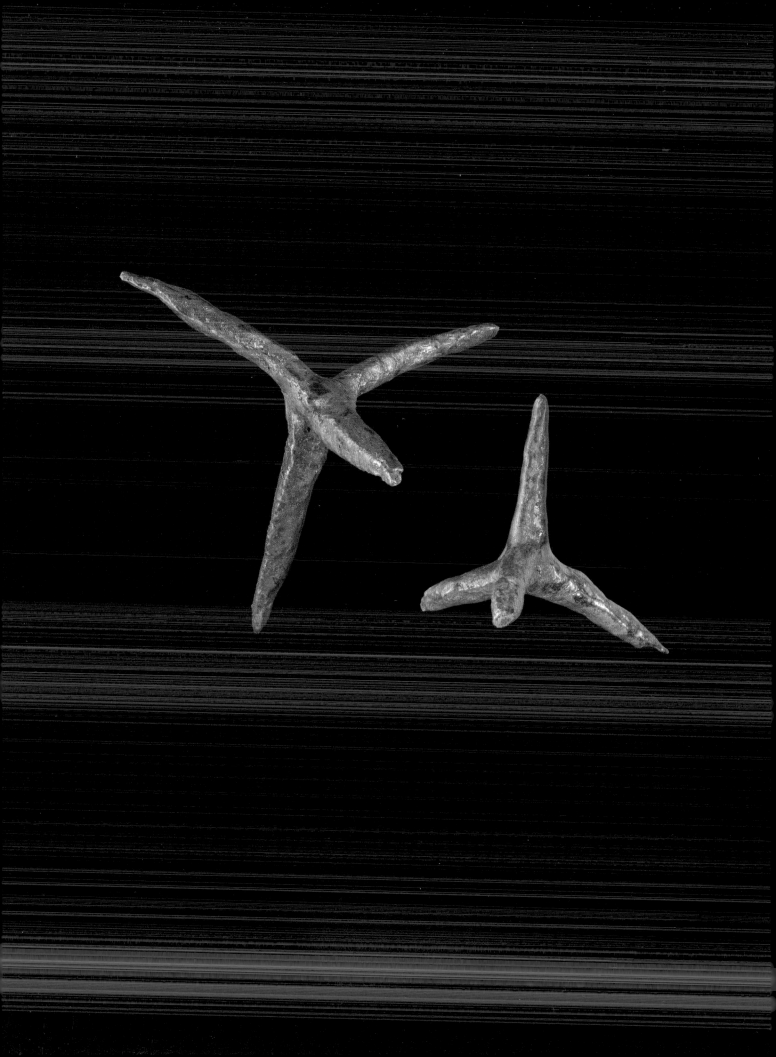

91 Schloss und Scharnier

Raffenburg, Hagen-Hohenlimburg
Spätmittelalter, 13. Jahrhundert
Buntmetall, teilweise vergoldet, L (Kastenschloss) 5,0 cm L (Scharnier) 3,0 cm

Bei den Grabungen und Prospektionen in der Kernanlage der Raffenburg in Hagen-Hohenlimburg und auf ihrem Vorgelände wurden zahlreiche Schlüssel, Scharniere und Schlossreste gefunden. Ein Teil lässt sich Türen und Toren zuordnen, andere wiederum könnten auch zu Truhen gehört haben; sie waren im Mittelalter bis in die Frühe Neuzeit hinein die wichtigsten Aufbewahrungsmöbel.

Unter den zahlreichen Metallfunden fallen verhältnismäßig kleine und besonders fein gearbeitete Schlossbleche aus Buntmetall auf, die – wie einige Scharniere und Beschläge – teilweise vergoldet oder versilbert sind. Diese Fundstücke lassen sich nicht herkömmlichen Wohn- und Aufbewahrungsmöbeln zuordnen, sondern besaßen allein schon wegen ihrer geringen Ausmaße eine andere Funktion.

Am ehesten lassen sie sich mit beispielsweise Urkundenladen und kleinen Kästen – etwa den sogenannten Minnekästchen – für besondere Objekte vergleichen. Da die Gehäuse dieser Laden und Kästen aus Holz gearbeitet waren, blieben auf der Raffenburg nur die Metallteile erhalten.

Dass das aufwendig gearbeitete Schlossblech aus Buntmetall und das vergoldete Scharnier zum selben Behältnis gehörten, ist wenig wahrscheinlich. Leider wurden die Fundsituation und die Position der einzelnen Objekte in situ – in diesem Fall im Gebäudekeller des Hauses V / VI – nicht dokumentiert. Allerdings deuten die verschiedenen Teile darauf hin, dass sich unter den Funden gleich mehrere Überreste von kleinen Laden und Behältnissen befinden.

RALF BLANK

Kleine Lade („Minnekästchen") aus dem
15. Jahrhundert. B 24,5 T 17 H 10

92 Gros Tournois

Raffenburg, Hagen-Hohenlimburg
13./14. Jahrhundert
Silber, geprägt, Dm 2,5 cm

Von der Kernanlage und aus dem Vorgelände der kölnischen Raffenburg in Hagen-Hohenlimburg sind über 20 mehrheitlich in Silber geschlagene Münzen bekannt. Darunter befinden sich Pfennige der Kölner Erzbischöfe Konrad von Hochstaden (reg. 1238–1261), Engelbert von Heinsberg-Falkenburg (reg. 1261–1275) und Siegfried von Westerburg (reg. 1275–1297). Doch auch Prägungen der Grafenhäuser Mark, Arnsberg und Limburg sowie der Reichsstädte Köln und Aachen sind vertreten. Die bislang bekannten Münzen datieren überwiegend gegen Mitte und in die zweite Hälfte des 13. Jahrhunderts.

Die als Ruine überlieferte Raffenburg zählt zu den wichtigsten mittelalterlichen Burgen in Westfalen. Als ein bedeutendes Bodendenkmal steht sie unter Beobachtung der Stadtarchäologie Hagen und der LWL-Archäologie für Westfalen. Dazu zählen regelmäßige Prospektionen und auch Grabungen, um Befunde vor der Zerstörung zu untersuchen und zu sichern. An einem Gebäudegrundriss unmittelbar unterhalb der Kernanlage wurde durch den ehrenamtlichen Mitarbeiter Horst Klötzer eine als Bodenfund im Raum Hagen bislang unbekannte Münze entdeckt: einen in Silber geschlagenen Gros Tournois.

Die ersten Silberschillinge ließ der französische König Ludwig IX. („der Heilige", reg. 1226–1270) aus der Dynastie der Kapetinger ab 1266 in der Münzstätte von Tours prägen. Unter seinen Nachfolgern Philipp II. und III. verbreitete sich der „grosso denarius Turnosus" als eine der Hauptwährungsmünzen nicht nur in ganz Frankreich, sondern bis weit in das 14. Jahrhundert auch über andere europäische Territorien im Alten Reich hinaus. Auch andere Landesherren, wie die Kölner Erzbischöfe, die Herzöge von Berg oder die Herzöge von Sachsen, und Reichsstädte wie Frankfurt am Main ließen bis in das 15. Jahrhundert auf ihren Münzstätten eigene Nachprägungen des französischen Gros Tournois schlagen.

Bei der Fundmünze von der Raffenburg handelt es sich um die – vermutlich rheinische – Nachprägung eines Turnosgroschens aus der Regierungszeit des französischen Königs Philipps IV. („der Schöne", reg. 1285–1314). Zusammen mit weiteren archäologischen Objekten, Baubefunden und der Quellenüberlieferung ist der Gros Tournois von der Raffenburg ein Beleg dafür, dass die Burganlage nach ihrer Belagerung und Eroberung durch Truppen des Grafen Eberhard II. von der Mark im Frühjahr 1288 instandgesetzt und bis in das 14. Jahrhundert benutzt wurde.

RALF BLANK

93 Fensterkreuz

Raffenburg, Hagen-Hohenlimburg
13. Jahrhundert
Eisen, geschmiedet, 36,0 cm x 37,5 cm

Wie die kölnische Raffenburg in Hagen-Hohenlimburg im 13. und 14. Jahrhundert ausgesehen hat, lässt sich anhand der im Kernbereich und im Vorgelände überlieferten Gebäudereste nur schwer rekonstruieren. Im Kernbereich auf dem Gipfel des Raffenbergs sind mindestens sechs anhand von ausgemauerten Kellergrundrissen nachgewiesene Gebäude und eine zum Auffangen des Regenwassers angelegte Zisterne vorhanden. Auf einer natürlichen Erhebung stand der runde Bergfried mit einem am vorhandenen Sockelmauerwerk gemessenen Außendurchmesser von rund acht Metern und einer früheren Höhe von etwa 30 m. Im Vorgelände, das nach Süden von einem großen Wall- und Grabensystem geschützt war, sind etwa 15 weitere Gebäude als Podien und durch Mauerreste festgestellt worden.

Die Ausgrabungen durch den Schwerter Museumsleiter Josef Spiegel 1932 und 1933 sowie die Nachgrabung durch den Hohenlimburger Museumsleiter Johannes Bönner 1935 förderten in der Kernburg zahlreiche Fundstücke und bauliche Befunde zutage. Allerdings waren es keine wissenschaftlichen Untersuchungen, sondern eher unsystematische Ausgrabungen, um die Hausgrundrisse freizulegen und Funde zu machen. Nur bei wenigen Fundobjekten wurde vermerkt, wo genau sie herstammen und in welchem Zusammenhang sie standen.

Im etwa drei Meter in den anstehenden Kalkfelsen abgeteuften Kellergeschoss des Bergfrieds fanden sich beim Ausräumen 1932 zahlreiche Funde. Darunter waren Beschlagteile aus Bronze, Keramik, dabei auch ein vollständig erhaltener kleiner Kugelbecher aus Frühsteinzeug, verschiedene Eisenobjekte, etwa Schlüssel, Nägel und Beschläge, sowie ein aus geschmiedeten Eisenteilen bestehendes Gestänge.

Bei einer Untersuchung des letztgenannten Fundstücks stellte sich schnell heraus, dass es sich um ein Fensterkreuz handelt. Die Oberfläche zeigt Rost und Anlagerungen von Kalksinter, hervorgerufen durch die jahrhundertelange Lagerung im Schutt des Kellers. Die vier Endstücke sind abgeflacht und bei zwei erhaltenen Teilen umgeschlagen. Am unteren Teil der Abflachungen sind Löcher, in einem Fall ist noch ein Vierkantnagel vorhanden. Das Eisenkreuz befand sich folglich in einem hölzernen Rahmen und war mit seinen Endstücken durch Nägel am Holzrahmen befestigt. Von ihren technischen Merkmalen identische schmiedeeiserne Gitterkreuze werden bis heute hergestellt.

Die Frage nach der ursprünglichen Funktion dieses Fundstücks ist nicht einfach zu beantworten. Aufgrund seiner Größe kann es sich sowohl um ein Gitterkreuz für den Lichteinlass einer Holztür als auch für die fensterartige Außenöffnung an einem Bauwerk handeln. Die wegen der Fundsituation naheliegende Vermutung, dass es das Gitterkreuz für die hölzerne Zugangsklappe zum Turmverlies war, lässt sich ebenso wenig beweisen. Doch in jedem Fall handelt es sich um ein Objekt, das zur früheren Einrichtung des Bergfrieds gehörte.

RALF BLANK

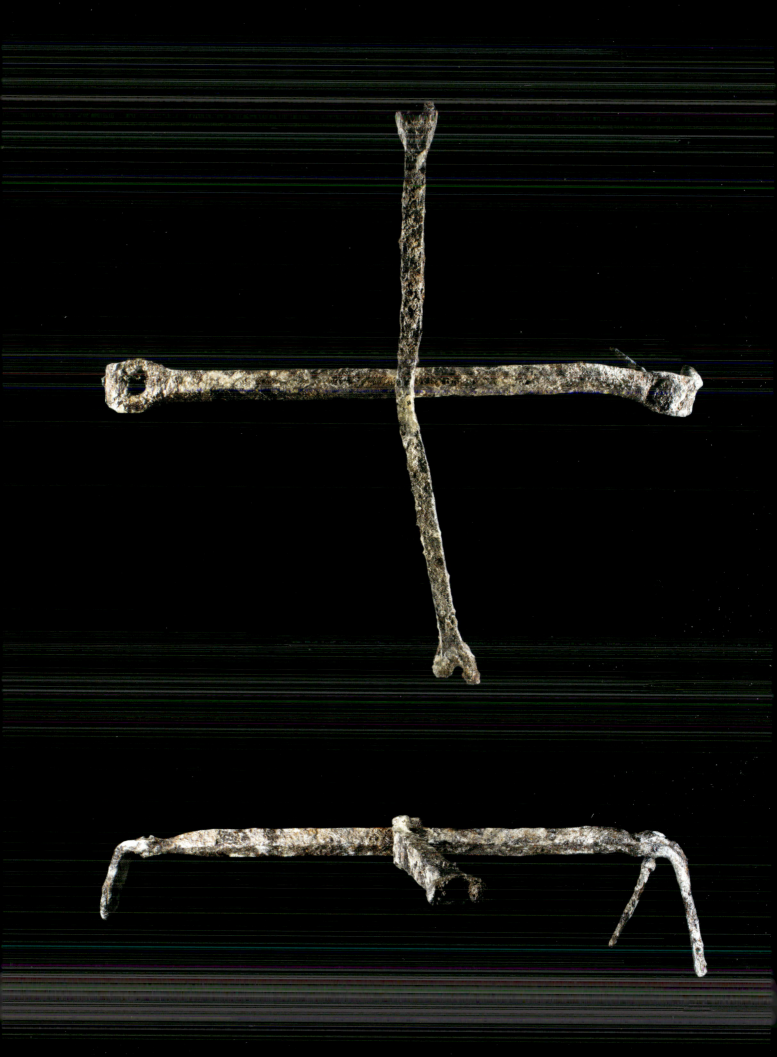

94 Dolch

Raffenburg, Hagen-Hohenlimburg
13./14. Jahrhundert
Klinge, Heft und Parierstange aus Eisen, Griffknauf aus Buntmetall, l 28,5 cm

Der Dolch als Waffe ist keine Erfindung des Mittelalters. Schon seit der Altsteinzeit stellte man Geräte her, die man als Dolch bezeichnen kann: entscheidendes Kriterium hierfür ist eine zweischneidige, symmetrische Klinge. Noch bei den Römern war der Dolch, der pugio, Bestandteil der Ausstattung des Militärs. Danach jedoch verschwand die Stichwaffe aus dem Repertoire der Krieger. Erst im Spätmittelalter, im 13. Jahrhundert, kommt er als Waffe wieder auf. Weite Verbreitung fand der Dolch jedoch erst im 14. Jahrhundert.

Der 2018 von Horst Klötzer am Abhang der Raffenburg in Hagen-Hohenlimburg gefundene Dolch könnte noch in das 13. Jahrhundert gehören – hierfür spricht die schwach zur Klinge gebogene Parierstange. Die vollständig erhaltene insgesamt 28,5 cm lange Waffe weist eine zweischneidige, symmetrisch in die Spitze mündende Klinge mit leicht rhombischem Querschnitt auf. Lediglich der trapezförmige Knauf besteht nicht aus Eisen, sondern aus einer Kupferlegierung. Das Stück ist ein ungewöhnlich gut erhaltenes Exemplar für einen Bodenfund, also einen Dolch, der Jahrhunderte im Boden gelegen hat. Meistens finden sich nur Teile der Dolchscheide oder der Klinge.

Wie bzw. durch wen kam der Fund an den Hang des Burgbergs? Dolche sind grundsätzlich die am häufigsten vertretenen Blank-/Stichwaffen auf Burgen. Durch Bilderhandschriften des 14. Jahrhunderts ist nachvollziehbar, wer diese Waffe bei sich trug: so wird in der Manessischen Handschrift der Standesherr mit Dolch und Schwert dargestellt, aber auch dienende Personen, wie Kriegsknechte führen ihn am Gürtel und zwar in einer speziellen Dolchtasche. Im Sachsenspiegel hingegen sind es nur die nichtfeudalen Schichten z. B. Vasallen, Zollwächter, Knappen oder andere bewaffnete Diener, seltener auch Bürger und Bauern, die ihn tragen. Abgebildet wird er vor allem als Mord- und Erpresserwaffe. Auf Grabsteinen des 14. Jahrhunderts wird der Dolch wiederum regelrecht als Bestandteil einer ritterlichen Ausrüstung abgebildet.

Wir wissen aus der schriftlichen Überlieferung, dass die Raffenburg im Frühjahr 1288 belagert und zumindest in Teilen zerstört wurde. Bei Altgrabungen dokumentierte Brandspuren an den Mauern der Burg, im Inneren, aber auch am Burgberg könnten ebenso davon zeugen, wie eine große Anzahl von Geschossspitzen, einige Krähenfüße und Katapultkugeln. Doch wie und wann der Dolch an seinem Fundort gelangte, lässt sich nicht mehr aufklären.

EVA CICHY

Der am Gürtel mit einem Dolch bewaffnete Minnesänger Leuthold von Saven zu Pferd; Große Heidelberger Liederhandschrift (Codex Manesse), Zürich, ca. 1300 bis ca. 1340, Cod. Pal. germ. 848, Bl. 164v, Universitätsbibliothek Heidelberg.

95 Kreuz-Anhänger

Rücklenburg, Hagen-Hohenlimburg
13. Jahrhundert
Buntmetall, wohl Bronze, L 3 cm B 3 cm

Im Sommer 1982 entdeckte der ehrenamtliche Bodendenkmalpfleger Horst Klötzer auf dem Bergrücken der von Sagen und Mythen umwobenen Hünenpforte, nördlich der Raffenburg und oberhalb der Flur „Alte Stadt", ein verschliffenes Wall- und Grabensystem, das einen gemauerten Gebäudekeller einhegte. Der quadratische, in den anstehenden Fels eingelassene Gebäuderest mit einer Grundfläche von 10 x 10 m besaß einen Zugang über eine Treppe. Die baulichen Befunde sprechen am ehesten für den Mauersockel eines turmartigen Gebäudes, das im oberen Teil einen Aufbau aus Fachwerk besaß.

Am Berghang der Hünenpforte vom Gebäudekeller in Richtung der Flur „Alte Stadt" befinden sich mehrere künstlich angelegte Podien. Auf dem damals gepflügten Acker traten ebenfalls archäologische Funde auf wie Keramik, Holzkohle und Rotlehm, sodass es sich wahrscheinlich um eine Fortsetzung der im Vorgelände der Raffenburg in Hagen-Hohenlimburg vorhandenen Siedlungsspuren handelt. Bei der Rücklenburg dürfte es sich um eine Vorbefestigung der Raffenburg handeln.

Bereits vor der Entdeckung des Bodendenkmals hatten Raubgräber das Mauerwerk beschädigt und eine Grube ausgehoben. Eine Notgrabung im Gebäudekeller förderte eine Brandschicht, einen teilweise aus ortsfremdem Tuffstein gemauerten Kaminrest sowie zahlreiche Keramikscherben und Objekte aus Bronze, darunter Teile eines Bronzegrapens, und Eisen zutage. Auch im Umfeld des Gebäudes fanden sich weitere Gegenstände, wie Armbrustbolzen und Pfeilspitzen. Die geborgenen Funde, hier besonders die Keramik, lassen sich in die zweite Hälfte des 13. Jahrhunderts einordnen.

Unter den zahlreichen Objekten befindet sich ein außergewöhnliches Fundstück: ein kleiner, aus dem Schuttkegel am Gebäudekeller geborgener Kreuz-Anhänger aus Buntmetall. Die leicht gewölbte Vorderseite zeigt Spuren von ursprünglich ein-

gelassenen bzw. aufgelegten, nicht mehr vorhandenen Applikationen. Der mitgegossene Anhänger ist wie ein einfacher, quer zur flachen Rückseite gebogener Haken geformt. Der Kreuzanhänger zeigt Brand- und Hitzespuren.

Derartige Kreuz-Anhänger – entweder massiv wie das vorliegende Fundstück oder aber aus Gold- bzw. Bronzeblech gefertigt – sind hauptsächlich von Burgen bekannt geworden. Sowohl archäologische Funde wie auch historische Bildquellen deuten an, dass sie vor allem zum Besitz von sozial hochgestellten Personen gehörten. Mittelalterliche Abbildungen zeigen sie oft an Stirnriemen von Pferdezaumzeug. Sie wurden auch an Kettenrüstungen (Panzerhemden) oder an Hundegeschirr befestigt. Die Bedeutung dieser kleinen Kreuz-Anhänger dürfte in einer religiös-kultischen, am ehesten mit Votivkreuzen vergleichbaren Funktion zu sehen sein.

RALF BLANK

Blick auf Holthausen (vorne), Hünenpforte mit der Rücklenburg (links), „Alte Stadt" (Mitte) und die Raffenburg (rechts), Foto: Michael Kaub, 29.4.2010.

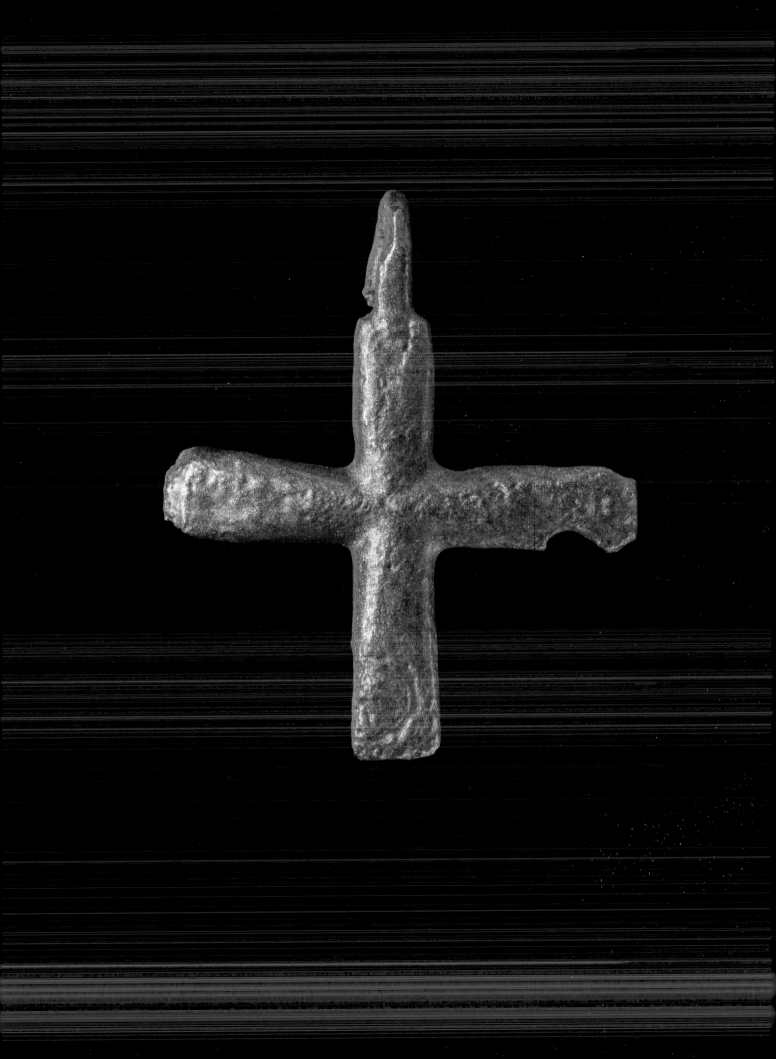

96 Hakenbüchse

Haus Busch, Hagen-Helfe
Spätmittelalter / Frühe Neuzeit, 15./16. Jahrhundert
Bronze, L 102 cm Dm 6,8 cm Kaliber 27 mm

Als Hakenbüchsen werden Feuerwaffen bezeichnet, die im 15. Jahrhundert aufgekommen waren und bis ins folgende Jahrhundert verwendet wurden. Sie hatten sich aus den „Handrohren" entwickelt: an hölzernen Stangen befestigte Bronze- und Eisenrohre von rund 190 bis 600 mm Länge. Leichte Handrohre wurden unter dem Arm eingelegt oder von der Schulter gezündet. Sie besaßen eine geringe Reichweite von höchstens 300 m, ein hohes Gewicht und waren nicht einfach zu bedienen.

Die Bezeichnung „Hakenbüchse" bezog sich auf einen Haken unter dem Lauf. Mit ihm konnte die Feuerwaffe auf einer Unterlage wie einer Mauer oder einem Ast eingehakt werden. Das war notwendig, um den enormen Rückstoß abzufangen. Gezündet wurde die von vorne in den Lauf gegebene Ladung über eine Zündpfanne mittels einer glühenden Lunte.

Das vorgestellte Fundstück stammt aus Haus Busch im Lennetal bei Hagen-Helfe. Der gegen Mitte des 14. Jahrhunderts erstmalig erwähnte, vermutlich bereits seit dem 13. Jahrhundert bestehende Adelssitz gehörte bis 1826 den Herren von Syberg und anschließend den Freiherren von Vincke. Die Herren von Syberg zählten zum Dienstadel und zu den wichtigen Amtsträgern des Grafenhauses Mark bzw. der Herzöge von Kleve-Mark. 1928 erwarb die Stadt Hagen das zuletzt als Gut genutzte Ensemble. In den dreißiger Jahren befand sich auf Haus Busch ein Lager des Reichsarbeitsdienstes für die weibliche Jugend (RADwJ). 1936 bis 1943 plante die Stadt Hagen, das Haupthaus als Gedenkstätte für den früheren westfälischen Oberpräsidenten Ludwig von Vincke (1774–1844) sowie – in Erinnerung an seinen einwöchigen Besuch im Juni 1926 – für Adolf Hitler (1889–1945) zu nutzen.

Im Zuge der Umbau- und Aufräumarbeiten wurde in den dreißiger Jahren im Keller des Haupthauses die aus Bronze gegossene Hakenbüchse entdeckt und der Sammlung des Hagener „Sauerländischen Friedrich Harkort-Museum – Haus der Heimat" zugeführt. Das Haupthaus des Adelssitzes war ursprünglich ein Wohnturm, der um 1700 zu dem heutigen Gebäude erweitert wurde. Vermutlich hatte die Hakenbüchse als Verteidigungswaffe im früheren Wohnturm eine Verwendung gefunden.

Am Endstück des fünfeckigen, grünlich patinierten Laufs besitzt die Hakenbüchse eine mitgegossene Arretierung, sodass sie dort in einen hölzernen Schaft eingelassen werden konnte. Der typische Haken unter dem Lauf war in alter Zeit entfernt worden. Im hinteren Teil befindet sich das langgezogene Zündloch, darüber eine Kartusche, die anscheinend zur Aufnahme eines hier fehlenden heraldischen Wappens vorgesehen war. Vergleichsstücke lassen für die Hakenbüchse eine Datierung in das späte 15. und frühe 16. Jahrhundert wahrscheinlich werden. Mit Sicherheit war sie ein Importstück aus einer süddeutschen, wenn nicht sogar französischen oder italienischen Produktionsstätte; Herstellermarken sind am Rohr leider nicht vorhanden.

Während die Hakenbüchsen des 15. und 16. Jahrhunderts mehrheitlich aus Eisen bestehen – zu den Hauptlieferanten zählten Schmieden im bergischen und märkischen Raum –, wurde das vorliegende Rohr aus Bronze gegossen. Das machte sie qualitativ hochwertiger, doch auch der Preis dürfte um ein Vielfaches höher gewesen sein.

ANDREAS KORTHALS

97 Geschützkugeln

Schloss Hohenlimburg
Spätmittelalter / Frühe Neuzeit; 15./16. Jahrhundert
Quarzit, Dm 10,5 cm

Im 14. Jahrhundert wurde die Kriegsführung in Europa durch den verstärkten Einsatz von Feuerwaffen revolutioniert. Während die Belagerung der im Ruhrtal gelegenen Burg Volmarstein im Frühjahr und Sommer 1324 anscheinend noch ohne Feuerwaffen und mit Hilfe von Hebelwurfgeschützen vonstatten ging, kamen 1388/89 in der Großen Fehde vor den Toren der Reichsstadt Dortmund bereits einzelne große Kanonen zum Einsatz. Doch erst im folgenden 15. Jahrhundert setzten sich Pulvergeschütze und Handfeuerwaffen auch im rheinisch-westfälischen Raum endgültig durch. Nach und nach wurden die mittelalterlichen Wurfmaschinen, Kriegsbögen und Armbrüste durch Kanonen, Bombarden und Büchsen ersetzt.

In die Schwellenzeit vom Spätmittelalter zur Frühneuzeit gehören auch zwei Geschützkugeln aus hartem Quarzitsandstein. Sie wurden 1963 bei Ausschachtungsarbeiten für eine Toilettenanlage im Schloss Hohenlimburg entdeckt. Im Keller des um 1550 errichteten neuen Palas im oberen Schlosshof lagen die Steinkugeln in einer mit Brandschutt aufgefüllten und festgestampften Schicht neben spätmittelalterlicher Keramik, eisernen Armbrustspitzen und weiteren Funden.

Die Form und Oberfläche der beiden Fundstücke sind annähernd kugelförmig gepickt und nicht überschlitten. Ihr Zustand vermittelt den Eindruck von in kurzer Zeit und in großer Stückzahl hergestellten Geschützkugeln. Von ihren Ausmaßen sind die beiden Fundstücke eher leichten Steinbüchsen mit einem Kaliber zwischen 8 cm und 12 cm zuzuordnen. Sie entsprechen zwei ähnlichen Geschützkugeln, die neben einem Fenster des umgebauten oberen Torhauses des Schlosses Hohenlimburg eingemauert wurden. Dort sollten sie eine erinnerungsstiftende Funktion erfüllen.

Im September 1459 war es zu einer Fehde zwischen Graf Gumprecht II. von Neuenahr sowie Dietrich, Wilhelm und Heinrich aus dem Grafenhaus Limburg-Broich gekommen. Streitpunkt war die Erbfolge und die Landeshoheit in der Grafschaft Limburg, einschließlich der zugehörigen Besitztümer, Titel und Rechte, folglich auch die Burg „Hoge Lymborg". Das alles wurde von Gumprecht II. beansprucht, der 1425 die Erbtochter Margarethe aus dem in männlicher Linie vor dem Aussterben stehenden Grafenhaus Limburg geheiratet hatte. Nachdem sich der als Rat am königlichen Hof sowie als Diplomat, Erbvogt und kurkölnischer Erbhofmeister des Erzbischofs Dietrich von Moers recht einflussreiche Gumprecht seine Ansprüche schon 1442 durch den römisch-deutschen König Friedrich III. bestätigen ließ, regierte er nach einer Vereinbarung mit seinem Schwiegervater bereits über das Territorium. Mit dem Tod des Grafen Wilhelm I. von Limburg 1458 trat der Erbfall ein, der die erbberechtigten und durch den – von Gumprecht übergangenen – bergischen Landesherrn auch belehnte Limburger Verwandtschaft in Broich hätte leer ausgehen lassen.

Mit Hilfe ihrer Verbündeten besetzten die Grafen von Limburg-Broich die Grafschaft. Über mehrere Wochen belagerten sie die Burganlage an der Lenne. Dabei wurden auch Feuerwaffen, darunter Steinbüchsen, eingesetzt. 1460 musste ein Vergleich geschlossen werden. Grafschaft und Burg wurden zwischen den Häusern Limburg-Broich und Neuenahr aufgeteilt: ein Kondominium. Vermutlich stehen die in einer Brandschicht entdeckten Steinkugeln mit der Belagerung der Limburg 1459 in Verbindung.

RALF BLANK

Archäologie der Neuzeit

Seit dem achten Jahrhundert bewegen wir uns in der Geschichtsschreibung. Urkunden und andere Schriftquellen sowie künstlerische Darstellungen, seit dem 19. Jahrhundert auch Fotografien und elektronische Medien ermöglichen es, historische Ereignisse und Entwicklungen nachzuvollziehen. Erst in den letzten beiden Jahrzehnten spielt auch die Archäologie der Sachkultur der jüngsten Vergangenheit eine zunehmende Rolle in der Forschung, in Museen und in der bodendenkmalpflegerischen Arbeit.

Gegen Ende des 20. Jahrhunderts hatten sich bereits verschiedene Arbeitsschwerpunkte in der Archäologie der Neuzeit herausgebildet. Die Schlachtfeldarchäologie untersucht beispielsweise Schauplätze von Kämpfen aus dem Dreißigjährigen Krieg 1618 bis 1648 und nachfolgenden Konflikten. Auch der Siebenjährige Krieg 1756 bis 1763 hat in der Region einige Spuren hinterlassen. Unter „Schlachtfeldarchäologie" fallen aber ebenfalls Stellungen, die von deutschen und alliierten Truppen während des „Ruhrkessels" im April 1945 angelegt worden waren.

Ein weiterer Arbeitsbereich ist unter anderem die archäologische Untersuchung und bodendenkmalpflegerische Sicherung von im Gelände überlieferten Schanzen aus frühneuzeitlichen Konflikten sowie Geschütz- und Scheinwerferstellungen aus dem Zweiten Weltkrieg. Diese oft ausgedehnten Bodendenkmäler sind nur noch selten in ihrer ursprünglichen Größe und Gestalt erhalten.

In modernen Kriegen gingen Geräte und Fahrzeuge verloren: sie wurden verlassen, gesprengt oder abgeschossen. Immer wieder finden sich die Wracks von Panzerfahrzeugen, die Überreste von Radarstellungen und Absturzorte von deutschen und alliierten Kampfflugzeugen aus dem Zweiten Weltkrieg. Bunker und Luftschutzstollen sind eigene bauarchäologisch zu erschließende Objekte, die nicht nur das Interesse von Wissenschaftlern erwecken.

Gerade bei diesen Bodendenkmälern, die erst seit rund 15 Jahren in den Fokus der Archäologie geraten sind, herrscht eine große Gefährdung durch Raubgräber und Militaria-Sammler. Ihnen geht es nicht um die Rekonstruktion historischer Ereignisse mittels einer systematischen Grabung, sondern um das Sammeln und oft auch kommerzielle Verwerten von Funden. Glücklicherweise ist die Gesetzgebung angepasst worden und auch das öffentliche Verständnis in den letzten Jahren zugunsten der Bodendenkmalpflege sowie die Untersuchung und Sicherung von Fundobjekten für die Allgemeinheit ist gestiegen.

Die archäologische Untersuchung von Lager- und Haftstätten aus der Zeit des Nationalsozialismus ist ein weiterer Arbeitsbereich, der eng mit der historischen Forschung und Überlieferung korrespondiert. In einer Region wie dem Ruhrgebiet und den angrenzenden Landschaftsräumen mit zahlreichen früheren Standorten der Rüstungsindustrie gab es eine besondere Dichte von Lagern. Sie sind auf alliierten Luftaufnahmen gut zu erkennen und geben der archäologischen Bodendenkmalpflege wichtige Hinweise, bei Baumaßnahmen auf entsprechende Befunde zu achten.

Die Industrie- und Verkehrsgeschichte sowie auch die Urbanisierung der Städte bilden in stark industrialisierten Regionen wie dem westfälischen Ruhrgebiet und dem Märkischen Sauerland einen weiteren Schwerpunkt. Überreste von frühen Fabrikationsstätten, von ersten Bahnstrecken, wie etwa der 1826 gegründeten Schlebusch-Harkorter Kohlenbahn bei Haspe und Volmarstein, von alten Hochöfen, Schmieden und Hammerwerken verdienen uneingeschränkte Aufmerksamkeit.

Die Archäologie der Neuzeit und jüngsten Vergangenheit hat sich in den letzten Jahren zu einem wichtigen Forschungszweig entwickelt. Es handelt sich um ein interdisziplinär von Archäologen, Historikern und Baudenkmalpflegern besetztes Gebiet. Die Forschungen und Befunde, wie etwa abgestürzte Kampfflugzeuge aus dem Zweiten Weltkrieg oder Befehlsstellen von Flak- und Nachtjagd-Verbänden, stoßen auf ein großes Interesse in den Medien und in der breiten Öffentlichkeit.

Doch auch der anhand von Objekten der Sachkultur rekonstruierbare Alltag von Menschen in den neuzeitlichen Epochen ist von Interesse für Archäologen. Gehen wir einen Schritt weiter, so sind die Müllhalden von heute die Bodenarchive von morgen. So gesehen ist für uns gestern bereits Geschichte und trotz der Nähe zu unserem aktuellen Dasein ein Arbeitsfeld für Archäologen.

RALF BLANK

Heckteil der in den frühen Morgenstunden des 12. August 1942 an der Philippshöhe in Hagen abgestürzten "Wellington" BJ830. Die Absturzstelle konnte seit 2008 archäologisch untersucht werden (S. 252).

98 Zierleiste von einem Sarg

Grablege in der Stiftskirche Elsey
Frühe Neuzeit, 1654
Zinn, L 9 cm

Am 24. Januar 1955 waren Arbeiter im Altarbereich der Stiftskirche in Elsey mit Bauarbeiten für eine neue Heizung beschäftigt. Dabei stießen sie auf ein noch etwa 2,60 m langes und rund 70 cm breites Gewölbe, das wohl Teil eines größeren Raumes war. In dem aufgedeckten Gewölbeteil befanden sich mehrere Särge, wie der hinzugezogene Hohenlimburger Museumsleiter Dr. Paul Bornefeld (1888–1969) feststellen konnte. Das Gewölbe war offenbar der noch zugängliche Teil einer größeren Grablege. Sie wurde anscheinend im Sommer 1828 aus Gründen der Bausicherung verkleinert.

Im Gewölbe fanden sich 1954 mehrere übereinander gestapelte Särge. Ein nahezu zerfallener Sarg wurde Graf Konrad Gumprecht von Bentheim (1585–1618) zugeschrieben. Nach seinem Tod fertigte der Bildhauer Johann von Bocholt das im Altarbereich befindliche Epitaph für ihn an.

Die sterblichen Überreste seiner Gemahlin, Johannetta Elisabeth (1592–1654), eine geborene Gräfin von Nassau-Dillenburg, lagen laut der zugehörigen Inschrift in einem zweiteiligen Sarg. Der Außensarg bestand aus Zinn, der teilweise zerfallene Innensarg aus Eichenholz. Er enthielt unter anderem die Gebeine der Gräfin sowie Stoffreste aus Seide.

Gräfin Johannetta Elisabeth regierte die Grafschaft Limburg nach dem Tod ihres Gatten vormundschaftlich für ihren im Kindesalter verstorbenen Sohn Wilhelm (1617–1626) sowie anschließend für ihren Neffen Moritz von Bentheim-Tecklenburg (1615 1674). Bis zu ihrem Tod hatte sie die Grafschaft und das Schloss Hohenlimburg als Wittum erhalten. Nur auf diesem Wege konnte das Grafenhaus Bentheim die im Ehevertag von 1616 zugesicherte Versorgung der Witwe leisten. Ihr besonderer Verdienst war der Erhalt des Territoriums während des Dreißigjährigen Kriegs vor wiederholten brandenburg-preußischen Begehrlichkeiten auf die Landeshoheit sowie 1633–1636 in einer dreijährigen Besetzung durch kaiserliche Truppen.

Die mit floralen Applikationen versehene, teilweise beschädigte Zierleiste aus Zinn war auf dem dachförmigen Sargdeckel am First des Oberteils angebracht. Unter der Leiste befand sich eine umlaufende Inschrift mit den biografischen Angaben der Gräfin. Die Zierleiste wurde bei der Öffnung und Untersuchung der Grablege vom Zinnsarg entfernt und gelangte ins städtische Museum.

Gräfin Johannetta Elisabeth verstarb am 13. September 1654 auf ihrem Witwensitz Schloss Hohenlimburg. Fünf Wochen später, am 21. Oktober, fand ihre Beisetzung in der Elseyer Stiftskirche statt. Die wohl 1828 teilweise verfüllte Grablege diente vermutlich bereits im Mittelalter den Grafen von Limburg aus dem Haus Isenberg als Bestattungsort. Der Elseyer Stiftsprediger Johann Friedrich Möller erwähnte 1802 eine bei Umbauarbeiten im Kirchenraum entdeckte Grabplatte eines „Theodorich von Limburg", doch aus welcher Zeit dieser verschollene Fund stammte und wem er gewidmet war, bleibt unklar. Jedenfalls birgt die um 1220 errichtete Elseyer Kirche sicherlich noch manche Geheimnisse.

STEPHANIE MARRA

Blick in das untere Lennetal sowie auf die Stiftskirche in Elsey und den früheren Stiftsbezirk, um 1840. Öl auf Holz, unbek. Künstler wohl aus Umfeld der Düsseldorfer Malerschule. Stadtmuseum Hagen.

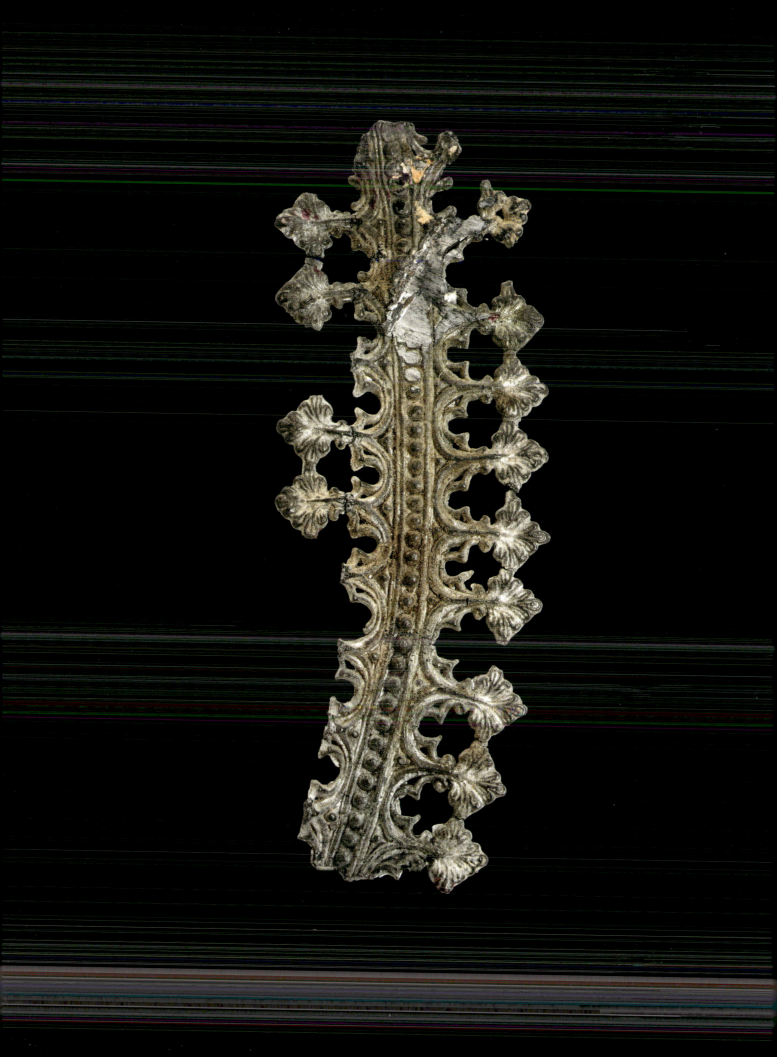

99 Grapen

Schloss Hohenlimburg
17. Jahrhundert (1636?)
Bronze, geschmolzen, L 25 cm B 32 cm

Archäologische Funde, die auf historische Orte und Ereignisse verweisen, sind interessant, weil über sie auch Geschichte nachvollzogen und erzählt werden kann. Das 1242 erstmalig erwähnte heutige Schloss Hohenlimburg ist ein erstrangiger Erinnerungsort, nicht nur für die Hagener Stadtgeschichte, sondern auch für die westfälische Landesgeschichte. Umso spannender sind archäologische Fundstücke, die in den Mauern der früheren Burg und in ihrem Vorgelände immer wieder entdeckt werden.

Gegen 1985 wurde bei Erdarbeiten unterhalb der südöstlichen Außenmauer des unteren Schlosshofs eine anscheinend in alter Zeit umgelagerte Brandschicht mit etwas Keramik aus dem 17. Jahrhundert, Knochen, Rotlehm, Holzkohle und diversen Metallresten, darunter Vierkantnägel, entdeckt. Aus dem wie eine Entsorgung wirkenden Schutt konnten auch die geschmolzenen Überreste eines aus Bronze bestehenden Gefäßes geborgen werden. Der Befund wirft die Frage auf, aus welcher Zeit und in welchem Zusammenhang diese Objekte stammen und stehen.

Die wenigen Keramikscherben gehören zu Steinzeug-Geschirr aus Töpfereien im Westerwald; sie lassen sich nur grob dem 17. Jahrhundert zuweisen. Aufschlussreich sind die unter großer Hitze geschmolzenen Reste des Bronzegefäßes. Auf den ersten Blick lässt sich nicht mehr erkennen, welche Form das Gefäß besaß. Einen Hinweis gibt ein erhalten gebliebener Fuß, der typisch für bestimmte Bronzegefäße war: ein Grapen. Hierbei handelte es sich um runde und bauchige Kochgefäße, die mit ihren teilweise hohen Füßen in die Glut gestellt oder aber an Haken über offene Feuerstellen gehängt werden konnten. Sie wurden anfänglich vor allem aus Keramik getöpfert, einige Grapen aus Irdenware sind aus dem 13./14. Jahrhundert im Fundgut der Hagener Raffenburg belegt, im Verlaufe des Spätmittelalters und in der Frühen Neuzeit vor allem aus Bronze gegossen.

Wenngleich sich aus dem geschmolzenen Überrest eines bronzenen rundbauchigen Grapens allein wenig ableiten lässt – derartig gefertigte Stücke kommen im 17. und auch noch im 18. Jahrhundert vor –, könnte die Fundsituation einen Hinweis geben. Im Dezember 1633 besetzten kaiserliche Truppen unter dem Befehl des Generalwachtmeisters Lothar von Bönninghausen das Schloss Hohenlimburg, um hier drei Jahre lang einen Stützpunkt zu unterhalten.

Wegen der Unachtsamkeit eines Soldaten brannten im April 1636 die Verwaltungs- und Wirtschaftsgebäude im unteren Schlosshof sowie der mittelalterliche Mauereckturm vollständig ab. Vermutlich waren die beobachtete Brandschicht sowie die Keramikscherben, Eisenteile und der geschmolzene Bronzegrapen nach 1636 beim Aufräumen und Wiederaufbau der zerstörten Gebäude über die Mauer entsorgt worden.

STEPHANIE MARRA

100 Skelettreste

[
Johanniskirche, Hagen
Frühe Neuzeit, 17./18. Jahrhundert
Langknochen: links L 42 cm rechts L 38 cm
]

Die Johanniskirche am Markt ist der älteste Sakralbau in Hagen. Erstmals erwähnt wurde die ursprünglich den Heiligen St. Urban und St. Georg gewidmeten Kirche in einer von Papst Hadrian IV. für das St. Ursula-Stift in Köln ausgestellten Urkunde aus dem Jahr 1159. Die Urkunde listet die Abgaben an das Stift St. Ursula auf, darunter auch von der Kirche in Hagen. Während des Wiederaufbaues der bombenzerstörten Johanniskirche wurden bei bauhistorischen Untersuchungen 1950, die Fundamente einer dreischiffigen romanischen Basilika aus dem 12. Jahrhundert freigelegt. Ob es sich um den frühesten Vorgängerbau an der Stelle der heutigen Johanniskirche handelte, bleibt ungeklärt. Anfang des 12. Jahrhundert erhielten die Kölner Erzbischöfe aus Reichsbesitz und vom Grafenhaus Arnsberg-Werl abgetretenen Gebieten im Ruhr-Lenne-Volme-Raum ein Territorium: die Herrschaft Volmarstein. Sie wurde von der damals errichteten Burg Volmarstein und zusätzlich ab Mitte des 13. Jahrhunderts auch von der Raffenburg verwaltet. Im Zuge des Ausbaues der kölnischen Landesherrschaft in der Region während des 12. Jahrhunderts könnte es auch zur Gründung der Kirche in Hagen gekommen sein. Zwischen 1748 und 1750 ersetzte das heutige Kirchenschiff den romanischen Vorgängerbau, der 1944 zerstörte Turm und die Turmhaube schlossen Anfang der 1980er Jahre den Wiederaufbau ab.

2018 wurde die Johanniskirche zu einem Konzert- und Veranstaltungshaus umgebaut. Im Rahmen dessen erhielt sie auch einen Anbau an der Südseite, der unter anderem als Gemeindezentrum und neuer Haupteingang dient. Da im Bereich des geplanten Neubaus Bodendenkmäler vermutet wurden, beauftragte die LWL-Archäologie eine archäologische Fachfirma damit, die Bodeneingriffe archäologisch zu begleiten. Während der Grabungen zwischen dem 7. und 15. März 2018 wurden unter anderem 13 Grabgruben gefunden, in denen sich Skelettreste befanden. Der Fund menschlicher Knochen erklärt sich dadurch, dass bis 1810 im Kirchenschiff und bei der Johanniskirche vor der Anlage des Buschey-Friedhofes auch Menschen bestattet wurden. Die Kirche war von einem Totenhof umgeben, den eine Mauer von den dicht bebauten Wohnvierteln abgrenzte. Sowohl Menschen aus dem Stadtbezirk Hagen, als auch die Bewohner aus dem umliegenden Kirchspiel wurden hier beerdigt. Während der schweren Pestepidemien von 1620 und 1636/37 erfolgte hier die Bestattung der unzähligen Opfer in Massengräbern.

Die gefundenen Skelette waren alle nach christlichem Brauch Ost-West ausgerichtet. In einigen der Gruben wurden zudem noch weitere Objekte entdeckt, wie z. B. eiserne Griffe und Nägel der Särge. Durch diese Befunde lassen sich die Grabgruben in einem Zeitraum vom 18. Jahrhundert bis 1810 datieren. Außerdem wurden in einer Grabverfüllung auch Tonpfeifenfragmente geborgen, die aus dem 17. oder 18. Jahrhundert stammen könnten. Es ist davon ausgehen, dass der Totenhof der Johanniskirche über einen längeren Zeitraum als Bestattungsort genutzt wurde, da mindestens zwei Gräber durch spätere Grabgruben gestört sind. In den Gräbern war die Knochenerhaltung vergleichsweise schlecht, sodass in ihnen außer wenigen Langknochen keine Skelettreste geborgen werden konnten, während in den jüngeren Gräber z. T. vollständige Skelette erhalten waren.

LIOBA HAMACHER

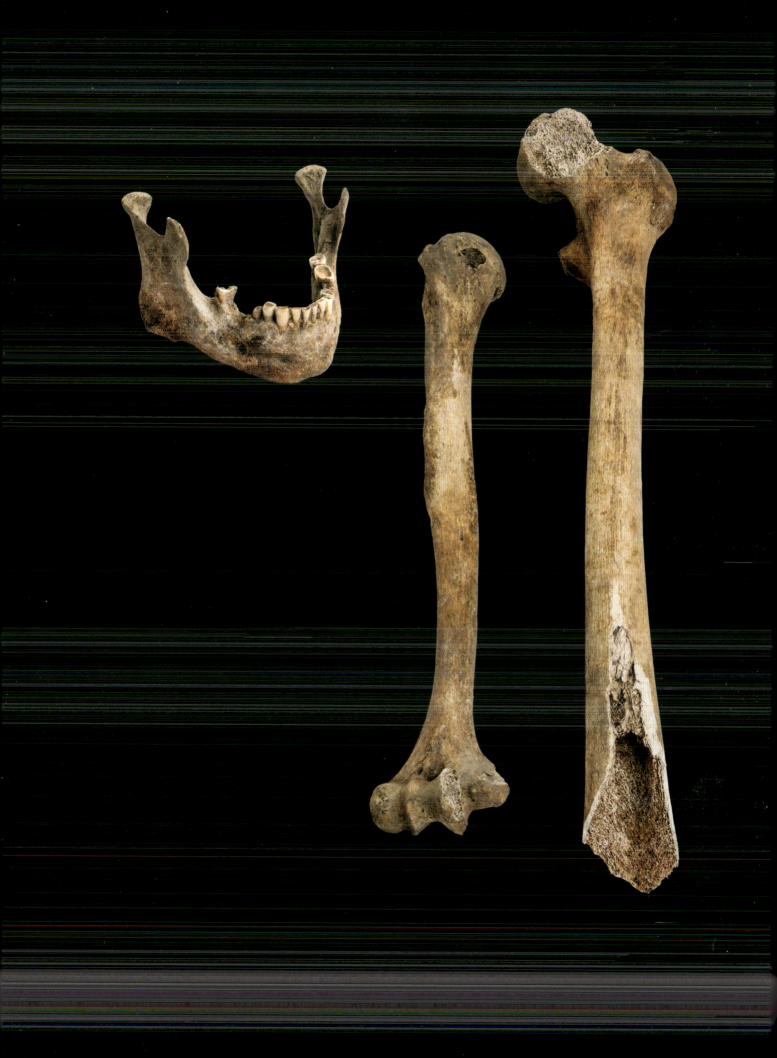

101 Schriftstein „Portae Hunnenfi"

Hünenpforte, Hagen-Hohenlimburg
Gewidmet am 20. September 1834
Flussgeröll, Grauwackenquarzit, L 21 cm D 10,5 cm Dm 4,5 cm

Sagenumwobene, von ihrer Gestalt und Lage mit Geheimnissen umgebene Orte wie das Felsentor der Hünenpforte am Eingang des in die Lenne entwässernden Holthauser Bachtales haben immer schon die Menschen fasziniert. Die Hünenpforte ist der Überrest eines wahrscheinlich vor mehr als 7.500 Jahren während der Klimaphase des Atlantikums – wie Befunde an der Blätterhöhe nahelegen – eingestürzten Portals einer größeren Höhle. Gleich mehrere, 1812 von den Gebrüdern Grimm aufgezeichnete Sagen über Riesen ranken sich um das Felsentor im Lennetal. Als Lesefunde auf der Kuppe der Hünenpforte gelangten zwei eigentümliche Steine ins Museum. Es handelt sich um Flussgerölle, wie sie in der Lenne zu finden sind. Beide Gerölle sind beidseitig mit einer gravierten Beschriftung versehen. Der hier abgebildete Schriftstein bezieht sich mit der lateinischen Bezeichnung „Portae Hunnenfi" („Pforten der Hunnen", etymologisch für Hünen) auf die Hünenpforte. Ihr zugeordnet ist eine griechische Widmung. Rückseitig findet sich mit „Anno Christi 1834 20/9" eine Datierung des Schriftsteins. In Latein folgt ein auf Vergänglichkeit und den „Zahn der Zeit" gemünzter Sinnspruch: „Non poterit tempus, neque edax abolere vetustas" („Weder die Zeit, noch der nagende Zahn des Alters wird es zerstören können").

Bei dem Schriftstein handelte es sich um ein Memorialobjekt, das Bezug auf den Ort – die Hünenpforte – nahm. Diese Funktion bestätigt auch der zweite, bereits auf den 8. November 1831 datierte Schriftstein. Neben einer griechischen Widmung trägt er den lateinischen Sinnspruch „In perpetuam rei memoriam" („Zum ewigen Gedächtnis"). Doch welchen Sinn machten die gravierten Flussgerölle und vor allem: von wem stammen diese beiden bekannten Schriftsteine? Hinweise auf den Urheber und den Zusammenhang, zwischen den beiden Steinen liegen immerhin drei Jahre, finden sich nicht.

Doch könnte die Hünenpforte als Fundort selbst einen Hinweis geben. Noch heute sind in dem seit 1950 unter Naturschutz stehenden Gelände und auf der Bergkuppe die Reste von Geländern, Treppen und künstlich angelegten Plateaus zu erkennen. Der Grottenpark wurde vom Unternehmer und Kommerzienrat Julius Ribbert (1851–?), Inhaber der unterhalb der Hünenpforte gelegenen, 1904 nach einem durch Julius verursachten Finanzskandal in eine Aktiengesellschaft umgewandelte Stoffdruckerei Moritz Ribbert AG, angelegt bzw. erweitert. Hinter der um 1887 von Ribbert erbauten Gründerzeitvilla „Haus Hünenpforte" an der heutigen Hohenlimburger Straße 120 erstreckte sich ein weitläufiger Park mit Gärten und Grotten, einschließlich zwei zugänglich gemachter Höhlensysteme und dem imposanten Felsentor als Bezugspunkt. Die mit den Jahreszahlen 1831 und 1834 versehenen Schriftsteine datieren jedoch in die Lebenszeit des Großvaters Moritz Ribbert (1787–1856), der das Unternehmen 1805 gegründet hatte.

Der gründerzeitliche Grottengarten hatte vermutlich Vorläufer, die bereits unter dem Großvater Moritz und Julius´ Vater Heinrich (1829–1904) angelegt worden waren. Grotten und Memoriale gehörten zur Ausstattung bürgerlicher Villengärten des 19. Jahrhunderts. Im Gegensatz zum (deutlich besser erhaltenen) Grottenpark der gründerzeitlichen Villa Lohmann in Witten, der künstlich angelegt wurde, zeigt die Gartenanlage an der Hünenpforte die Einbeziehung einer natürlichen Felsformation mit ihren Monumenten sowie den Talabschnitt der Lenne als Aussichtsmotiv. Hier wurde der Naturraum zu einem Garten umfunktioniert.

Vermutlich wurden die Schriftsteine – möglicherweise auch in größerer Zahl – im Bereich der Grotten- und Gartenanlagen sowie in den Höhlen der Hünenpforte deponiert. Die Sinnsprüche in Latein und Griechisch sowie die Angabe der Herstellungszeit sollten beim Wiederauffinden als Erinnerung dienen. Darauf deuten der inhaltliche Bezug der Sinnsprüche – Zeit und Erinnerung – hin, aber auch die Widmung eines Schriftsteins auf den Ort „Portae Hunnenfi".

RALF BLANK

102 Grabstein

Luther-Kirche, Bahnhofsviertel, Hagen
Neuzeit, 1885
Sandstein, L 70,0 cm B 50,0 cm H 45,0 cm

Die Luther-Kirche im Hagener Bahnhofsviertel wurde 1889 erbaut und war die zweite evangelische Kirche in Hagen. Durch Luftangriffe im Zweiten Weltkrieg wurde sie bis auf den Turm fast vollständig zerstört. Nach dem Krieg wurde in den Trümmern der alten Kirche eine Notkirche eingerichtet. Von 1960 bis 1964 entstand dann ein neues Gotteshaus an der Stelle der alten Luther-Kirche, erbaut vom Hamburger Architekten Gerhart Langmaack. Bis auf den Turm, der durch den Neubau ummantelt wurde, blieben dabei keine Reste der alten Kirche erhalten.

Seit 2009 ist die Luther-Kirche als Baudenkmal in die Denkmalliste der Stadt Hagen eingetragen. Als die Kirche im Jahr 2018 saniert und zu einer Kindertagesstätte umgebaut wurde, fanden Bauarbeiter auf der Rückseite der Kirche im Gebüsch den Grabstein eines Kleinkinds: Elisabeth Scheele, die im Jahr 1885 verstorben war. Über die Identität des Kindes ist wenig bekannt, lediglich Einträge in Geburts- und Sterberegister im Stadtarchiv geben einige Hinweise.

Ein Geburtsregistereintrag aus Altenhagen vom 26. November 1883 gibt Auskunft, dass am 24. November 1883 um 13:00 Uhr in der Wohnung ihrer Eltern in Boele, das Mädchen Elisabeth Agnes Scheele geboren wurde. Der Vater des Kindes, der die Geburt anzeigte, war der Lehrer Josef Scheele, bei der Mutter handelte es sich um seine Ehefrau Agnes Scheele, geborene Torbeck; die Familie war katholisch.

Kaum 15 Monate später findet sich im Sterberegister aus Altenhagen der Eintrag, dass am 23. Februar 1885 der Lehrer Albert Koch, vermutlich ein Kollege von Vater Josef Scheele, den Tod der ein Jahr und drei Monate alten Elisabeth Agnes Scheele am Vortag vormittags um sieben Uhr angezeigt hat.

Die amtlichen Vermerke und auch der Grabstein werfen einige Fragen auf. Warum befand sich der Grabstein der 1885 verstorbenen Tochter einer katholischen Familie an einer evangelischen Kirche, die erst vier Jahre nach dem Tod des Kindes eingeweiht wurde? Wie gelangte der Grabstein an seinen Fundort? Wo lag das Grab des Mädchens, denn die Luther-Kirche besaß keinen Friedhof?

LIOBA HAMACHER

Die 1889 errichtete und im März 1945 zerstörte Lutherkirche im Bahnhofsviertel.

103 Bauziegel

[
Hohenhof, Hagen-Eppenhausen
Um 1910, Fr[iedrich] Dahlhaus – Hagener Klinker – Hagen i. W.,
25 x 25 x 6 cm
]

Als 2019 bei Ausgrabungen im Garten des Hohenhofs in Hagen-Hohenhagen, dem heutigen Eppenhausen, von den Archäologinnen und Archäologen der LWL-Archäologie Außenstelle Olpe, ein quadratischer Ziegel entdeckt wurde, galt dieser noch als das Highlight der gesamten Grabungen. Er kam im Bereich der sogenannten „Buddhagrube" im Südgarten des Hohenhofs zum Vorschein und wurde vermutlich als Bodenplatte, also als eine Art Fliese eingesetzt.

Spätestens seit Beginn der Industriellen Revolution entstanden in ganz Westfalen zahlreiche Ziegeleien, die Ziegel in hoher Stückzahl produzieren konnten. Auch in Hagen existierten Ziegeleien unter anderem in Boele, Altenhagen, Halden, Helfe, Emst und Eckesey. Am längsten – bis 1984 – wurde in der Ziegelei in Vorhalle (Sporbecker Weg) produziert. In den Ringöfen, die ab etwa der Mitte des 19. Jahrhunderts entstanden, wurden Ziegelstein-Reichsformate in 25 x 12 x 6 cm bzw. 25 x 25 x 6 cm produziert. Viele Ziegeleien stellten hauptsächlich Bodenplatten her. Die Produktionsfirmen versahen ihre Ziegel mit einem eigenen Stempel, der die Firmen-Insignien trug.

Leider währte das Glück über den Fund am Hohenhof nur kurz. Am „Tag des offenen Denkmals" im September 2019 wurden die laufenden Ausgrabungen rund um den Hohenhof der interessierten Öffentlichkeit präsentiert. Im Rahmen von geführten Rundgängen über das Gelände konnten sich interessierte Besucher über die ersten archäologischen Ergebnisse und fortlaufenden Arbeiten informieren. Auch der Ziegelsteinfund aus dem Frühjahr war Teil der Führungen. Am Ende des Tages war der Ziegelstein verschwunden, sodass angenommen werden muss, dass er von einem Besucher entwendet wurde.

Obwohl der gestohlene Ziegelstein als deutlicher Verlust für die archäologische Forschung am Hohenhof gilt, muss dennoch nicht darauf verzichtet werden über diese Art von Objekt zu berichten. Im Bestand des Hagener Stadtmuseums befinden sich noch weitere und auch identische Bauziegel – wie das abgebildete Stück – aus verschiedenen ehemaligen Hagener Ziegeleien. Das hier gezeigte Objekt dient also als Vertreter für den am Hohenhof gefundenen Ziegelstein.

MIRJAM KÖTTER

Ausgrabungen der LWL-Archäologie für Westfalen im Garten des 1910 erbauten Hohenhofs in Eppenhausen, Foto: Michael Kaub, 9.4.2019.

104 Falschmünzer-Werkzeug

[Hagen
1928–1930
Buntmetall, L 4,5 cm B 3,2 cm D. 0,1 cm]

Bei der Prospektion von bronzezeitlichen Grabhügeln in einem Waldstück bei Hagen fanden sich im Sommer 2008 am Fuße eines abgestorbenen, nur noch an den Wurzeln erkennbaren großen Baumes in 15 cm Tiefe acht wohl aus Kupfer gefertigte Bleche aus Buntmetall. Die Bleche wurden vor dem Vergraben mit einem Leinentuch sorgfältig umwickelt. Es war zwar längst vergangen, aber aufgrund der vorsichtigen Bergung anhand von anhaftenden Spuren am Metall dennoch nachzuweisen. Die Fundsituation am Fuße eines (heute abgestorbenen) großen Baumes und die pflegliche Behandlung der Gegenstände vor dem Vergraben deuten darauf hin, dass die Kupferbleche absichtlich versteckt wurden, um sie nach einer gewissen Zeit möglichst intakt wieder auszugraben; sie besaßen augenscheinlich einen gewissen Wert für ihren früheren Besitzer.

Da einige Kupferbleche in Spiegelschrift die Abdrücke von 50 Reichspfennig der Ausgabeserie von 1928 sowie den Reichsadler tragen, wurde der Fund zur Bestimmung an Dr. Peter Ilisch am LWL-Landesmuseum für Kunst und Kulturgeschichte in Münster übergeben. Der ausgewiesene Numismatiker erkannte sofort, dass es sich bei diesem besonderen Fund um die Werkzeuge eines Münzfälschers handelt. Doch war ihm das angewandte Verfahren bis dahin nicht bekannt gewesen. Es besteht kein Zweifel, dass der Hersteller dieser Fälscherwerkzeuge ein Fachmann gewesen war, denn hierzu bedurfte es nicht nur großer Kenntnisse in der Metallverarbeitung, sondern zur Bearbeitung auch spezieller Werkzeuge, die beispielsweise in der feinmechanischen Industrie benutzt werden. Allerdings verraten die Fundstücke nicht, ob der Hersteller dieser Fälschergeräte auch ihr Benutzer war. Ebenfalls unbekannt ist ihr Produktionsort, da sie wegen ihres geringen Gewichts und der Ausmaße leicht zu transportieren sind und Münzfälscher sich durch eine hohe Mobilität ausgezeichnet haben.

Dass der Fälscher sich auf Münzen mit einem niedrigen Verkehrswert spezialisiert hatte, hier 50 Reichspfennige der Weimarer Republik aus dem Jahr 1928, verwundert nicht. Wegen ihrer vergleichsweise hohen Kaufkraft waren gerade die 50 Reichspfennige beliebte Fälschungsobjekte. Als sogenannte Umlauffälschungen mussten die nachgemachten Stücke zumindest einer Sichtprüfung standhalten. Die Zahl der als Fälschungen erkannten Reichspfennige erreichte zeitweise eine Höhe, dass diese Nickelmünzen als Zahlungsmittel vom Handel nicht mehr gerne akzeptiert wurden. Um diesem Problem zu begegnen, wurden die bisher im Umlauf gekommenen 50 Rentenpfennige und 50 Reichpfennige außer Kurs gesetzt und schließlich nach und nach eingezogen. Ein neuer Entwurf, der unter den Nationalsozialisten bis 1938 weiterhin verwendet wurde, ersetzte ab 1929 das bis dahin umlaufende Münzgeld, ohne dass dadurch die Herstellung von Fälschungen wirklich eingedämmt werden konnte.

Die mit dem in Hagen gefundenen Fälscherwerkzeug hergestellten und auf den Blechen als Negativabdruck zu identifizierenden Münzen entsprechen bereits der neuen Ausgabeserie ab 1928/29. Der Münzfälscher, dessen Werkzeug in Hagen entdeckt wurde, arbeitete jedenfalls in Serie und versuchte die Anzahl seiner Fälschungen so umfangreich zu gestalten, dass sich der Output für ihn auch lohnte. Auf einigen Blechen sind an beiden Seiten gleich mehrere Abdrücke der Reichspfennige vorhanden. Dies belegt, dass der Münzfälscher eine ganze Batterie von Münzblechen zusammenschraubte, was ihm erlaubte, zehn bis zwanzig oder mehr Münzen in einem Guss herzustellen.

HORST KLÖTZER

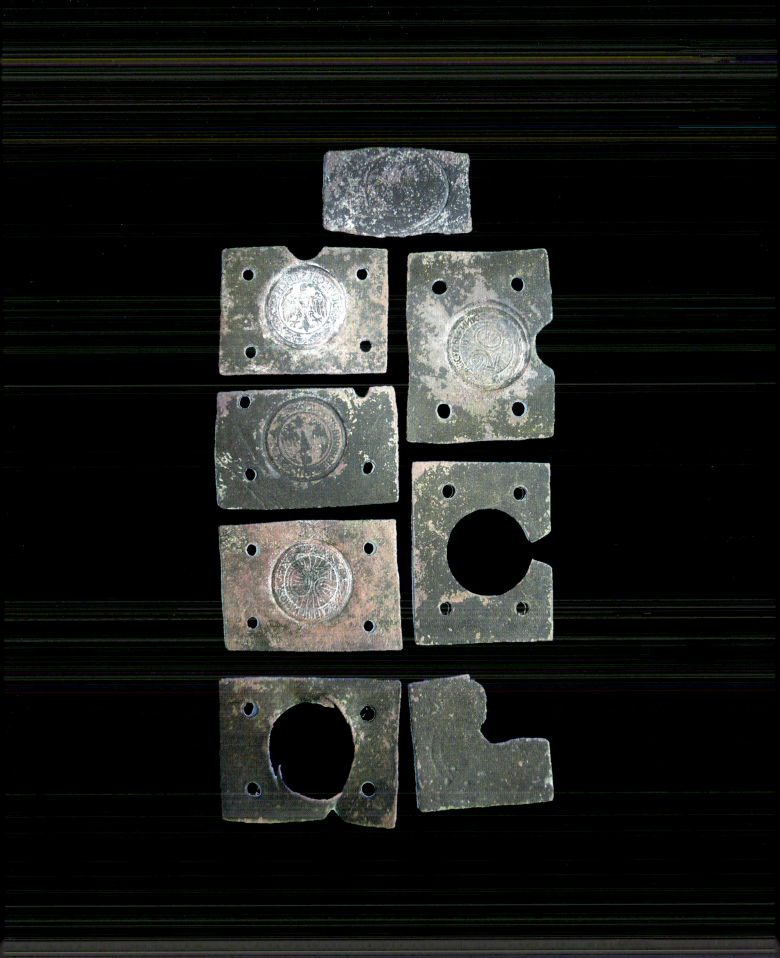

105 Armbanduhr

Hinnenwiese, Hagen-Wehringhausen
1936 1941, Fa. Mido
Edelstahl, Dm 2,5 cm

An der „Hinnenwiese" nahe dem Kaiser-Friedrich-Turm, oberhalb des Hagener Stadtteils Wehringhausen, stürzte in den frühen Morgenstunden des 21. Februar 1945 ein viermotoriger Bomber des Typs Avro "Lancaster" ab. Mit mehr als 500 weiteren "Lancasters" des britischen Bomber Command war die Maschine an dem letzten nächtlichen Flächenangriff auf Dortmund beteiligt. Mindestens acht Bomber stürzten in Südwestfalen und in Dortmund ab: in Hagen waren es drei "Lancasters". Sie wurden auf dem Zielanflug von deutschen Nachtjägern über dem Bergischen Land und dem Sauerland abgeschossen. Die "Lancaster" mit der Kennung PD421 und dem Code IQ-F der No. 150 Bomb Squadron stürzte in das Waldstück bei der „Hinnenwiese". Von der siebenköpfigen Besatzung überlebten drei Flieger und gerieten in Kriegsgefangenschaft, davon verstarb der verletzte Funker drei Wochen später bei einem Luftangriff in einem Hagener Lazarett. Die Leiche eines Crew-Mitglieds wurde bei dem relativ intakt erhaltenen Flugzeugrumpf gefunden, das Schicksal von zwei weiteren Fliegern ist bis heute ungeklärt.

In den Jahren 2006 und 2007 wurde die Absturzstelle archäologisch untersucht. Dabei fanden sich zahlreiche Flugzeugteile, aber auch Objekte der Ausrüstung und des persönlichen Besitzes der Bombercrew. Unter den zahlreichen Fundstücken, die auf den folgenden Seiten vorgestellt werden, befindet sich das Gehäuse einer Armbanduhr. Sie zeigt Brandspuren, das Uhrenglas und die Zeiger fehlen, am Fundpunkt konnte noch der Rest eines rotbraunen, genarbten Armbands geborgen werden. Die Stellung der Zeigernarben und Spuren auf dem Ziffernblatt belegen, dass die Zeiger der Uhr gegen 1.10 / 1.15 Uhr stehengeblieben war. Diese Uhrzeit stimmt mit dem Absturz der Maschine nach dem Abschuss durch einen deutschen Nachtjäger im Gebiet östlich von Düsseldorf überein.

Die Uhr wurde von der Schweizer Firma Mido hergestellt. Die Seriennummer 329164, das Logo der Mido SA Ltd und das verwendete Hardanoxyd für das Gehäuse, das im Juni 1930 als Bildmarke registriert wurde, verweisen auf eine Produktion in den dreißiger Jahren des 20. Jahrhunderts. Ob die in die Rückseite eingeprägten Zahlen 36 und 37 auf Herstellungsjahre hindeuten, muss offen bleiben. Uhren dieses Typs der Marke Mido, hier in der wasserdichten Multifort-Ausführung in der Gehäuseform einer "Trench watch", waren als Fliegeruhren und für den militärischen Einsatz gebräuchlich. Wahrscheinlich handelte es sich bei unserem Fundstück um eine für die britischen Streitkräfte produzierte Uhr.

Jedenfalls besaß ein Besatzungsmitglied unter der an der Hinnenwiese in Hagen abgestürzten Bombercrew diese Armbanduhr der Marke Mido, die beim Aufschlag der "Lancaster" beschädigt wurde. Dabei konservierte das Ziffernblatt den Zeitpunkt des Absturzes und damit auch das Ereignis für die Nachwelt.

RALF BLANK

106 Schiebefenster

Hinnenwiese, Hagen Wehringhausen
1944, Metropolitan-Vickers Ltd, Manchester, UK
Aluminium, Edelstahl, Plexiglas, H 49,0 cm B 52,5 cm

Eine viermotorige Avro "Lancaster" bestand aus rund 55.000 Einzelteilen. Beim Absturz der "Lancaster" PD421 gegen 01:15 Uhr am 21. Februar 1945 an der „Hinnenwiese" beim Kaiser-Friedrich-Turm in Wehringhausen blieben auch größere Teile der Maschine erhalten. Sie wurden an den folgenden Tagen durch die deutsche Luftwaffe abtransportiert.

Zahlreiche Flugzeugtrümmer, Bruchstücke von Geräten, technisches Zubehör und Teile der Konstruktion waren beim Aufschlag vielfach tief in den Boden eingedrungen oder lagen weit verstreut auf der Absturzstelle umher. Bei den archäologischen Untersuchungen 2006 bis 2007 wurden sie wiederentdeckt, ihre Position eingemessen und anschließend geborgen. Bei Konstruktions- und Ausrüstungsteilen der Maschine konnte bei einigen Fundstücke die frühere Funktion und ursprüngliche Position in der "Lancaster" geklärt werden.

Die "Lancaster" Mk I mit der Seriennummer PD421 wurde im November 1944 gebaut und im folgenden Monat an das britische Bomber Command ausgeliefert. Hergestellt wurde die Maschine im Werk Mosley Road der Metropolitan-Vickers Ltd in Manchester als Teil einer zwischen Juni und Dezember 1944 gefertigten Serie von 200 durch das Air Ministry in Auftrag gegebenen "Lancasters". Bei ihrem Start am 20. Februar 1945 gegen Dortmund war die "Lancaster" PD421 seit vier Wochen im Verband der im November 1944 neu aufgestellten No. 150 Squadron auf dem Flugplatz Hemswell in der ostenglischen Grafschaft Lincolnshire im Einsatz.

Unter den zahlreichen Gegenständen, die an der Absturzstelle geborgen werden konnten, ließ sich ein Objekt schnell seiner ursprünglichen Funktion und Position in der "Lancaster" zuordnen: ein Fensterrahmen aus Aluminium. Die Verglasung aus Plexiglas wurde bis auf Fragmente beim Aufschlag der Maschine zerstört. Am Rahmen ist die schwarze und grüne Tarnbemalung noch vorhanden. Einige Stellen zeigen Korrosion, die Teile aus rostfreiem Edelstahl, wie die Arretierungsknöpfe für die Schiebefunktion, sind völlig intakt.

In einer "Lancaster" gab es nur zwei derartige Fenster, und zwar im Cockpit: eines neben dem Sitz des Piloten und ein weiteres am Platz des Co-Piloten bzw. Flugmechanikers. Es handelte sich um die einzigen Schiebefenster dieser Art in der Maschine. Sie konnten über die beim Fundstück erhaltene Griffstange in Laufschienen vollständig nach hinten geschoben werden. Die Anordnung der Scharniere, Arretierungen und Leisten bei unserem Fundstück entspricht dem Fenster auf der Seite des Piloten.

RALF BLANK

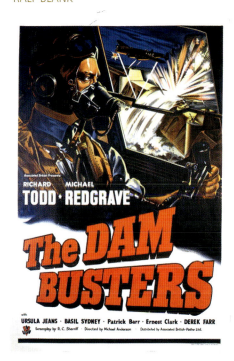

Das Fenster ist auch auf einem Plakat für den 1955 veröffentlichen Spielfilm "The Dam Busters" zu sehen. Der Pilot beobachtet in der Szene gegen Mitternacht am 17. Mai 1943 durch das Fenster den Bruch des Staudamms der Möhne-Talsperre.

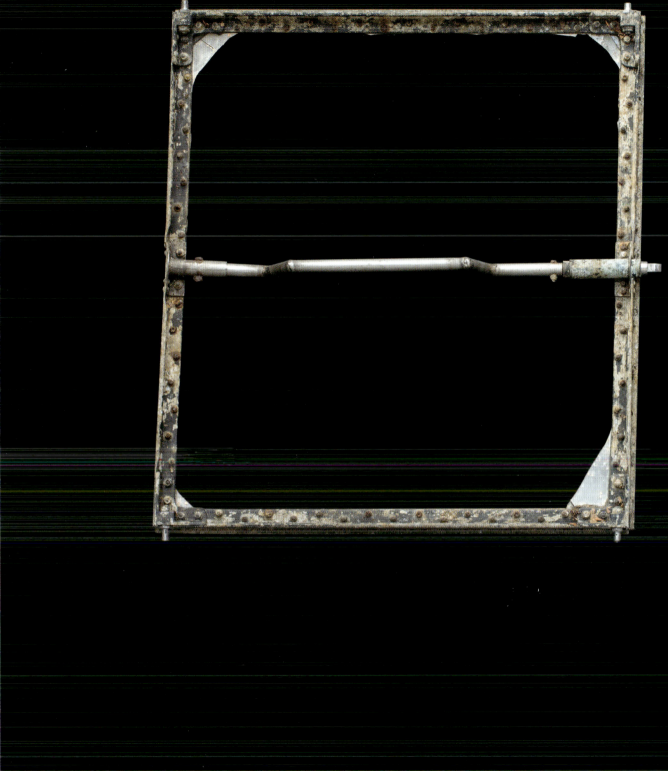

107 Handfeuerlöscher

Hinnenwiese, Hagen-Wehringhausen
1944/45; Graviner Manufacturing Co. Ltd., London
Kupfer, Bronze, Edelstahl, Gummi, H 27,5 cm Dm 6 cm

Flugzeuge sind hochgradig feuergefährdet, dieser Grundsatz gilt gleichermaßen für Zivil- und Militärmaschinen. Um ausbrechende Feuer an Bord und an den Motoren zu bekämpfen, wurden seit Beginn der Fliegerei umfangreiche Maßnahmen ergriffen. Die archäologische Untersuchung der am 20./21. Februar 1945 in der Nähe der Hinnenwiese bei Hagen abgestürzten britischen "Lancaster" mit der Seriennummer PD421 förderte Teile der technischen Vorrichtungen zum Brandschutz zutage.

Die Avro "Lancaster" besaß wie die übrigen Einsatzmaschinen des britischen Bomber Command – so auch die viermotorige Handley Page "Halifax" und die zweimotorige De Havilland "Mosquito" – ein Feuerlöschsystem. Es bestand aus einem bei Gefahr automatisch startenden bzw. vom Cockpit aus zu bedienenden "fire extinguishing system" für jeden der vier Motoren. In alliierten Maschinen kamen mehrere Konstruktionen mit einer Löschgasmischung (Halone) oder mit Kohlenstoffdioxid (CO2) zum Einsatz. Da im Fundmaterial vom Absturzort der „Lancaster PD421" keine Teile dieses Systems identifiziert werden konnten, müssen Hersteller und Funktionsweise offenbleiben.

Im Rumpf einer "Lancaster" waren sechs Handfeuerlöscher in Halterungen bei der Position des Bombenschützen in der Bugkanzel, im Cockpit neben dem Pilotensitz, über dem Arbeitsplatz des Navigators, beim "Top Gunner" und vor dem Drehstand des Heckschützen angebracht. Die flaschenförmigen, aus Kupfer gefertigten Behälter der Handfeuerlöscher enthielten unter anderem 1,5 kg des höchstwirksamen, aber toxischen Methylbromids (CH_3Br).

Die am Absturzort entdeckten zwei Behälter gehören nach den Ventilverschlüssen sowie der Aufschrift "Hand Fire Extinguisher" zur Bordausrüstung der "Lancaster PD421". Ihre Fundposition in einem Bereich mit zahlreichen Objekten aus dem vorderen Flugzeugrumpf könnte ein Indiz dafür sein, dass es sich um Handfeuerlöscher aus dem Cockpit bzw. von den Sitzpositionen des Bombenschützen und Navigators/Funkers handelt.

THOMAS WALTER

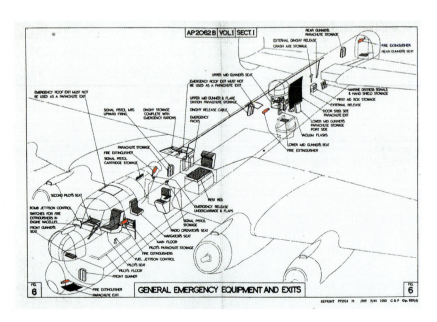

Position (rot markiert) der Handfeuerlöscher in einem "Lancaster"-Bomber.
Aus: The Lancaster Aircraft. Instructional Course Handbook, A.V. Roe & Co. Limeted, Manchester, January 1944.

108 Radarstörstreifen "Windows"

Hinnenwiese, Hagen-Wehringhausen
1944/45
Aluminium, Papier und Holz

Während des Zweiten Weltkriegs gewann die elektronische Kriegsführung eine immer größere Bedeutung. Zwischen 1939 und 1945 entwickelten die alliierte und deutsche Seite neuartige Verfahren in der Radartechnik und effektive Systeme zur Zielfindung. Neben Methoden zur Ortung und Zielfindung wurden auch Hilfsmittel zur Störung der gegnerischen Radargeräte geschaffen. Besonders wirkungsvoll gegen die Radargeräte der Luftwaffe erwies sich der Massenabwurf von langschmalen Aluminium-Streifen unter dem Decknamen "Window" (GB) bzw. "Chaff" (US).

Bei ihren Luftoperationen streuten britische und US-amerikanische Bomberverbände zu jeder Tages- und Nachtzeit viele Millionen sogenannter Radarstörstreifen aus. Eigene Störträger-Verbände legten mit "Window" auch weitläufige Scheinkurse, um den deutschen Flugmeldedienst über die eigentlichen Angriffsziele zu täuschen. Der Abwurf geschah per Hand durch die Crew aus Luken im Flugzeugrumpf oder aber automatisch durch einen speziellen Mechanismus. Die Abwurfquote wurde im Angriffsplan vermerkt: in der Regel je Maschine zwei bis vier Bündel in der Minute auf dem Anflug ab 50 km vor dem Ziel.

Zwischen Juli 1943 und Mai 1945 waren nicht weniger als zwölf Varianten von "Window" bzw. "Chaff" bei den alliierten Luftstreitkräften im Einsatz. So störte die Type "M" die „Würzburg"-Geräte der Flugabwehr (Flak) und des deutschen Flugmeldedienstes. Die Type "MB" richtete sich gegen die Frequenzen der weitreichenden „Freya"-Funkmessgeräte zur Nachtjagdführung. Die "Window"-Typen "C", "MC", "E" und "Y" waren ebenfalls im Einsatz, um Funkmessgeräte der Flak und des Luftnachrichtendienstes sowie die Bordradargeräte in den Nachtjagd-Maschinen zu stören.

Ein rund 760 Gramm schweres Abwurfbündel der "Window" Type "M" enthielt 2.000 Störstreifen, während ein 170 Gramm schweres Bündel der schmaleren Type "C" aus insgesamt 800 Störstreifen bestand. Ein Bündel des seit Ende 1944 eingesetzten, teilweise aus Zellophan hergestellten Typs "E" besaß 500 bandförmige Streifen und brachte nur noch rund 25 Gramm auf die Waage. Dadurch war es möglich, immer höhere Quoten der Radarstörstreifen zu transportieren und zu verbreiten.

Die archäologische Untersuchung der Absturzstelle der britischen "Lancaster PD421" lieferte zahlreiche "Window"-Radarstörstreifen. Das Besondere ist, dass sie sich teilweise noch in original-verpackten Bündeln befinden. Die im Februar 1945 von der Crew dieser Maschine abgeworfenen "Windows" entsprechen den Typen E und Y. Es handelt sich um sehr dünne und schmale, aus Staniol bestehende Streifen sowie um etwas stärkere, auf einer Seite schwarz eingefärbte Streifen.

THOMAS WALTER

Ein Funkmeßgerät „Würzburg" und die Bedienung aus jugendlichen Luftwaffenhelfern in der Stellung „Hilgenland" bei Hagen-Boele im März 1944.

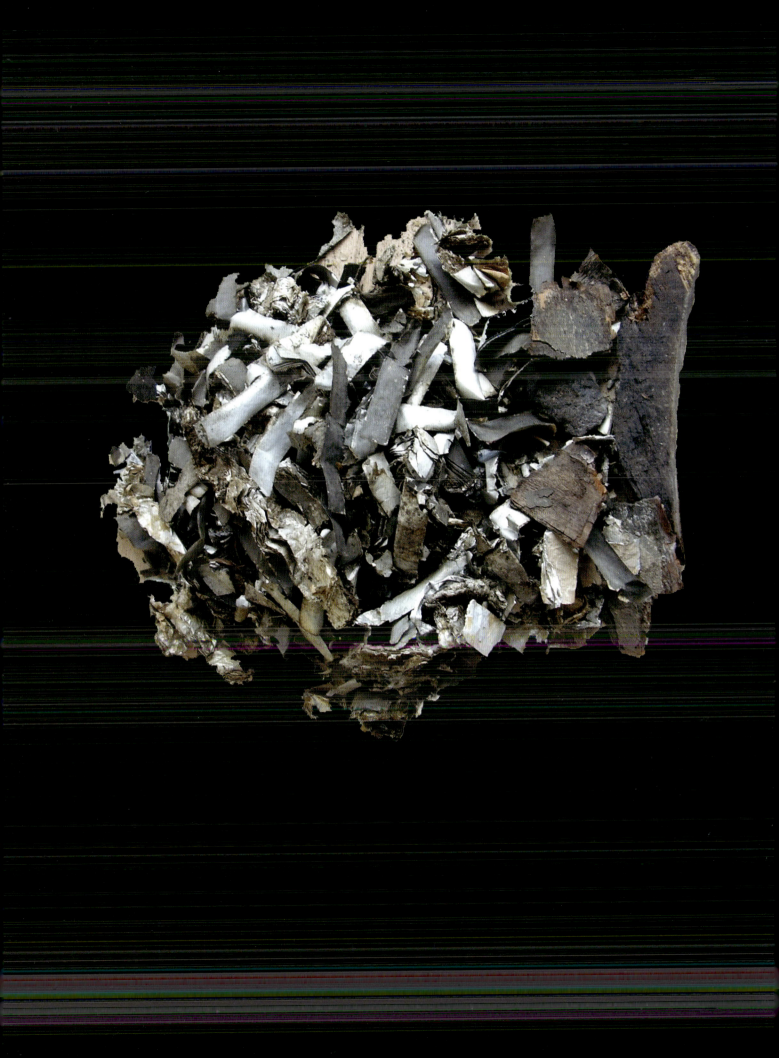

109 Filmrolle einer Luftbildkamera

Philippshöhe, Hagen
Großbritannien 1941/42
Aluminium, L 17 cm Dm 5,5 cm

In den frühen Morgenstunden des 12. August 1942 überflog gegen 03:30 Uhr ein einzelnes Flugzeug aus dem Ruhrtal bei Schwerte kommend in südwestlicher Himmelsrichtung die Hagener Stadtteile Kabel, Boele und Eckesey. Offenbar orientierte sich die Besatzung an der von Hagen über Wuppertal nach Köln führenden Eisenbahnlinie. Doch dann prallte die höchstens 50 m tief fliegende Maschine gegen die Philippshöhe oberhalb des Hauptbahnhofs. Beamte der Luftschutzpolizei und Soldaten einer in der Nähe stationierten Flakbatterie waren schnell am Absturzort. Sie fanden das im vorderen Teil zerstörte, am Heck jedoch weitgehend unbeschädigte Flugzeug vor. Die Maschine war beim Aufschlag nicht explodiert, die Treibstofftanks waren leer. In den Trümmern lagen die sterblichen Überreste der fünfköpfigen Crew. Sie wurden geborgen und einige Tage nach dem Absturz von der Luftwaffe – zuständig war die Flughafen-Kommandantur in Dortmund – auf dem Remberg-Friedhof in Hagen bestattet.

Bei der abgestürzten Maschine handelte es sich um eine zweimotorige Amstrong Vickers "Wellington" Mk III des Bomber Command der Royal Air Force. Die Maschine des zur Aufnahme einer 4000 Pfund-Minenbombe ausgerüsteten Bautyps 423 mit der Seriennummer BJ830 und der Kennung "DX-E" gehörte der No. 57 Bomb Squadron im Verband der No. 3 Group an. Am Abend des 11. August 1942 hatte sie mit 153 weiteren Flugzeugen die Bischofsstadt Mainz zum Angriffsziel. Die "Wellington" BJ830 war vor ihrem Start um 22:50 Uhr auf dem Flugplatz Feltwell bei Thetford in der ostenglischen Grafschaft Norfolk ausschließlich mit einer Minenbombe zu 4000 Pfund (1,8 t) beladen worden; sie befand sich beim Absturz in Hagen nicht mehr an Bord. Ob die Minenbombe wie vorgesehen über Mainz abgeworfen werden konnte? Ein Rätsel bleibt auch, warum sich die Crew weit ab von der vorgeschriebenen Flugroute bis nach Hagen verflogen hatte.

Nach Aktivitäten von Militaria-Sammlern musste geklärt werden, ob auf dem bereits 1942 durch die Luftwaffe geräumten Areal noch Objekte der abgestürzten Maschine zu finden sind. Daraufhin führte der ehrenamtliche Mitarbeiter Horst Klötzer im Sommer 2008 eine bodendenkmalpflegerische Prospektion durch. Unter den zahlreichen von ihm geborgenen Fundstücken, die der "Wellington" zugeordnet werden können, ist auch eine große Filmspule. Vor allem der Spulenkern zeigt deutliche Spuren des Absturzes. Auf den außen weiß und innen schwarz lackierten runden Abschlussblechen sind in die obere Hälfte "SPOOL FILM REF NO 14B/551" sowie unten "DAYLIGHT LOADING" und "A M" [Air Ministry] eingeprägt. Die Markierungen ermöglichen die Einordnung des Fundstücks.

Die Rollfilmspule gehörte in das 250 Aufnahmen im Großformat 5 x 5 inch (12,7 x 12,7 cm) fassende Magazin einer F.24 Luftbildkamera. Seit 1925 lieferte die Williamson Manufacturing Company Ltd an die Royal Air Force verschiedene Ausführungen dieses Modells. F.24 Kameras wurden für die Fotoaufklärung und auch als Bombenzielkamera eingesetzt. Darunter war auch die für Nachtaufnahmen optimierte Type 35 der F.24 mit Motorantrieb. Mit dieser Kamera war auch die für den Abwurf der 4000-pfündigen Minenbombe umgebauten "Wellington" Mk. III ausgerüstet worden.

In der Nacht zum 12. August 1942 sollte der Abwurf der Minenbombe durch die "Wellington" BJ830 auf Mainz fotografisch dokumentiert werden. Die F.24 Luftbildkamera war unter dem Pilotensitz im vorderen Teil der Maschine über einem eigenen Fenster für das Objektiv untergebracht. Während des Bombenabwurfs fertigte die an das Zielgerät des Bombenschützen in der Kanzel der Maschine gekoppelte Kamera eine Serie von Aufnahmen an. Nach der Mission wurden solche "strike photographs" ausgewertet, um den Einschlagsort der Abwurfmunition zu ermitteln – im Fall der "Wellington" BJ830 kam es nicht mehr dazu.

RALF BLANK

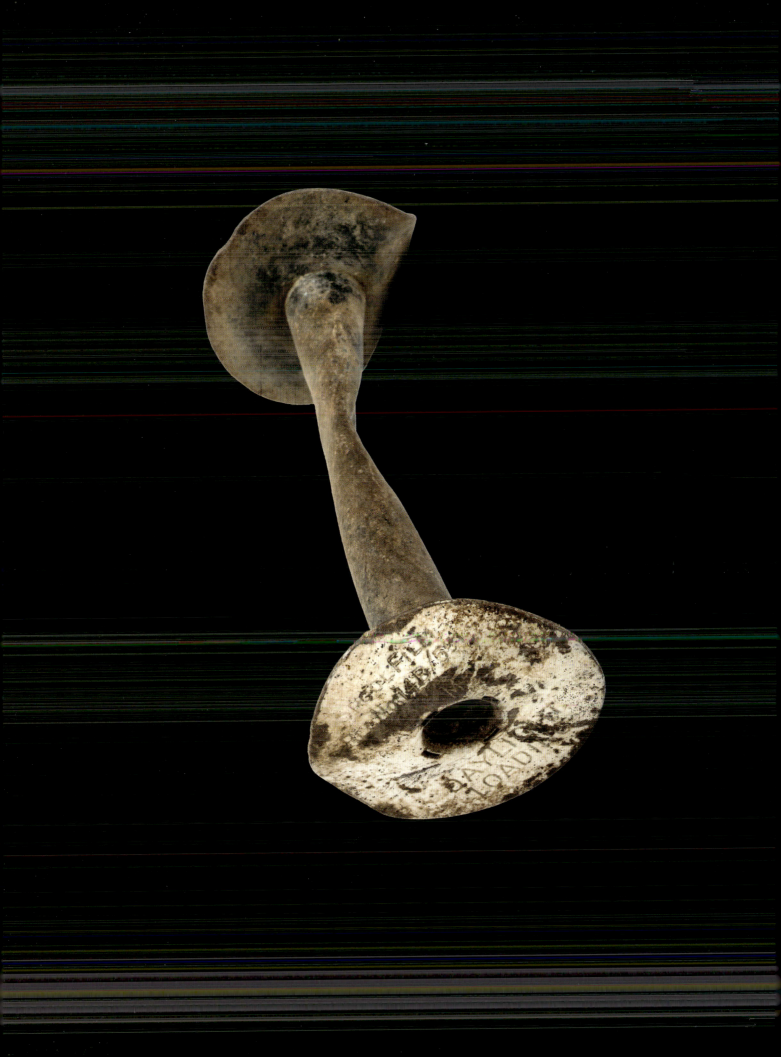

110 Blechteller

Hohenlimburg-Oege
1939–1945, Hersteller unbekannt
Eisenblech, emailliert

Im heutigen Hagener Stadtgebiet gab es während des Zweiten Weltkriegs zahlreiche Lager. Sie wurden seit 1939/40 hauptsächlich zur Unterbringung von ausländischen Arbeitskräften und Kriegsgefangenen errichtet. Ab 1942 kam ein großer Teil der aus den durch die deutsche Wehrmacht besetzten Ländern in West-, Ost- und Südosteuropa stammenden zivilen Arbeitskräfte als Zwangsarbeiter nach Hagen. Unter den Kriegsgefangenen waren vor allem sowjetische und französische Soldaten eingesetzt, ab September 1943 erhielten italienische Arbeitskräfte als sogenannte Italienische Militärinternierte den Status von Zwangsarbeitern.

Zum Jahresende 1944 waren in Hagen über 30.000 ausländische Arbeitskräfte und Kriegsgefangene gemeldet. In den letzten Kriegsmonaten kamen Hunderte von ihnen bei alliierten Luftangriffen ums Leben.

Die Geheime Staatspolizei betrieb seit Sommer 1943 in Hagen und in zwei Nachbarstädten mehrere „Auffanglager" und „Erweiterte Polizeigefängnisse", wie bei den Klöckner-Werken in Haspe und der Firma Feuerwehrgeräte Meyer in Oberhagen. Die als „KZ der Gestapo" bekannten Straflager für „auffällig" gewordene Zwangsarbeiter und mit Polizeistrafen belegte deutsche „Volksgenossen" wurden auch als Hinrichtungsstätten genutzt.

Bei Bauarbeiten und Geländeprospektionen werden gelegentlich die Standorte früherer Barackenlager aus dem Zweiten Weltkrieg angeschnitten. Dabei kommen immer wieder auch archäologische Funde, wie in Hohenlimburg-Oege u.a. einige Blechteller, zutage. Das in Oege vorhandene Barackenlager existierte – wie viele andere Lager ebenfalls – noch bis in die frühen 1950er Jahre. Nach den ausländischen Zwangsarbeitern wurden die Baracken zur Unterbringung von Flüchtlingen und Vertriebenen aus den ehemaligen deutschen Ostprovinzen sowie für deutsche Arbeitskräfte und als Verwaltungsstellen genutzt.

Die Archäologie des nationalsozialistischen Lagersystems gewinnt seit einigen Jahren mehr und mehr Interesse in der Forschung. Für die Bodendenkmalpflege bedeuten Bauarbeiten auf Industriebrachen und im Umfeld früherer Rüstungsbetriebe deshalb immer eine Herausforderung. Doch auch Tatorte von Massenhinrichtungen in der Kriegsendphase im März und April 1945, die wie im Raum Warstein durch die LWL-Archäologie untersucht worden sind, werden in den vergangenen Jahren bei Prospektionen entdeckt und erforscht.

Archäologische Untersuchungen der Befunde und historische Quellenforschung zu den jeweiligen Standorten gehen dabei Hand in Hand. Ein Beispiel aus der Nachbarschaft der Stadt Hagen sind die Grabungen auf dem Gelände des ehemaligen Außenkommandos des Konzentrationslagers Buchenwald in Witten-Annen.

RALF BLANK

In dem 1942 errichteten Barackenlager für Zwangsarbeiter am Sonnenberg in Hohenlimburg-Oege wurde 1946–1948 ein Auffanglager für Flüchtlinge aus den ehemaligen deutschen Ostgebieten eingerichtet. Stadtarchiv Hagen.

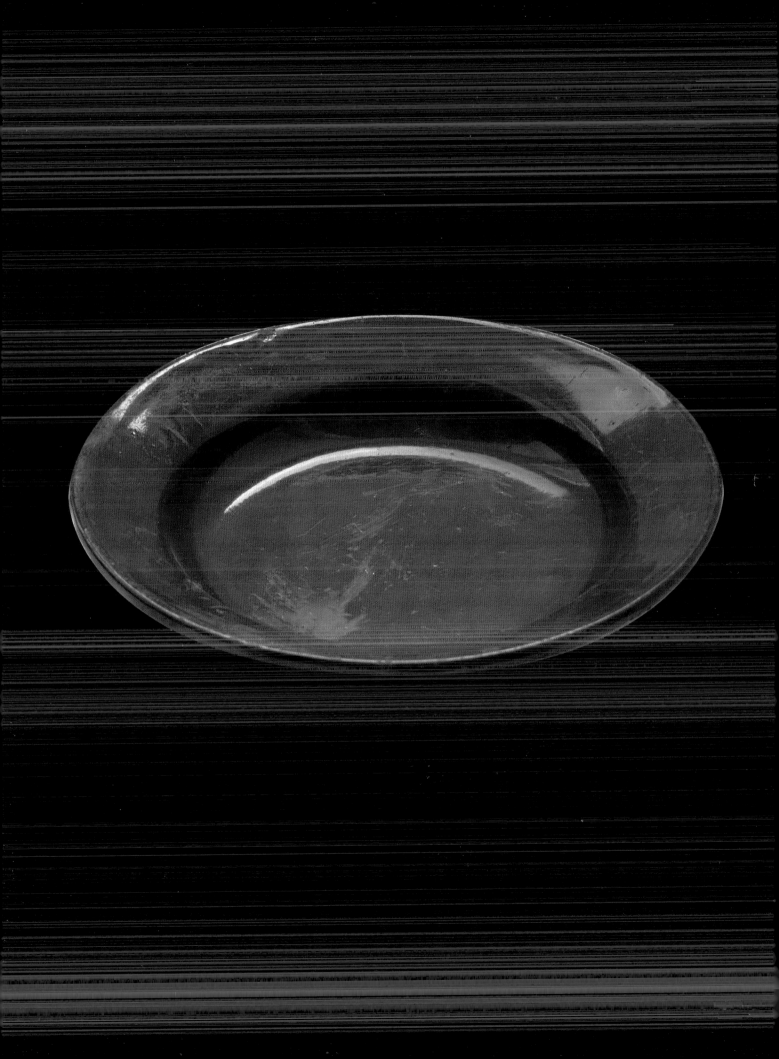

111 Coca-Cola-Dose

[
Blätterhöhle, Hagen Holthausen
1991, Edition "American Barbecue"
Weißblech (Korper), Aluminium (Boden, Deckel), H 11 cm Dm 6,7 cm Inhalt 0,33 l
]

Die Hagener Blätterhöhle ist eine der wenigen Karsthöhlen in Deutschland, die nahezu intakt und von neuzeitlichen Störungen unberührt mit ihrer über Jahrzehntausende gewachsenen Füllung in unsere Zeit gekommen ist. Sie enthält nicht nur ein umfangreiches Sedimentpaket mit Fundschichten aus der Steinzeit, sondern ist auch ein bis weit in das Eiszeitalter zurückreichendes Klimaarchiv.

Als die Blätterhöhle im Jahre 2004 durch den Arbeitskreis Kluterthöhle e. V. erstmalig genauer untersucht wurde, fanden sich zuoberst in der bis zu 7 m starken Sedimentfüllung mehrere Fundstücke aus der jüngeren Vergangenheit. Unter Gewehrpatronen, Resten von Glasflaschen, einem Fangeisen und einem nach einer ^{14}C-Datierung aus dem Frühmittelalter stammenden Pferdehuf war auch eine Getränkedose. Sie wurde in die vor Beginn der Ausgrabungen bis 2006 kaum sichtbare Öffnung des Höhleneingangs geworfen oder — was wahrscheinlicher ist — durch ein Tier in die Höhle eingebracht. Der Dosenkörper besteht aus Weißblech, angesetzt sind ein Boden- und Deckenteil mit Ausguss, vor allem der Corpus zeigt eine starke Korrosion. Dass die Dose benutzt wurde, belegen der geöffnete Ausguss sowie der auf benutzertypische Weise eingedrückte Dosenkörper.

Bei dem Fundstück handelt sich um ein Marketing-Symbol unserer Zeit: eine Coca-Cola-Dose. Das Limonadengetränk steht wie kein anderes Genussmittel für den "American Way of Life". In Deutschland nutzte Coca-Cola 1963 erstmalig Blechdosen für ihr Getränk, um sie in den folgenden Jahren zunehmend als Werbeträger und Medium für die Konzern-Philosophie zu nutzen. Dadurch wurde die Cola-Dose zunehmend zu einem Sammlerstück, zumal das Unternehmen zu besonderen Anlässen immer wieder auch limitierte Editionen herausgibt.

Wegen dem aufgedruckten Barcode und dem "Can Code" lässt sich die in der Blätterhöhle gefundene Getränkedose der deutschen Coca-Cola GmbH in Essen auf 1991 datieren. Die Dose gehört nach Ausweis des rückseitigen Rezeptaufdrucks "No. 1 Chicken Chicago" zur 1991 bis 1992 laufenden Edition "American Barbecue", die mit acht Motiven und in 18 Varianten für den Vertrieb in Deutschland, Österreich und die Schweiz hergestellt wurde.

Ein dermaßen banales Fundstück aus der jüngsten Vergangenheit wirft natürlich die Frage auf, wie wohl zukünftige Generationen in 500, 1.000 oder 10.000 Jahren — wenn es dann noch Archäologen und Historiker geben sollte — mit den Hinterlassenschaften unserer Gegenwart umgehen werden. Welche Rückschlüsse würden sie beispielsweise aus einer Coca-Cola-Dose ziehen? Wie würden sie ein solches Fundstück interpretieren? Welchen Sinngehalt werden sie den Müllkippen unserer Zivilisation zuweisen?

RALF BLANK

AUTORINNEN UND AUTOREN

Michael Baales, Prof. Dr. M.A. – Leiter der Außenstelle Olpe der LWL-Archäologie für Westfalen

Ralf Blank, Dr. M.A. – Leiter des Stadtmuseums Hagen, des Museums Wasserschloss Werdringen und des Stadtarchivs Hagen

Eva Cichy, Dr. M.A. – Wissenschaftliche Referentin in der Außenstelle Olpe der LWL-Archäologie für Westfalen

Stephan Deiters, Dr. des. M.A. – Managing Director bei Salisbury Archäologie Gmbh, Nottuln

Robert Fahr, M.A. – Provinzialrömischer Archäologe, Rösrath

Jennifer Garner, Dr. M.A. – Forschungsbereich Montanarchäologie des Deutschen Bergbau Museums, Bochum

Birgit Gehlen, Dr. M.A. – Universität zu Köln, Institut für Ur- und Frühgeschichte, SFB 806, Projekt D4, Mesolithic Research Unit

Lioba Hamacher, M.A. – Wissenschaftliche Volontärin am Stadtmuseum Hagen (bis August 2020)

Wolfgang Heuschen, M.A. – Grabungsleiter im Projekt Blätterhöhle

Horst Klötzer – ehrenamtlicher Mitarbeiter der LWL-Archäologie für Westfalen und der Stadtarchäologie Hagen

Benedikt Knoche, PD Dr. M.A. – Archäologe mit dem Schwerpunkt Mittel- und Jungneolithikum, Westfälische Wilhelms Universität Münster

Andreas Korthals, M.A. – Wissenschaftlicher Archivar im Stadtarchiv Hagen

Mirjam Kötter, M.A. – Leiterin der Stadtarchäologie der Stadt Hagen

Ingmar Luther, M.A. – Bodendenkmalpflege und Archäologie der Denkmalbehörde der Stadt Dortmund

Stephanie Marra, Dr. M.A. – Leiterin des Universitätsarchivs der TU Dortmund

Jörg Orschiedt, PD Dr. M.A. – Landesamt für Denkmalpflege und Archäologie Sachsen-Anhalt, Landesmuseum für Vorgeschichte in Halle/Saale

Daniel Riemenschneider – Student der Prähistorischen Archäologie und Mitarbeiter im Projekt Blätterhöhle sowie der LWL-Archäologie für Westfalen, Außenstelle Olpe

Sebastian Magnus Sonntag, M.A. – Wissenschaftlicher Volontär am Museum Wasserschloss Werdringen

Thomas Walter – Gymnasiallehrer für Geschichte, Hagen

Manuel Zeiler, Dr. M.A. – Wissenschaftlicher Referent in der Aussenstelle Olpe der LWL-Archäologie für Westfalen

LITERATURVERZEICHNIS

– **1** Briefwechsel über die fossilen Knochen in der Höhle zu Sundwich bei Iserlohn, zwischen Hm. Prof. Denzenberg in Düsseldorf, und Hm. Prov. Cuvier in Paris. In: Magazin für den neuesten Zustand der Naturkunde 11, Nr. 5 (Mai 1806), S. 447-460.
– Die Sammlungen des Baron Hüpsch. Ein Kölner Kunstkabinett um 1800. Ausstellungskatalog Schnüttgen-Museum Köln (Köln 1964).
– A. Schmidt, Baron Hüpsch und sein Kabinett. Ein Beitrag zur Geschichte der Hofbibliothek und des Museums zu Darmstadt (Darmstadt 1906).
– Westphälischer Anzeiger Jg. 5, Nr. 93 (21.11.1800), Sp. 1480-1482; Jg. 6, Nr. 10 (3.2.1801), Sp. 150-154, Nr. 31 (17.4.1801), Sp. 485-490.
– **2** A. Agam/R. Barkai, Elephant and Mammoth Hunting during the Paleolithic. A Review of the Relevant Archaeological, Ethnographic and Ethno-Historical Records. Quaternary 2018, 1, 3. URL: https://doi:10.3390/quat1010003 [letzter Zugriff: 21.9.2020]
– M. Baales/ H.-O. Pollmann/B. Stapel, Westfalen in der Alt- und Mittelsteinzeit (Darmstadt 2013).
– L. Kindler: Die Rolle von Raubtieren in der Einnischung und Subsistenz jungpleistozäner Neandertaler. Archäozoologie und Taphonomie der mittelpaläolithischen Fauna aus der Balver Höhle (Westfalen). Monographien des Römisch-Germanischen Zentralmuseums 99 (Mainz 2012).
– H. Reshef/R. Barkai, A taste of an elephant: The probable role of elephant meat in Paleolithic diet preferences. Quaternary International 379, 28-34. URL https://doi.org/10.1016/j.quaint.2015.06.002 [letzter Zugriff: 21.9.2020].
– **3** M. Baales, Umwelt und Jagdökonomie der Ahrensburger Rentierjäger im Mittelgebirge. Monographien des Römisch-Germanischen Zentralmuseums Mainz 38 (Mainz u. Bonn 1996).
– M. Baales/R. Blank/E. Cichy: Von der Steinzeit bis zur Römischen Kaiserzeit. Eine Zeitreise durch die Besiedlungsgeschichte im Raum Hagen. In: Michael Baales, Ralf Blank u. Jörg Orschiedt (Hrsg.): Archäologie in Hagen. Eine Geschichtslandschaft wird erforscht (Essen 2010).
– M. Baales/ H.-O. Pollmann/B. Stapel, Westfalen in der Alt- und Mittelsteinzeit (Darmstadt 2013).
– R. Blank/S. Marra/G.E. Sollbach, Hagen. Geschichte einer Großstadt und ihrer Region (Essen 2008).
– J. Spiegel, Eine neue Kulturhöhle im Lennetal. In: Nachrichtenblatt für deutsche Vorzeit 7, 1931, S. 222.
– **4** M. Baales/O. Jöris, Wohin es die mitteleuropäischen Neandertaler zog, als es richtig kalt wurde. In: Matthias Wemhoff und Michael M. Rind (Hrsg.): Bewegte Zeiten. Archäologie in Deutschland. Begleitband zur Ausstellung im Gropius-Bau, Berlin (Petersberg 2018).
– M. Baales/H.-O. Pollmann/B. Stapel, Westfalen in der Alt- und Mittelsteinzeit (Darmstadt 2013).
– J. Koller/U. Baumer/D. Mania, High-Tech in the Middle Palaeolithic: Neandertal-manufactured Pitch Identified. European Journal of Archaeology 4, 3, 2001, 385-397.
– **5** Y. Tafelmaier, Revisiting the Middle Palaeolithic site Volkringhauser Höhle (North Rhine-Westphalia, Germany). Quartär 58, 2011, 153-182.
– Y. Tafelmaier, Neandertaler im Hönnetal – die Volkringhauser Höhle. In: M. Baales, B. Stapel & H.-O. Pollmann (Hrsg.), Westfalen in der Alt- und Mittelsteinzeit (Darmstadt 2013) 88-90
– F. Hillgruber, Das mittelpaläolithische Werkzeugspektrum der Fundstelle Neandertal. Archäologisches Korrespondenzblatt 37, 2007, 335-346.
– **6** M. Baales, Das Paläolithikum. Eine (sehr kurze) Einführung. In: M. Baales, H.-O. Pollmann, Bernhard Stapel (Hrsg.), Westfalen in der Alt- und Mittelsteinzeit (Münster 2013), 42-51.
– J. Richter, Das Levallois Konzept. In: H. Floss (Hrsg.), Steinartefakte. Vom Altpaläolithikum bis in die Neuzeit² (Tübingen 2012), 227-236.
– **7** M. Baales, Archäologie des Eiszeitalters – Frühe Menschen an Mittelrhein und Mosel. Archäologie an Mittelrhein und Mosel 16, (Mainz 2005).
– M. Baales/R. Blank/E. Cichy, Von der Steinzeit bis zur Römischen Kaiserzeit. Eine Zeitreise durch die Besiedlungsgeschichte im Raum Hagen. In: M. Baales, R. Blank, J. Orschiedt (Hrsg.), Archäologie in Hagen. Eine Geschichtslandschaft wird erforscht (Essen 2010), 45-88.
– M. Baales/H. O. Pollmann/B. Stapel, Westfalen in der Alt- und Mittelsteinzeit (Darmstadt 2013).
– R. Blank/S. Marra/G.E. Sollbach, Hagen. Geschichte einer Großstadt und ihrer Region (Essen 2008).
– **8** M. Baales, Umwelt und Jagdökonomie der Ahrensburger Rentierjäger im Mittelgebirge. Monographien des Römisch-Germanischen Zentralmuseums 38 (Mainz u. Bonn 1996).
– M. Baales/R. Blank/E. Cichy, Von der Steinzeit bis zur Römischen Kaiserzeit. Eine Zeitreise durch die Besiedlungsgeschichte im Raum Hagen. In: Michael Baales, Ralf Blank u. Jörg Orschiedt (Hrsg.), Archäologie in Hagen. Eine Geschichtslandschaft wird erforscht (Essen 2010), 45-88.
– M. Baales/H.-O. Pollmann/B. Stapel, Westfalen in der Alt- und Mittelsteinzeit (Darmstadt 2013).
– R. Blank, Reingsen I, Stadt Iserlohn, Märkischer Kreis. In: Klaus Günther (Hrsg.), Alt- und mittelsteinzeitliche Fundplätze in Westfalen. Teil 2: Altsteinzeitliche Fundplätze in Westfalen. Einführung in die Vor- und Frühgeschichte Westfalens 6 (Münster 1988).
– **9** M. Baales/R. Blank/E. Cichy, Von der Steinzeit bis zur Römischen Kaiserzeit. Eine Zeitreise durch die Besiedlungsgeschichte im Raum Hagen. In: Michael Baales, Ralf Blank u. Jörg Orschiedt (Hrsg.), Archäologie in Hagen. Eine Geschichtslandschaft wird erforscht (Essen 2010), 45-88.
– **10** M. Baales/W. Heuschen/J. Orschiedt, Steinzeitliches Networking. Europäische Einflüsse an der Blätterhöhle in Hagen. Jahrbuch Westfalen 2019, 2018, 48-54.
– M. Baales/W. Heuschen/J. Orschiedt, Blätterhöhle 2016 – nach 10 Jahren Forschung ist die Eiszeit erreicht. Archäologie in Westfalen-Lippe 2016, 2017, 29-32.
– M. Baales/W. Heuschen/J. Orschiedt, Die Blätterhöhle – neue Forschungen zum spätpaläo- bis neolithischen Fundplatz. Archäologie in Westfalen-Lippe 2017, 2018, 35-38.
– M. Baales/W. Heuschen/J. Orschiedt,: Späteiszeitliche Jäger und Sammler – die Grabungen vor der Blätterhöhle 2018. Archäologie in Westfalen-Lippe 2018, 2019, im Druck.
– M. Baales/J. Burger/B. Gehlen/W. Heuschen/J. Orschiedt/W. Schön, Nacheinander, nebeneinander oder miteinander? Jäger-Sammler und Ackerbauern in der Blätterhöhle. Archäologische und naturwissenschaftliche Erkenntnisse zum spätpaläolithischen, mesolithischen und neolithischen Fundplatz in Hagen, Nordrhein-Westfalen. In: M. Wemhoff u. M. M. Rind (Hrsg.), Bewegte Zeiten. Archäologie in Deutschland. Begleitband zur Ausstellung im Gropius-Bau, Berlin (Petersberg 2018) 63-71.
– **11** M. Baales/W. Heuschen/J. Orschiedt, Späteiszeitliche Jäger und Sammler – die Grabungen vor der Blätterhöhle 2018. In: Archäologie in Westfalen-Lippe 2018, 2019, 36-40.
– **12** D. Holst, Eine einzige Nuss rappelt nicht im Sack. Subsistenzstrategien in der Mittelsteinzeit. Mitteilungen der Gesellschaft für Urgeschichte e.V. 18, 2009, 11-38.
– D. Holst, Subsistenz und Landschaftsnutzung im Frühmesolithikum: Nussröstplätze am Duvensee. Monographien des Römisch-Germanischen Zentralmuseums 120 (Mainz 2014).
– N. Schneid, Eine fast verpasste Chance – Frühmesolithikum „Am Rieger Busch" in Hagen-Eilpe. In: M. Baales, H.-O. Pollmann u. B. Stapel, Westfalen in der Alt- und Mittelsteinzeit (Darmstadt 2013) 186-188.
– N. Schneid, Die Steinartefakte des mesolithischen Freilandfundplatzes Rieger Busch in Hagen-Eilpe/Westfalen. Unveröff. Magisterarbeit Universität zu Köln 2014.
– N. Schneid, Die Steinartefakte des mesolithischen Freilandfundplatzes „Am Rieger Busch" in Hagen-Eilpe (Westfalen). Archäologische Informationen 40, 2017, 435-443.
– M. Baales/H.-O. Pollmann/N. Schneid/B. Stapel, Neu datierte mesolithische Fundplätze und organische Artefakte aus Westfalen. Archäologie in Westfalen-Lippe 2012, 2013, 27-30.
– **13** J. Orschiedt/B. Gehlen/W. Schön/L. Gröning: Die Blätterhöhle – Eine

neu entdeckte steinzeitliche Fundstelle in Hagen/Westfalen. In: T. Otten, H.Hellenkemper, J. Kunow u. M.M. Rind (Hrsg.) Fundgeschichten – Archäologie in Nordrhein-Westfalen. Mainz. 2010, 52–54.

– J. Orschiedt/R. Bollongino/O. Nehlich/F. Gröning/J. Burger: Parallelgesellschaften? Paläogenetik und stabile Isotopen an mesolithischen und neolithischen Menschenresten aus der Blätterhöhle. Archäologische Informationen 37, 2014, 23–31.

14 J. Orschiedt/R. Bollongino/O. Nehlich/F. Gröning/J. Burger: Parallelgesellschaften? Paläogenetik und stabile Isotopen an mesolithischen und neolithischen Menschenresten aus der Blätterhöhle. Archäologische Informationen 37, 2014, 23–31.

15 M. Baales/W. Heuschen/J. Orschiedt, Steinzeitliches Networking. Europäische Einflüsse an der Blätterhöhle in Hagen. Jahrbuch Westfalen 2019. Westfälischer Heimatkalender. Neue Folge – 73. Jg. (Münster 2018), 49-54.

– B. Gehlen/W. Schön/K. Banghard & H.-D. Zutz: Ein endmesolithisch-neolithischer Fundplatz auf dem Heisterbrink in der Senne im ehemaligen Amt Brackwede. Archäologie in Ostwestfalen 13, 2017, 16-29.

– J. Orschiedt/W. Heuschen/B. Gehlen/W. Schön/M. Kehl/G. Roth, Die Stratigraphie der Blätterhöhle. Schichtenfolge, Datierung, Mikromorphologie und 3D-Funddichteschätzungen. In: M. Baales, C. Pasda (Hrsg.), „All der holden Hügel ist keiner mir fremd ..." Festschrift zum 65. Geburtstag von Claus-Joachim Kind. Universitätsforschungen zur prähistorischen Archäologie 327, 205-213.

– B. Stapel, Westintegration vor 9000 Jahren? – Funde des Rhein-Maas-Schelde-Mesolithikums. In: M. Baales, H.-O. Pollmann & B. Stapel (Hrsg.), Westfalen in der Alt- und Mittelsteinzeit (Münster 2013), 217-218.

16 M. Bolus, Schleifsteine mit Rille (Pfeilschaftglätter). In: Harald Floss (Hrsg.), Steinartefakte. Vom Altpaläolithikum bis in die Neuzeit. Tübingen Publications in Prehistory (Tübingen 2012), 525-534.

– M. Baales/W. Heuschen/J. Orschiedt, Neue Grabungen in der Blätterhöhle und auf ihrem Vorplatz. Archäologie in Westfalen-Lippe 2015, 2016, 28-31.

– S.B. Grimm/L. Moreau/M. Street, A Newly Discovered Shaft Smoother from the Open Air Site Steinacker, Breisgau-Hochschwarzwald District (Baden-Württemberg, Germany). Quartär 61, 2014, 159-164.

17 J. Weiner, Retuscheure aus Stein. In: Harald Floss (Hrsg.), Steinartefakte. Vom Altpaläolithikum bis in die Neuzeit. Tübingen Publications in Prehistory (Tübingen 2012), 147-152.

– W. Taute, Retoucheure aus Knochen, Zahnbein und Stein vom Mittelpaläolithikum bis zum Neolithikum. Fundberichte aus Schwaben N.F. 17 (Festschrift G. Riek), 1965, 76-102.

– F. Gelhausen/S.B. Grimm/W. Heuschen/M. Street, Ein verzierter Retuscheur aus dem mittleren Siegtal (Nordrhein-Westfalen). Archäologisches Korrespondenzblatt 36, 2006, 17-28.

– M. Baales/W. Heuschen/J. Orschiedt, Späteiszeitliche Jäger und Sammler – die Grabungen vor der Blätterhöhle 2018. Archäologie in Westfalen-Lippe 2018, 2019, 36-40.

18 E. Biermann, Keulenköpfe des Alt- und Mittelneolithikums in Deutschland und angrenzenden Gebieten. In: Beier, Hans-Jürgen (Hrsg.), Varia neolithica IV, (Langenweissbach 2006), 103-112.

– W. Bleicher/H. Lemmermann, Funde von der Volmeterrasse von Höinghausen, in: Hohenlimburger Heimatblätter 39 (1978), 38-46.

– K. Tackenberg, Die Geröllkeulen Nordwestdeutschlands, in: Gisela Freud (Hrsg.), Festschrift für Lothar Zotz. Steinzeitfragen der Alten und Neuen Welt (Bonn 1960), 507-538.

19 R. Blank, Ein Fundplatz der spätpaläolithischen Stielspitzengruppe am nördlichen Mittelgebirgsrand. Archäologisches Korrespondenzblatt 15, 1985, 287-292.

– R. Blank, Reingsen II – Ein Fundplatz der älteren Mittelsteinzeit im Iserlohner Karbonhügelland. Hohenlimburger Heimatblätter 51, 1990, 42-53.

20 S. Wenzel, Kern- und Scheibenbeile. In: H. Floss (Hrsg.), Steinartefakte. Vom Altpaläolithikum bis in die Neuzeit ² (Tübingen 2012), 631-638.

– L. Fielder/G. Rosendahl/W. Rosendahl, Altsteinzeit von A bis Z (Darmstadt 2011).

21 M. Baales/R. Blank/E. Cichy, Von der Steinzeit bis zur Römischen Kaiserzeit. Eine Zeitreise durch die Besiedlungsgeschichte im Raum Hagen. In: M. Baales, R. Blank u. J. Orschiedt (Hrsg.), Archäologie in Hagen. Eine Geschichtslandschaft wird erforscht (Essen 2010), 45-88, speziell 63 f.

– R. Blank/S. Marra/G.E. Sollbach, Hagen. Geschichte einer Großstadt und ihrer Region (Essen 2008)

– J. Kneip, Bandkeramik zwischen Rhein, Weser und Main. Studien zu Stil und Chronologie der Keramik. Universitätsforschungen zur prähistorischen Archäologie 47 (Bonn 1998)

– M. Baales/H.-O. Pollmann/B. Stapel,Westfalen in der Jungsteinzeit (Münster 2021).

22 H. Meller, Krieg im europäischen Neolithikum. In: H. Meller, M. Schefzik (Hrsg.), Krieg – eine archäologische Spurensuche. Begleitband zur Sonderausstellung im Landesmuseum für Vorgeschichte Halle (Saale) (Halle [Saale] 2015), 109-116.

– W. Schön, Neolithische Pfeilköpfe. In: Harald Floss (Hrsg.), Steinartefakte vom Altpaläolithikum bis in die Neuzeit. Tübingen Publications in Prehistory (Tübingen 2012), 807-825.

23 J. Weiner, Klingenerzeugung im Neolithikum. In: H. Floss (Hrsg.), Steinartefakte. Vom Altpaläolithikum bis in die Neuzeit² (Tübingen 2012), 689-716.

24 M. Baales/R. Blank/E. Cichy, Von der Steinzeit bis zur Römischen Kaiserzeit. Eine Zeitreise durch die Besiedlungsgeschichte im Raum Hagen. In: Michael Baales, Ralf Blank u. Jörg Orschiedt (Hrsg.), Archäologie in Hagen. Eine Geschichtslandschaft wird erforscht (Essen 2010) 45-88.

– B. Gehlen, Felsgesteingeräte des Alt- und Mittelneolithikums. In: Harald Floss (Hrsg.), Steinartefakte. Vom Altpaläolithikum bis in die Neuzeit. Tübingen Publications in Prehistory (Tübingen 2012), 837-856.

– N. Kegler-Graiewski: Beile – Äxte – Mahlsteine. Zur Rohmaterialversorgung im Jung- und Spätneolithikum Nordhessens (Dissertation Universität zu Köln 2007), 126-129. https://kups.ub.uni-koeln.de/2160/1/Dissertation_Kegler-Graiewski.pdf (Zugriff 16.10.2018)

– A. Schäfer, Aus Hagens Vorgeschichte, Hagen 1935.

– M. Baales/H.-O. Pollmann/B. Stapel, Westfalen in der Jungsteinzeit (Darmstadt 2021).

– A. Pawlik/J. Weiner, Neues zu einer alten Frage. Beobachtungen und Überlegungen zur Befestigung altneolithischer Dechselklingen und zur Rekonstruktion bandkeramischer Querholzbeile. In: Mamoun Fansa (Hrsg.), Experimentelle Archäologie. Bilanz 1994. Archäologische Mitteilungen aus Nordwestdeutschland, Beiheft 8 (Oldenburg 1995), 111-144.

25 A. Schäfer, Aus Hagens Vorgeschichte (Hagen 1935).

– M. Baales/H.-O. Pollmann/B. Stapel, Westfalen in der Jungsteinzeit (Darmstadt 2021).

– J. Weiner, Techniken und Methoden der intentionellen Herstellung von Steingeräten. In: M. M. Rind (Hrsg.), Feuerstein. Rohstoff der Steinzeit – Bergbau und Bearbeitungstechnik. Archäologisches Museum der Stadt Kelheim, Museumsheft 3 (Buch am Erlbach 1987), 46-102.

– J. Weiner, Zur Technologie bandkeramischer Dechselklingen aus Felsgestein und Knochen. Ein Beitrag zur Forschungsgeschichte. Archaeologia Austriaca 80, 1996, 115-156.

26 W. Bleicher, Jungsteinzeitliche Funde aus der Oeger Höhle in Hohenlimburg. Hohenlimburger Heimatblätter für den Raum Hagen und Iserlohn 53/5, 1992, 173-182.

27 J. Orschiedt/R. Bollongino/O. Nehlich/F. Gröning/J. Burger: Parallelgesellschaften? Paläogenetik und stabile Isotopen an mesolithischen und neolithischen Menschenresten aus der Blätterhöhle. Archäologische Informationen 37, 2014, 23-31.

28 J. Orschiedt/R. Bollongino/O. Nehlich/F. Gröning/J. Burger: Parallelgesellschaften? Paläogenetik und stabile Isotopen an mesolithischen und neolithischen Menschenresten aus der Blätterhöhle. Archäologische Informationen 37, 2014, 23-31.

29 M. Okrusch/S. Matthes, Mineralogie. Petrologie und Lagerstättenkunde. Springer-Lehrbuch8 (Berlin 2010).

– R.Vinx: Gesteinsbestimmung im Gelände4 (Berlin, Heidelberg 2015).

30 J. Grotzinger/T. Jordan, Press/Siever, Allgemeine Geologie (Berlin, Heidelberg 2017).

- H. Bahlburg/C. Breitkreuz: Grundlagen der Geologie (Berlin, Heidelberg 2017)
- M. Okrusch/S. Matthes, Mineralogie, Petrologie und Lagerstättenkunde. Springer-Lehrbuch8 (Berlin 2010).
- R. Blank: Plattenhornsteinartefakte im südlichen Westfalen. Ein Beitrag zur Distribution süddeutscher Plattenhornsteine im Neolithikum Mitteleuropas. Archäologisches Korrespondenzblatt 23, 1993, H. 4, 29-39.
- R.Vinx, Gesteinsbestimmung im Gelände4 (Berlin, Heidelberg 2015).
- A. Binsteiner, Die Lagerstätten und der Abbau bayerischer Jurahornsteine sowie deren Distribution im Neolithikum Mittel- und Osteuropas. Jahrbuch RGZM 52, 2006, 43-155.
- **31** A. Binsteiner, Die Lagerstätten und der Abbau bayerischer Jurahornsteine sowie deren Distribution im Neolithikum Mittel- und Osteuropas. Jahrbuch RGZM 52, 2006, 43-155.
- R. Blank, Plattenhornsteinartefakte im südlichen Westfalen. Ein Beitrag zur Distribution süddeutscher Plattenhornsteine im Neolithikum Mitteleuropas, in: Archäologisches Korrespondenzblatt 23, 1993, H. 4, 29-39.
- M. Moser, Der vorgeschichtliche Bergbau auf Plattensilex in den Kalkschiefern der Altmühlalb und seine Bedeutung im Neolithikum Mitteleuropas. Archäologische Informationen 4, 1978, S. 45-81.
- G. Roth, Geben und Nehmen. Eine wirtschaftshistorische Studie zum neolithischen Hornsteinbergbau von Abensberg-Arnhofen, Kr. Kelheim (Niederbayern), 4 T. Diss. Universität Köln 2008. E-Publikation. URL https://kups.ub.uni-koeln.de/4176/4/ROTH_Arnhofen_2008_Bd4_druck.pdf (letzter Zugriff 17.9.2020).
- **32** M. Baales/H.-O. Pollmann/B. Stapel, Westfalen in der Jungsteinzeit (Darmstadt 2021).
- J. Weiner, Techniken und Methoden der intentionellen Herstellung von Steingeräten. In: M. M. Rind (Hrsg.), Feuerstein. Rohstoff der Steinzeit – Bergbau und Bearbeitungstechnik. Archäologisches Museum der Stadt Kelheim, Museumsheft 3 (Buch am Erlbach 1987) 46-102.
- **33** D. Schyle, Der jungsteinzeitliche Feuersteintagebau mit Beilproduktion auf dem Lousberg in Aachen, Bonn 2010 [= Rheinische Ausgrabungen 66].
- **34** M. Errare/A.-M. Petrequin/P. Petrequin/L. Klassen, Naturwissenschaftliche Analysen an neolithischen Jadeitbeilen. In: Archäologie im Rheinland, 2006, 58-60.
- M. Errare/A.-M. Petrequin/P. Petrequin/L. Klassen/A. Sheridan, (Red.): JADE. Grandes haches alpines du Neolithique europeen. Ve et IVe millenaires av. J.-C. Les Cahiers de la MSHE Ledoux, Bd. 17. Presses Universitaires de Franche-Comte et Centre de Recherche Archeologique de la Vallee de lAin Band 1224 (Besanfon 2012).
- W. Bleicher, Römische Funde im „Museum Hohenlimburg" der Stadt Hagen. In: Boreas 7, 1984, 347-359.
- **35** P.J. Felder/P.C.M. Rademakers/M.E.The. de Grooth, Excavations of Prehistoric Flint Mines at Rijckholt-St. Geertruid (Limburg, The Netherlands) by the "Prehistoric Flint Mines Working Group" of the Dutch Geological Society, Limburg Section. Archäologische Berichte 12 (Bonn 1992).
- M.E.Th. Grooth/M.E. ter Schegget, New C-14 dates from the Neolithic flint mines at Rijckholt-St. Geertruid, the Netherlands, in: Proceedings of the 2nd International Conference of the UISPP Commission on Flint Mining in Pre- and Protohistoric Times. Madrid, 14-17 October 2009. Edited by Marta Capote, Susana Consuegra, Pedro Díaz-del-Rio, Xavier Terradas (Oxford 2011), 77-89.
- **36** K. H. Brandt, Studien über steinerne Äxte und Beile der Jüngeren Steinzeit und der Stein-Kupferzeit Nordwestdeutschlands, Münstersche Beiträge zur Vorgeschichtsforschung. Veröffentlichungen des Seminars für Vor- und Frühgeschichte der Universität 2 (Hildesheim 1967).
- D. Hoof, Die Steinbeile und Steinäxte im Gebiet des Niederrheins und der Maas. Die neolithischen und frühbronzezeitlichen Großsteingeräte (Bonn 1970).
- **37** K. H. Brandt, Studien über steinerne Äxte und Beile der jüngeren Steinzeit und der Stein-Kupferzeit Nordwestdeutschlands, Münstersche Beiträge zur Vorgeschichtsforschung 2 (Hildesheim 1967), 109-122.
- U. Weller, Äxte und Beile. Erkennen-bestimmen-beschreiben. Bestimmungsbuch Archäologie 2 (München 2018) 64-65.
- **38** M. Baales/H.-O. Pollmann/B. Stapel, Westfalen in der Jungsteinzeit (Darmstadt 2021).
- J. Weiner, Technologische und ergologische Erkenntnisse zu den Stein-, Knochen-, Zahn- und Geweihartefakten aus dem schnurkeramischen Doppelgrab von Gaimersheim, Lkr. Eichstätt. Bayerische Vorgeschichtsblätter 78, 2013, 23-69.
- **39** H. Schlichtherle, Jungsteinzeitliche Dolche aus den Pfahlbauten des Bodenseeraumes. Plattform 14/14, 2004/2005, 62-86.
- **40** A. Högberg/D. Olausson, Scandinavian Flint - an Archaeological Perspective (Aarhus 2007).
- E. Lomborg, Die Flintdolche Dänemarks. Studien über Chronologie und Kulturbeziehungen des südskandinavischen Spätneolithikums. Det kongelige nordiske oldskriftselskab (København 1973).
- U. Nahrendorf, Westfalen in Endneolithikum und Früher Bronzezeit. Untersuchungen zur Besiedlungsgeschichte der Nordwestdeutschen Landschaft zwischen Niederrhein und Mittelweser. Universitätsforschungen zur prähistorischen Archäologie 309 (Bonn 2018).
- **41** P. Drechsler, Erntemesser und Sicheln. In: H. Floss (Hrsg.), Steinartefakte. Vom Altpaläolithikum bis in die Neuzeit² (Tübingen 2012) 791-806.
- C. Siemann, Von der Steinzeit zur Bronzezeit. Dolche und Sicheln aus Feuerstein. In: D. Bérenger, C. Grünerwald (Hrsg.), Westfalen in der Bronzezeit (Münster 2008), 90.
- **42** E. Cichy, Die westfälischen Beile. In: Daniel Bérenger, Christoph Grünewald (Hrsg.), Westfalen in der Bronzezeit (Mainz 2008), 161-162.
  I. Löffler/M. Bode, Zwei neolithische Kupferfunde aus Iserlohn und der Bilsteinhöhle. In: Archäologie in Westfalen-Lippe, 2012 (2013), 201-205.
- **43** M. Baales/R. Blank/E. Cichy, Von der Steinzeit bis zur Römischen Kaiserzeit. Eine Zeitreise durch die Besiedlungsgeschichte im Raum Hagen. In: M. Baales, R. Blank & J. Orschiedt (Hrsg.), Archäologie in Hagen. Eine Geschichtslandschaft wird erforscht (Essen 2010), 45-88.
- D. Bérenger/C. Grünewald, Westfalen in der Bronzezeit (Münster 2008).
- W. Bleicher, Die Bedeutung der eisenzeitlichen Höhlenfunde des Hönnetals. Ein Beitrag zur Ur- und Frühgeschichte des nördlichen Sauerlandes. Altenaer Beiträge 19 (Altena 1991) 90-92.
- S. Bölckow, Die "Sonderhorst-Spaltenhöhle" Iserlohn, Märkischer Kreis. Eine quellenkritische Analyse der Funde mit Hinblick auf eine mögliche Höhlennutzung als Opferschacht. Unpublizierte Magister-Arbeit Universität Hamburg 2013.
- M.R. Brix/W. Grebe/E. Hammerschmidt/S. Niggemann/D.K. Richter, Höhlen in Iserlohn. Schriften zur Karst- und Höhlenkunde in Westfalen (Iserlohn 1995).
- S. Niggemann, Dechenhöhle – Erdgeschichten (Iserlohn 2018).
- **44** K. Kibbert, Die Äxte und Beil im mittleren Westdeutschland 1. Prähistorische Bronzefunde, Abt. 9, 10. (München 1980).
- **45** K. Kibbert, Die Äxte und Beil im mittleren Westdeutschland 1. Prähistorische Bronzefunde, Abt. 9, 10. (München 1980).
- **46** K. Kibbert, Die Äxte und Beile im mittleren Westdeutschland 2. Prähistorische Bronzefunde, Abt. 9, 13., 43 (Nr. 50), 80 (Nr. 252) (München 1984).
- **47** K. H. Brandt, Studien über steinerne Äxte und Beile der Jüngeren Steinzeit und der Stein-Kupferzeit Nordwestdeutschlands, Münstersche Beiträge zur Vorgeschichtsforschung. Veröffentlichungen des Seminars für Vor- und Frühgeschichte der Universität 2 (Hildesheim 1967).
- Weller, Äxte und Beile, S. 48-49;
- **48** D. Bérenger/E. Cichy, Bronzezeitliche Schwerter und vornehme Krieger. In: D. Bérenger & C. Grünewald (Hrsg.), Westfalen in der Bronzezeit 158 (Münster 2008).
- J-H. Bunnefeld, Der Häuptling und sein Schwert? – Anmerkungen zur sozialen Stellung des Schwertträgers in der älteren nordischen Bronzezeit. In: T. Link, H. Peter-Röcher (Hrsg.), Gewalt und Gesellschaft. Dimensionen der Gewalt in ur- und frühgeschichtlicher Zeit. Internationale Tagung an der Julius-Maximilians-Universität Würzburg 2013. Universitätsforschungen zur Prähistorischen Archäologie 259 (Bonn 2014), 133-143.
- J-H. Bunnefeld, Bronzezeitliche Schwerter in Westfalen. Ausgrabungen und Funde in Westfalen-Lippe 12, 2015, 9 58.

– B. Herring, Die Gräber der frühen bis mittleren Bronzezeit in Westfalen. Bodenaltertümer Westfalens 48 (Mainz 2009).

– **49** E. Cichy, Die westfälischen Lanzenspitzen: Vielfalt der Formen. In; Bérenger, Daniel; Grünewald, Christoph (Hrsg.), Westfalen in der Bronzezeit (Münster 2008), 159-160.

– **50** Stadtarchiv Hagen, Best. Hagen 1, Nr. 9100.

– J. Martin, Die Bronzegefäße in Mecklenburg-Vorpommern, Brandenburg, Berlin, Sachsen-Anhalt. Thüringen und Sachsen, Prähistorische Bronzefunde II, 16 (Stuttgart 2009), 53-61.

– E. Sprockhoff, Zur Handelsgeschichte der germanischen Bronzezeit, Vorgeschichtliche Forschungen 7, Berlin 1930, 67-77.

– H.-D. Zutz, Der jüdische Sammler steinzeitlicher Artefakte Siegfried Junkermann im Umfeld nationalsozialistisch orientierter archäologischer Forscher, In: Die Kunde 63, 2015, 27-54.

– **51** H. Laumann, 8 Hagen-Hohenlimburg (Raffenburg; AKZ 4611,58). Ausgrabungen und Funde in Westfalen-Lippe 10, 2007, 14.

– **52** J.-H. Bunnefeld, Bronzezeitliche Schwerter in Westfalen. Ausgrabungen und Funde in Westfalen-Lippe 12, 2015, 9-58.

– S. Fleschenberg/A. Jockenhövel, Kampf, Prunk, Opfer: Die Prachtschwerter von Hagen-Kaisberg. In: Bérenger, Daniel; Grünewald, Christoph (Hrsg.), Westfalen in der Bronzezeit (Münster 2008), 107-108.

– J. Hallenkamp-Lumpe/B. Sicherl, Die Spuren der Grabhügel – ältere und mittlere Bronzezeit in Minden-Päpinghausen. Archäologie in Westfalen-Lippe 2018, 2019, 49-52.

– S. Fleschenberg/A. Jockenhövel, Der Schwerthortfund vom "Kaisberg" bei Hagen-Vorhalle. In: D. Bérenger (Hrsg.), Archäologische Beiträge zur Geschichte Westfalens, Festschrift für Klaus Günther zum 65. Geburtstag. Internationale Archäologie: Studia honoraria 2 (Rahden/Westf. 1997), 133-154.

– **53** B. Glunz-Hüsken, Zu mitteleuropäischen Plattenfibeln unter spezieller Berücksichtigung der goldenen Fibel aus Hallstatt Grab 505. Arch. Korrbl. 24, 1994, 283-288.

– S. Pabst, Italische Einflüsse im hallstattzeitlichen Spiral- und Scheibenfibelhandwerk des Ostalpenraumes. In: E. Mirossayova et al., Das nördliche Karpatenbecken in der Hallstattzeit. Tagung Kosice. Archaeolingua 38, 2017

– **54** H. Polenz, Opferhöhlen der vorrömischen Eisenzeit im südlichen Westfalen. In T.Hülsken/J.Niemeyer/H.Polenz, Höhlen, Wohn- und Kultstätten des frühen Menschen im Sauerland (Münster 1991) 33-73

– Ders., Kult- und Opferstätten der vorrömischen Eisenzeit in Nordwestdeutschland. In: S. Möllers/B. Zehm, Rätsel Schnippenburg. Sagenhafte Funde aus der Keltenzeit. Kulturregion Osnabrück 27 = Schriften zur Archäologie des Osnabrücker Landes 5 (Bonn 2007) 97-108

– **55** F. Verse, Die Keramik der älteren Eisenzeit im Mittelgebirgsraum zwischen Rhein und Werra. Münstersche Beiträge zur Ur- und Frühgeschichtlichen Archäologie 2 (Münster2006).

– **56** F. Verse, Die Keramik der älteren Eisenzeit im Mittelgebirgsraum zwischen Rhein und Werra. Münstersche Beiträge zur Ur- und Frühgeschichtlichen Archäologie 2 (Rahden/Westf. 2006)

– P. Eisenach, Interpretation späteisenzeitlicher und frühkaiserzeitlicher Siedlungsspuren auf der Amöneburg, Ldkr. Marburg-Biedenkopf. Berichte der Kommission für Archäologische Landesforschung in Hessen 14 2016/17 (Rahden, Westf. 2017)

– **57** F. Verse, Die Keramik der älteren Eisenzeit im Mittelgebirgsraum zwischen Rhein und Werra. Münstersche Beiträge zur Ur- und Frühgeschichtlichen Archäologie 2 (Rahden/Westf. 2006)

– **58** J. Schulze-Forster, Die latènezeitlichen Funde vom Dünsberg (Diss. Philipps-Universität Marburg 2002).

– **59** D. Spennemann, Einige Bemerkungen zur Schäftung von Lappen- und Tüllenbeilen. In: Germania 63, 1985, 129-138.

– P. Trebsche, Ein Tüllenbeil mit Resten der Holzschäftung und weitere bronzezeitliche Funde aus Enns. In: Archäologie Österreichs 13, H 1, 2002, 40-43.

– **60** M. Kötter, Die frühmittelalterlichen Funde von Hagen-Herbeck, Masterarbeit Ruhr-Universität Bochum, (Bochum 2016).

– T.E. Haevernick, Die Glasarmringe und Ringperlen der Mittel- und Spätlatènezeit auf dem Europäischen Festland, (Bonn 1960).

– R. Gebhard, Der Glasschmuck aus dem Oppidum von Manching, Die Ausgrabungen in Manching 11 (Stuttgart 1989).

– M. Seidel, Keltische Glasarmringe zwischen Thüringen und dem Niederrhein. In: Germania 83, 2005, 1-43.

– **61** Th. Frank, Der vermischte Oberflächenfundplatz auf dem Burgberg bei Letmathe-Oestrich, Märkischer Kreis. In: Ausgrabungen und Funde in Westfalen-Lippe 5 1987 (Lengerich 1988) 437-469.

– M. Baales, R. Blank, E. Cichy, Von der Steinzeit bis zur römischen Kaiserzeit - Eine Zeitreise durch die Besiedlungsgeschichte im Raum Hagen. In: J. Orschiedt, M. Baales, R. Blank, Archäologie in Hagen. Eine Geschichtslandschaft wird erforscht (Essen 2010) 45-88.

– **62** W. Ebel-Zepezauer, Gold am Ende des Regenbogens? Neufunde keltischer Münzen in Westfalen. In: Archäologie in Westfalen-Lippe, 2015, 66-68.

– P. Illisch, Die jüngeren keltischen Fundmünzen in Westfalen (1. Jahrhundert vor Christus). In: Johan van Heesch / Inge Heeren (Hrsg.), Coinage in the Iron Age. Essays in honour of Simone Scheers (London 2009), 249-256.

– B. Kleff, Zwei bemerkenswerte Münzen im Bochumer Heimatmuseum, in: Bochum. Ein Heimatbuch (Bochum 1930).

– **63** R. Forrer, Keltische Numismatik der Rhein- und Donaulande (Graz 1968).

– **64** D. Demant/J. Garner/M. Zeiler, Ergebnisse zum Verhüttungsversuch in einem Siegerländer Rennofen der Eisenzeit. Archäologie in Westfalen-Lippe 2019 (2020), 246-249.

– **65** D. Demant/J. Garner/M. Zeiler, Das archäologische Experiment – eisenzeitliche Eisengewinnung im Siegerland. Archäologie in Westfalen-Lippe 2018 (2019, im Druck).

– Foto: Aufsicht (oben) und Seitenansicht einer Luppe des archäologischen Experimentes (LWL-Archäologie für Westfalen/Lutz Cramer)

– **66** M. Zeiler, E. Cichy, M. Baales, Die Vorrömische Eisenzeit in Südwestfalen. Eine Übersicht zum aktuellen Forschungsstand, in: Archäologische Rückblicke. Festschrift für Daniel Bérenger, hrsg. von Hans-Otto Pollmann (Bonn 2014).

– M. Kötter, Die frühmittelalterlichen Funde von Hagen-Herbeck, unveröffentlichte Masterarbeit Ruhr-Universität Bochum (Bochum 2016).

– **67** H. Mattingly/E. Sydenham, Roman Imperial Coinage II: Vespasian to Hadrian (London 1926)

– P. Ilisch, Germanen, Römer und Münzen in Westfalen. In: G. Eggenstein (Hrsg.), Vom Gold der Germanen zum Salz der Hanse. Früher Fernhandel am Hellweg und in Nordwestdeutschland (Hamm 2008), 52-61.

– **68** S. Berke, Corpus der römischen Funde im europäischen Barbaricum. Deutschland Band 7. Land Nordrhein-Westfalen, Landesteile Westfalen und Lippe (Bonn 2009).

– C. Agricola/S. Heeren/O. Stilborg/V. van Thienen, Characterising Terra Nigra foot-vessels of the Late Roman period (4th-5th century) from Germany, the Netherlands and Belgium. Arch. Korrbl. 47, 1/2017, 87-106.

– **69** R. von Uslar, Westgermanische Bodenfunde des ersten bis dritten Jahrhunderts n. Chr. aus Mittel- und Westdeutschland (Berlin 1938).

– **70** M. Baales/R. Blank/J. Orschiedt, Archäologie in Hagen: Eine Geschichtslandschaft wird erforscht (Hagen 2010).

– H. Beck, Ein bronzener Reitersporn der älteren Kaiserzeit aus Hohenlimburg, Kr. Iserlohn; Kleine Mitteilungen. In: Germania Bd. 38 Nr. ½ (Berlin 1960).

– **71** K. Bulka/E. Cichy/J. Englert, Siedlungskammer Hagen-Herbeck – Ergebnisse der Untersuchungen von 2011 bis 2012. Archäologie in Westfalen-Lippe 2012, 2013, 179-182.

– Könemann, Patrick, Das Gräberfeld der römischen Kaiserzeit und frühen Völkerwanderungszeit von Dortmund-Asseln. In: Ausgrabungen und Funde in Westfalen-Lippe vol. 12, 2015, 201-275.

– **72** W. Best/P. Illisch, Die römischen Goldmünzen aus Hiddenhausen. In: Archäologie in Westfalen-Lippe 2009, Langenweißbach 2010, 51-53.

– Bleicher, Wilhelm: Eine Goldmünze und zwei Bronzemünzen vom Schlossberg in Hohenlimburg, in: Hohenlimburger Heimatblätter 50, 1989, 100-101.

– P. Illisch, Römische Münzen in Westfalen. In: Walter Melzer / Torsten Capelle (Hrsg.), Bleibergbau und Bleiverarbeitung während der römischen

Kaiserzeit im rechtsrheinischen Barbaricum. Soester Beiträge zur Archäologie 8 (Soest 2007), 163-168.

A. Wormstall, Neue Nachträge zur antiken und frühmittelalterlichen Munzstatistik für Westfalen und seine Nachbargebiete. In: Berichte der Römisch-Germanischen Kommission 27, 1939, 23-31.

- **73** P. Berghaus, Münzfibeln. In: Wamers, Egon (Hrsg), Die frühmittelalterlichen Lesefunde aus der Löhrstrasse (Baustelle Hilton II) in Mainz. (Mainzer Archäologische Schriften 1), Mainz 1994, 106-115.

W. Bleicher, Die Bedeutung der eisenzeitlichen Höhlenfunde (Altena 1991), 215-216.

- **74** E. Cichy/J. Gaffrey /M. Zeiler, Westfalen in der Eisenzeit (Münster 2015).
- **75** R. Blank, Werdringen. Adelssitz – Wasserschloss – Museum (Essen 2015).
- **76** M. Kötter, Die frühmittelalterlichen Funde von Hagen-Herbeck, unveröffentlichte Masterarbeit Ruhr-Universität Bochum, Bochum 2016.
- B. Herring, Die Gräber der frühen bis mittleren Bronzezeit in Westfalen. Bodenaltertümer Westfalens 48 (Mainz 2009).
- K. Bulka, Endbericht archbau 2012, Akz 4611,45, Hagen-Herbeck, „Dolomitstr." (Essen 2012).
- **77** M. Baales/R. Blank/J. Orschiedt, Archäologie in Hagen: Eine Geschichtslandschaft wird erforscht, (Hagen 2010)
- **78** M. Kötter, Die frühmittelalterlichen Funde von Hagen-Herbeck, unveröffentlichte Masterarbeit Ruhr-Universität Bochum (Bochum 2016).
- **79** M. Baales/R. Blank/J. Orschiedt, Archäologie in Hagen: Eine Geschichtslandschaft wird erforscht (Hagen 2010).
- R. Blank/S. Marra/G.E. Sollbach, Hagen. Hagen. Geschichte einer Großstadt und ihrer Region (Essen 2008).
- **80** U. M. Meier, Ein mittelalterlicher Siedlungsplatz bei Hagen-Delstern, Nordrhein-Westfalen, Offa 56, 1999, 93-103.
- **81** P. Berghaus, Dortmunder Münzen, Dortmunder Münzgeschichte 1 (Dortmund 1978).
- P. Berghaus, Münze und Geld im Ruhrgebiet. In: F. Seibt, (Hg.), Vergessene Zeiten. Mittelalter im Ruhrgebiet, Bd. 1-2, hier Bd. 2 (Essen 1990), 118-128.
- P. Ilisch, Peter, Münzfunde und Geldumlauf in Westfalen im Mittelalter und in der Neuzeit (Münster 1980).
- J. Menandier, Die Münzen der Grafschaft Mark (Dortmund 1909).
- **82** R. Blank/E. Cichy, Die Raffenburg in Hagen. Frühe Burgen in Westfalen (Münster 2020, i.E.).
- **83** M. Röhmer und S. Schöne, Formenkosmos Siegburger Steinzeug. Die Sammlung im Hetjens-Museum (Mainz 2014).
- **84** M. Röhmer/S. Schöne, Formenkosmos Siegburger Steinzeug. Die Sammlung im Hetjens-Museum (Mainz 2014).
- **85** J. Hallenkamp-Lumpe, Studien zur Ofenkeramik des 12. bis 17. Jahrhunderts anhand von Bodenfunden aus Westfalen-Lippe, Denkmalpflege und Forschungen in Westfalen 42 (Mainz 2006).
- **86** S. Baumeier, Beschlagene Kisten. Die ältesten Truhen Westfalens (Essen 2012).
- R. Möller, Mobiliar auf Burgen im Mittelalter. In: Zeune, Joachim (Hg.), Alltag auf Burgen im Mittelalter, Veröffentlichungen der Deutschen Burgenvereinigung 10 (Passau 2005), 90-99.
- **87** N. Goßler, Untersuchungen zur Formenkunde und Chronologie mittelalterlicher Stachelsporen in Deutschland (10.–14. Jahrhundert). In: Ber. RGK 79, 1998, 479-659.
- N. Goßler, Reiter und Ritter. Formenkunde, Chronologie, Verwendung und gesellschaftliche Bedeutung des mittelalterlichen Reiterzubehörs aus Deutschland, Beiträge zur Ur- und Frühgeschichte Mecklenburg-Vorpommerns 49 (Schwerin 2011).
- C. Krauskopf, Tric-Trac, Trense, Treichel. Untersuchungen zur Sachkultur des Adels im 13. und 14. Jahrhundert, Veröffentlichungen der Deutschen Burgenvereinigung A 11 (Braubach 2005).
- **88** R. Blank/E. Cichy, Die Raffenburg. In: Frühe Burgen in Westfalen (Münster i. Druck).

C. Rau, Europäische Pfeilspitzen und Armbrustbolzen (Berlin 2017)

- B. Zimmermann, Mittelalterliche Geschossspitzen. Kulturhistorische, archäologische und archäometallurgische Untersuchungen, Schweizer Beiträge zur Kulturgeschichte und Archäologie des Mittelalters 26 (Basel 2000).

- **89** R. Blank/E. Cichy, Die Raffenburg. In: Frühe Burgen in Westfalen (Münster i. Druck).
- M. Feuerle, Bilde Mange Trebuchet. Technik, Entwicklung und Wirkung des Wurfgeschützes im Mittelalter. Eine Studie zur mittelalterlichen Innovationsgeschichte, Veröffentlichungen des 1. Zentrums für Experimentelles Mittelalter 1 (Diepholz/Stuttgart/Berlin 2005)
- P.V. Hansen, Experimental reconstruction of a medieval trebuchet. In: Acta archaeologica 63, 1992, 189-208.
- W. Homann, Die Schleuderkugeln der Burg Hörde (Dortmund). In: Dortmunder Beiträge zur Landeskunde 17, 1983, 19-30.
- G. Wand-Seyer, Ein uhralt, adelich und ritterlich Geschlechte. Zur Geschichte der Herner Adelsfamilie von Strünkede (Herne 1992).
- **90** R. Blank/E. Cichy, Die Raffenburg. In: Frühe Burgen in Westfalen (Münster i. Druck).
- **91** R. Blank/E. Cichy, Die Raffenburg. In: Frühe Burgen in Westfalen (Münster i. Druck).
- **92** E. Auer, Die Turnosgroschen aus dem Münzschatz vom Boeselagerhof, Bonner numismatische Studien 2 (Bonn 2015).
- P. Ilisch, Eine gute (rheinische?) Turnosennachprägung, in: Numismatisches Nachrichtenblatt 54, 2005 [4], 148-149.
- J.N. Mayhew (Ed.), The gros tournois. Proceedings of the Fourteenth Oxford Symposium on Coinage and Monetary History (Oxford 1997).
- **93** R. Blank/E. Cichy, Die Raffenburg. In: Frühe Burgen in Westfalen (Münster i. Druck).
- J. Spiegel, Grabungsbericht Josef Spiegel. Best. Stadtarchäologie (Hagen 1932).
- **94** R. Blank/E. Cichy, Die Raffenburg. In: Frühe Burgen in Westfalen (Münster i. Druck).
- H.A. Knorr, Messer und Dolch. Eine Untersuchung zur mittelalterlichen Waffenkunde in gesellschaftskritischer Sicht, Veröffentlichungen des Museums für Ur- und Frühgeschichte Potsdam 6 (Potsdam 1972), 131-145.
- **95** J. Clark The Medieval Horse and its Equipment c. 1150 – c. 1450. Medieval Finds from Excavations in London 5 (London 1995), 61-69.
- S. Krabath, Die hoch- und spätmittelalterlichen Buntmetallfunde nördlich der Alpen. Eine archäologisch-kunsthistorische Untersuchung zu ihrer Herstellungstechnik, funktionalen und zeitlichen Bestimmung. Internationale Archäologie 63 (Rahden 2001), 234-251.
- Krauskopf, Christof: Tric-Trac, Trense, Treichel. Untersuchungen zur Sachkultur des Adels im 13. und 14. Jahrhundert, Veröffentlichungen der Deutschen Burgenvereinigung A: 11 (Braubach 2005), 63-66.
- **96** T. Meyer, Bogen, Armbrust, Hakenbüchse. Entwicklung und Technik der Fernwaffen des Mittelalters, (Norderstedt 2009).
- V. Schmidtchen, Die Feuerwaffen des Deutschen Ritterordens bis zur Schlacht bei Tannenberg 1410. Bestände, Funktion und Kosten, dargestellt anhand der Wirtschaftsbücher des Ordens von 1374–1410. Schriftenreihe Nordost-Archiv 10 (Lüneburg 1977).
- **97** R. Blank/S. Marra/E. Sollbach, 101 historische Schätze in und um Hagen (Hagen 2013).
- V. Schmidtchen, Bombarden - Befestigungen - Büchsenmeister. Von den ersten Mauerbrechern des Spätmittelalters zur Belagerungsartillerie der Renaissance. Eine Studie zur Entwicklung der Militärtechnik (Düsseldorf 1977).
- **98** S. Marra, Gräfin Johannetta Elisabeth von Bentheim (1592–1654). Witwenherrschaft und Vormundschaftsregierung im Dreißigjährigen Krieg, in: Schattkowsky, Martina (Hg.), Witwenschaft in der Frühen Neuzeit. Fürstliche und adlige Witwen zwischen Fremd- und Selbstbestimmung. Schriften zur Sächsischen Geschichte und Volkskunde 6 (Leipzig 2003), 227-248.
- P. Bornefeld, Die wiederentdeckte Gruft der Gräfin Johannetta v. Bentheim. In: Hohenlimburger Heimatblätter 16, 1955, 21-22.
- **99** R. Blank/S. Marra/E. Sollbach, 101 historische Schätze in und um Hagen (Hagen 2013).
- D. Walter, Das Hausgerät Mitteleuropas. Wesen und Wandel der Formen in zwei Jahrtausenden, Deutschland, Holland, Österreich, Schweiz (Braunschweig 1973).
- H. Drescher, Mittelalterliche Dreibeintöpfe aus Bronze. Bericht über die Bestandsaufnahme und Versuch einer chronologischen Ordnung. In: Neue

Ausgrabungen und Forschungen in Niedersachsen 4, 1969, 287-315.

- **100** R. Blank/S. Marra/E. Sollbach, 101 historische Schätze in und um Hagen (Hagen 2013).

- Grabungsbericht Fa. EggsteinExca: Ergebnisse der archäologischen Untersuchung am Johanniskirchplatz in 58095 Hagen vom 07. – 15.03.2018, AKZ 4610,243.

- **101** H. Kleinbaur, Sagen aus dem Stadt- und Landkreise Iserlohn (Iserlohn 1961) 81-85.

- U. Siekmann/M. Weiß, Die Gartengrotte der Villa Lohmann in Witten. In: LWL-Denkmalpflege, Landschafts- und Baukultur in Westfalen (Hrsg.), Denkmal des Monats Mai 2020, URL https://www.lwl.org/dlbw/service/denkmal-des-monats/mai-2020 (letzter Zugriff: 26.5.2020).

- **102** R. Blank/S. Marra/G. E. Sollbach, Hagen. Geschichte einer Großstadt und ihrer Region (Essen 2008).

- **103** P. Arnold, Ziegel und Ziegeleien in Hagen und Umgebung. In: Hagen-Buch 2015 (Hagen 2014).

- **104** H. Voigtlaender, Falschmünzer und Münzfälscher. Geschichte der Geldfälscher aus 2 ½ Jahrtausenden (Münster 1976).

- V. Weege, V., Münz-Fälschungen (Wien 2005).

- **105** Mido SA: 100 Years Mido. Swiss Watches since 1918, Le Locle 2018.

- M. Baales/B. Blank/E. Cichy/J. Orschiedt, Archäologische Untersuchungen zu einem abgeschossenen englischen Lancaster-Bomber des Zweiten Weltkrieges bei Hagen. In: Begleitband zur Landesausstellung Archäologie in Nordrhein-Westfalen im Römisch-Germanischen Museum in Köln (Mainz 2010), 308-310.

- **106** Pilot's Notes for Lancaster II. Air Ministry, June 1943 (Air Publication 2062 B).

- **107** M. Baales/R. Blank/E. Cichy/J. Orschiedt, Archäologie des Zweiten Weltkriegs. Flugzeugabstürze in Hagen. In: M. Baales, R. Blank, J. Orschiedt (Hrsg.), Archäologie in Hagen. Eine Geschichtslandschaft wird erforscht (Essen 2010), 171-177.

- R. Blank/A. Korthals/M. Weidner, Hagen – 15. März 1945. Zerstörte Stadt, Besetzung und Kriegsverbrechen. Hagener Beiträge zur Kultur und Geschichte 1 (Essen 2020).

- Pilot's Notes for Lancaster II. Air Ministry, June 1943.

- **108** M. Baales/R. Blank/E. Cichy/J. Orschiedt, Archäologie des Zweiten Weltkriegs. Flugzeugabstürze in Hagen. In: M. Baales, R. Blank, J. Orschiedt (Hrsg.), Archäologie in Hagen. Eine Geschichtslandschaft wird erforscht (Essen 2010), 171-177

- R. Blank/A. Korthals/M. Weidner, Hagen – 15. März 1945. Zerstörte Stadt, Besetzung und Kriegsverbrechen. Hagener Beiträge zur Kultur und Geschichte 1 (Essen 2020), 90-132

- A. Price, Instruments of Darkness. The History of Electronic Warfare, 1939–1945 (London 2017).

- M. Streetly, Airborne Electronic Warfare. History, Techniques and Tactics (London 1988).

- **109** M. Baales/R. Blank/E. Cichy/J. Orschiedt, Archäologie des Zweiten Weltkriegs. Flugzeugabstürze in Hagen. In: Archäologie in Hagen. Eine Geschichtslandschaft wird erforscht (Essen 2010), 185-191.

- R.C. Nesbit, Eyes of the RAF. A History of Photo-Reconnaissance (Stroud 1998).

- **110** T. Poggel, Die Ausgrabungen 1990/1991 in Witten-Annen, Ennepe-Ruhr-Kreis. Archäologische Untersuchung eines Außenlagers des KZ Buchenwald. Ausgrabungen und Funde in Westfalen-Lippe 15 (Darmstadt 2020).

- **111** www.coca-cola-dosen.de (letzter Zugriff: 9.9.2020)

ABBILDUNGSVERZEICHNIS

Stadtarchiv Hagen: S. 14 o/u, S. 16, S. 17, S. 50, S. 82, S. 100, S. 124, S. 126, S. 140, S. 142, S. 152, S. 160, S. 184, S. 186, S. 190, S. 196, S. 200, S. 203, S. 222, S. 229, S. 238, S. 239, S. 240

Stadtmuseum Hagen: S. 16 o/u, S. 134

Heike Wippermann / Stadtmuseum Hagen: S. 21, S. 23, S. 48, S. 49, S. 51, S. 79, S. 80, S. 81, S. 85, S. 97, S. 133, S. 148, S. 151, S. 167, S. 168, S. 171, S. 181, S. 187, S. 194, S. 206, S. 207, S. 208, S. 215, S. 227, S. 235, S. 240, S. 243, S. 245, S. 251, S. 253, S. 255

LWL-Archäologie für Westfalen, Aussenstelle Olpe, Hermann Menne: S. 15, S. 25, S. 27, S. 31, S. 33, S. 35, S. 37, S. 39, S. 41, S. 47, S. 53, S. 55, S. 57, S. 59, S. 61, S. 63, S. 67, S. 69, S. 71, S. 73, S. 75, S. 77, S. 83, S. 87, S. 89, S. 91, S. 93, S. 95, S. 99, S. 101, S. 103, S. 105 (Zeichnung), S. 107, S. 109, S. 111, S. 113, S. 115, S. 117, S. 119, S. 121, S. 123, S. 125, S. 127, S. 129, S. 130, S. 135, S. 137, S. 141, S. 143, S. 145, S. 147, S. 149, S. 153, S. 155, S. 157, S. 158, S. 164, S. 173, S. 175, S. 178, S. 183, S. 185, S. 189, S. 191, S. 197, S. 198, S. 199. S. 201, S. 204, S. 210, S. 213, S. 217, S. 219, S. 223, S. 225, S. 231, S. 233, S. 237, S. 247, S. 249, S. 257

LWL-Archäologie für Westfalen: S. 19, S. 26, S. 65, S. 68 (Michael Baales), S. 138, S. 193 (Andreas Müller), S. 192 (Helmut Heidrich), S. 221 (Thomas Poggel)

Sammlung Hermann Reichling, LWL-Medienzentrum für Westfalen, Archiv-Nr. 14_3003: S. 22

Andreas Pastoors mit freundlicher Genehmigung von Yvonne Tafelmaier: S. 29

Baoquan Song, Institut für Archäologische Wissenschaften der Ruhr Universität Bochum: S. 13, S. 154, S. 177

Klaus Sauerland, Museen Burg Altena, Inv.-Nr. H 1681: S. 214

Städel Museum, Frankfurt am Main, Inv.-Nr. HM 46; S. 150

Artemus GmbH – Archäologische Dienstleistungen, Frechen: S. 161

Zürich, Zentralbibliothek, Ms. Rh. hist. 33b, Kriegstechnik (Bilderhandschrift): S. 212

Universitätsbibliothek Heidelberg, Cod. Pal. germ. 848: S. 220

München, Bayerische Staatsbibliothek, Clm 30150: S. 210